Cinéphile

Intermediate French Language and Culture through Film

Second Edition

MANUEL DU PROFESSEUR

Cinéphile

Intermediate French Language and Culture through Film

Second Edition

MANUEL DU PROFESSEUR

Kerri Conditto
Tufts University

Focus Publishing
R. Pullins Company
PO Box 369
Newburyport, MA 01950
www.pullins.com

ISBN 978-1-58510-405-5
ISBN 10: 1-58510-405-1

16 15 14 13 12 11 10 9 8 7 6 5 4 3 2

0211SP

Table des matières

Préface pour le professeur

Cinéphile : French Language and Culture through Film is an intermediate college-level textbook which fully integrates the study of 2nd-year French language and culture with the study of French feature films. The method presents vocabulary and grammar structures and exercises, cultural points, reading selections and writing activities designed to maximize the development of the linguistic proficiency of 2nd-year language students while viewing and analyzing films.

Cinéphile is a truly unique method. French feature films establish the point of departure for the vocabulary and grammar structures, cultural points, reading selections, writing and communication activities presented in the textbook. Unlike other film-based textbooks which use a single film or a film created for 2nd-year students as a support for studying language and culture, *Cinéphile* uses nine contemporary French films which vary in cultural content and genre (animated film, dramatic comedy, farce, romantic comedy, thriller, drama, adventure, etc.) and which feature well known French filmmakers and actors. The benefits of using feature films in 2nd-year language courses are invaluable: students hear authentic dialogues and observe French culture in its real-life context while being introduced to French cinema. Learning language and culture becomes meaningful as students apply their skills and knowledge to an authentic context. Furthermore, as students enjoy viewing and analyzing films, studying film in the language classroom encourages their participation and retention of the material studied.

Cinéphile is the only method to offer a comprehensive study of language, culture, literature and feature films while solidly reinforcing the four language skills (listening, speaking, reading and writing). The method is designed to teach students to use the vocabulary and grammar structures they are learning in their discussions and compositions about the films. The selected films thus mirror the progressive nature of developing linguistic proficiency. As students acquire a solid vocabulary base and the ability to easily and accurately manipulate grammar structures, the films become more sophisticated in language and cultural content. In order to emphasize the importance of the mastery of vocabulary and grammar structures, the textbook provides straight-forward explanations and exercises, encouraging students to achieve greater accuracy and fluency of the target language. As film is an invaluable source of cultural content, the textbook includes cultural information about the film and French society. The cultural activities serve as a point of departure and instructors are encouraged to further investigate cultural content of the film and to shape the cultural component of their course to meet the needs and interests of their students. In order to develop the students' ability to understand French in a literary context, *Cinéphile* provides numerous and diverse reading selections which complement the films and their cultural content. Finally students are provided with many activities designed to develop their writing skills. Activities include short answer questions, essay questions and guided research.

Cinéphile is a method that is truly adaptable to the varying levels of intermediate

Cinéphile - textbook Chapter Structure

Part 1 - Pre-viewing
Cultural notes
Technical information - director's bio
Film summary
Character lists - actor's bio
Vocabulary specifically related to the film
Vocabulary exercises - short reading

Part 2 - Post-viewing
Vocabulary exercises - short reading
5-6 Grammar points with exercises
Translation
General comprehension exercises - short reading
Photo
Open-ended exercises and activities

Part 3 - Culture – Reading – Research
Reading
Reading sample with activities corresponding to second-year language student language skills and corresponding to vocabulary and grammar points presented in the Chapter
Culture
Various activities which expand student's knowledge of French culture as presented in the film
Research
Proposed research activities corresponding to the cultural content of the film with Website addresses provided for the facilitation of Internet research
Documents
Three French language readings (articles, short stories, novel excerpts, etc.)

students. It offers a straightforward presentation of 2nd-year French grammar accompanied by a variety of activities which develop a solid linguistic foundation and knowledge of French culture and cinema. Less advanced students will benefit from the in-depth grammar presentations and practice while working progressively towards open-ended communication, and more advanced students will work quickly towards open-ended communication, research and reading, allowing them to perfect their written and oral proficiencies. Instructors are encouraged to tailor *Cinéphile* to the needs of their classes. Upon completion of the method, students will have a solid foundation of 2nd-year French language, culture and cinema, and will be well prepared to continue their study of French with confidence.

What's new in the Second Edition

The second edition of *Cinéphile* features a new design and layout that is visually appealing and enhanced to better suit both the instructor's and student's needs. This new edition provides a greater flow of content and activities and is designed to maximize the student's ability to prepare and work independently and to allow the instructor and students to take better advantage of valuable in-class time. The streamlined chapter flow includes more grammar activities, including closed- and open-ended exercises, in order to allow for more practice and more opportunities to relate grammar to personal experience. Each grammar section also includes a communication activity focused on practicing the grammar point in an oral context. Cultural content and activities have been updated and expanded, allowing for a fresh perspective on contemporary French culture as it relates to the films. The Workbook, which reflects the new chapter flow, includes a reading selection. The Instructor's Composition and Exam bank provides new composition topics focused on relating the vocabulary, grammar and cultural content of each chapter to the student's personal experiences. The bank also includes an oral production for each chapter, designed to test the student's oral proficiency through pronouncing words and short word groups, responding to short answer questions and preparing a short presentation. Overall, the second edition provides a new flow with fresh content that offers the students a more personalized learning experience designed to promote greater retention of intermediate language skills.

Chapter structure

All components of *Cinéphile* correspond to structures and concepts studied in traditional intermediate French courses. The textbook is comprised of nine chapters based on nine different feature films. Each chapter is divided into three parts and entirely written in the target language, encouraging full immersion in the language experience. Each chapter of the textbook features a different film and focuses on vocabulary, grammar, cultural points and reading selections chosen to enhance the students' comprehension of the film. The workbook is comprised of a variety of exercises and activities that complement the material presented in the textbook. The Instructor's textbook and workbook contain detailed responses to activities and questions presented in each chapter. A composition, oral production and exam bank is also provided, offering sample writing assignments, oral exams and testing of the material presented in each chapter.

The **Pre-viewing** section of each chapter provides an introduction to the film and its cultural content. Cultural notes highlight specific cultural content which aid students in understanding the cultural context of the film.

The Film summary introduces the plot of the film and the Cast list presents the main and supporting characters. A Profile of the director and a cast member is provided in order to further establish the cultural context of the film.

The Vocabulary list provides a lexicon essential for comprehension and discussion of the film. A short reading activity is provided. After completing this introduction, students will be well prepared for viewing the film.

The **Post-viewing** section of the chapter is designed to build the students' ability to discuss and write about the film with grammatical accuracy and fluency. This section offers diverse activities which aid students in achieving linguistic proficiency.

A series of Vocabulary exercises emphasize specific aspects of the film and focus on the vocabulary of the chapter. A short reading activity is provided.

Five or six **Grammar points** are presented. As the goal of the 2nd-year language course is develop the students' communicative proficiency, the **Grammar exercises** provide straight-forward practice which tests the students' knowledge of the grammar rules.

A series of exercises based on the vocabulary and grammar of the chapter provide **Translation practice** necessary for understanding nuances and syntax of the target language.

General comprehension exercises test the students' understanding of the plot, specific plot points and the characters of the film. A short reading activity is provided.

The **Photo section** allows students to focus on a specific scene of the film.

Together, these sections build a base of vocabulary and grammar structures that students will use to respond to **Open-ended short answer** and **Essay questions** about the plot and themes of the film. As *Cinéphile* provides strong reinforcement of vocabulary and grammar structures, students should feel confident in their ability to respond to these short answer and essay questions using the structures that they have just learned.

The third part of each chapter focuses on developing the students' ability to read texts, to discuss culture as it relates to the film and to society, to further explore French culture and cinema, and to read authentic documents.

The **Reading selection** of each chapter corresponds to the students' increasing competency in French. A series of closed- and open-ended exercises guide students through reading texts in the target language.

The **Cultural notes and activities** introduce students to cultural aspects of French society as they relate to the film and a variety of activities are provided to increase students' cultural knowledge.

Several structured **Research topics** are provided for further exploration of French culture and cinema.

The **Documents section** provides three authentic texts which vary in nature and in topic and which continue to explore cultural points raised in the film while exposing students to different literary genres (articles, critiques, short stories, novels, etc.).

Each chapter of the textbook corresponds to activities in the workbook.

The workbook has several **Pre-viewing activities** aimed at allowing students to further explore vocabulary and cultural components of the film.

Part 1 - Pre-viewing

Cultural notes
Credits: Profile of the director
Film summary
Cast list: Profile of an actor in the film
Vocabulary specifically related to the film
Vocabulary exercises - short reading

Part 2 - Post-viewing

Vocabulary exercises - short reading
Grammar points & exercises
Translation exercises
General comprehension exercises - short reading
Photo
Open-ended exercises & activities

Part 3 – Going beyond

Reading selection & exercises
Cultural notes & activities
Research topics
Documents (articles, short stories, etc.)

Cinéphile - Workbook Chapter Structure

Part 1 - Pre-viewing
Vocabulary exercises
Part 2 - Post-viewing
Vocabulary exercises
5-6 Grammar points with exercises
Translation
General comprehension exercises
Photo
Reading
Culture
Games
Composition

The **Post-viewing section** of the workbook models the textbook and contains **Vocabulary exercises, Grammar exercises, Translation activities, General comprehension activities** and the study of a **Photo**. A **Games section** provides diverse activities based on structures and concepts presented in the film and the chapter. A **Culture section** provides further opportunity to discuss cultural aspects raised in each chapter and film.

Each chapter of the workbook concludes with a **Composition** designed for continuing practice of all structures in an open-ended context.

The textbook is accompanied by a bank of compositions, oral productions and exams for each chapter.

The compositions correspond to the vocabulary, grammar and cultural content of the chapter and film. The oral productions also correspond to the vocabulary, grammar and cultural content of the chapter and film and offer the instructor the opportunity to test the student's oral proficiency. Each exam provides a model for testing the students' knowledge of the film and of the material presented in the chapter.

> ### Compositions - Oral exams - Exams
>
> 2 sample compositlons
> Oral production
> Sample exam
> Sample exam answer key

Sample Chapter Outline
15 week semester, 3 class meetings per week
3 weeks per film, 5 films per semester

Week 1	In-class	Homework
Day 1	Presentation of the film Presentation of vocabulary from the film Introduction of cultural points	Read & study film presentation Complete vocabulary exercises View film
Day 2	Vocabulary exercises & reading activity	Complete vocabulary exercises Read & study grammar points 1 & 2
Day 3	Presentation of grammar points 1 & 2 Communication exercises	Complete grammar exercises Read & study grammar points 3 & 4
Week 2	**In-class**	**Homework**
Day 1	Presentation of grammar points 3 & 4 Communication exercises	Complete grammar exercises Read & study grammar points 5 & 6
Day 2	Presentation of grammar points 5 & 6 Communication exercises Translation exercises	Complete Grammar exercises Read & begin discussion questions Begin photo exercises
Day 3	General comprehension activities & reading Discussion questions Photo activities	Complete discussion questions Complete photo activities Read & prepare culture activities
Week 3	**In-class**	**Homework**
Day 1	Reading activities	Read & prepare Cultural activities
Day 2	Cultural activities Introduction to Research, Composition, Oral production	Complete Cultural activities Complete Research, Composition Review for Quiz, Exam or Prepare for Oral production
Day 3	Quiz, exam or oral production	

Remerciements

I would especially like to thank the following people for their invaluable contributions:

The team at Focus Publishing
Ron Pullins
Tom Walker
Jenny Putnam
Cindy Zawalich
Véronique Hyde

The Department of Romance Languages and the Language Media Center at Tufts University
Emese Soos, *Tufts University*
Agnès Trichard-Arany, *Tufts University*
Anne-Christine Rice, *Tufts University*
Marie-Pierre Gillette, *Tufts University*

Kelly Sax, *Indiana University*
Sandra Tripani, *University of Missouri – St. Louis*
Marie-Christine Koop, *University of North Texas*
Michel Sirvent, *University of North Texas*

I would also like to thank my students at Tufts University for their help in clearly establishing what is most helpful to students acquiring a foreign language.

Most importantly, I would like to thank my husband and our families for their constant love and support.

Chapitre 1
Les Triplettes de Belleville

Exercices de vocabulaire

A **Personnages.** Donnez *des adjectifs du vocabulaire du film* qui décrivent chaque personnage.

1. Champion : *Comment est-il ?*   **mélancolique, solitaire, silencieux, etc.**
2. Madame Souza : *Comment est-elle ?*   **contente, intrépide, petite, etc.**
3. Bruno : *Comment est-il ?*   **content, fidèle, etc.**
4. Les Triplettes : *Comment sont-elles ?*   **contentes, jolies/laides, etc.**
5. Les Mafieux : *Comment sont-ils ?*   **réservés, musclés, etc.**

B **Villes.** Donnez *des adjectifs du vocabulaire du film* qui décrivent chaque ville.

1. Paris (dans les années 1940) : *Comment est-ce ?*   2. Paris (dans les années 1950) : *Comment est-ce ?*
petit, isolé, etc.   **grand, sombre, etc.**

3. Marseille (dans les années 1950) : *Comment est-ce ?*   4. Belleville (dans les années 1950) : *Comment est-ce ?*
ensoleillé, chaleureux, etc.   **grand, peuplé, etc.**

C **Thèmes.** Voilà quelques thèmes du film. Trouvez *les mots du vocabulaire du film* qui correspondent aux thèmes.

1. La famille et les amis   **le petit-fils, la grand-mère, les frères, les sœurs, etc.**
2. Les grandes villes   **les maisons, les appartements, les gratte-ciel, les foules, etc.**
3. La musique   **les chanteuses, les chansons, les cabarets, etc.**
4. Le cyclisme   **le vélo, la course, les coureurs, les cyclistes, le Tour de France, etc.**
5. L'aventure   **les mafieux, le chef mafieux, kidnapper, etc.**

B **Portraits.** Choisissez *les couleurs* qui conviennent. Attention à l'accord !

1. Champion a les yeux **marron** (marron / vert) et les cheveux **bruns** (blond / brun).
2. Pendant les années 1940, Madame Souza a les yeux **noirs** (bleu ciel / noir) et les cheveux **bruns** (brun / gris). Pendant les années 1950, elle a les cheveux **gris** (brun / gris).
3. Pendant les années 1930, les Triplettes ont les cheveux **roux** (roux / gris), les cheveux **blonds** (noir / blond) et les cheveux **bruns** (brun / orange). Pendant les années 1950, elles ont les cheveux **blancs** (blanc / noir).
4. Le chef mafieux a les yeux **noirs** (bleu / noir), les cheveux **noirs** (blond / noir), une moustache **noire** (noir / gris) et le nez **rouge** (rouge / jaune).
5. Les mafieux portent des lunettes de soleil **noires** (rouge / noir) et des vêtements **noirs** (noir / gris).

Après avoir regardé

Compréhension générale

 Vrai ou faux ? Indiquez si les phrases suivantes sont vraies ou fausses.

1. vrai **faux** Le film se passe pendant les années 1960.
2. vrai **faux** Champion n'aime pas les cadeaux de sa grand-mère.
3. **vrai** faux Madame Souza aide Champion à se préparer pour le Tour de France.
4. vrai **faux** La Mafia française kidnappe les cyclistes pour fabriquer du vin.
5. vrai **faux** Madame Souza traverse l'océan Pacifique pour chercher Champion.
6. **vrai** faux Les Triplettes trouvent Madame Souza dans une rue de Belleville.
7. vrai **faux** Bruno aime la soupe aux grenouilles.
8. **vrai** faux Madame Souza chante et joue de la musique avec les Triplettes.
9. **vrai** faux Les Triplettes aident Madame Souza et Bruno à trouver Champion.
10. vrai **faux** Champion aime beaucoup Belleville et il ne rentre pas à Paris.

Photos

 Détails. Regardez l'image et cochez les bonnes réponses.

Photo N°1	Photo N°2
Epoque	
☐ les années 1930	☐ les années 1930
■ **les années 1940**	☐ les années 1940
☐ les années 1950	■ **les années 1950**
☐ autre _____	☐ autre _____

<table>
<tr><th colspan="2" align="center">Lieu</th></tr>
<tr><td>☐ un théâtre</td><td>☐ un théâtre</td></tr>
<tr><td>☐ la rue</td><td>■ la rue</td></tr>
<tr><td>■ une maison</td><td>☐ une maison</td></tr>
<tr><td>☐ autre _____</td><td>☐ autre _____</td></tr>
</table>

<table>
<tr><th colspan="2" align="center">Personnages</th></tr>
<tr><td>■ Bruno</td><td>☐ Bruno</td></tr>
<tr><td>■ Madame Souza</td><td>☐ Madame Souza</td></tr>
<tr><td>■ Champion</td><td>■ Champion</td></tr>
<tr><td>☐ le Mafieux</td><td>☐ le Mafieux</td></tr>
</table>

<table>
<tr><th colspan="2" align="center">Age de Champion</th></tr>
<tr><td>■ entre 5 et 10 ans</td><td>☐ entre 5 et 10 ans</td></tr>
<tr><td>☐ entre 10 et 20 ans</td><td>☐ entre 10 et 20 ans</td></tr>
<tr><td>☐ entre 20 et 30 ans</td><td>■ entre 20 et 30 ans</td></tr>
<tr><td>☐ autre _____</td><td>☐ autre _____</td></tr>
</table>

B **Complétez.** Utilisez le vocabulaire à droite pour compléter les phrases.

1. Le garçon habite dans une maison dans **une grande ville.** Le garçon est **le petit-fils** de Mme Souza. Mme Souza est **la grand-mère** du garçon. Il y a aussi **le chien,** Bruno.

2. Sur la 1re photo, le garçon entre dans **la maison** et regarde **un tricycle** (c'est **un cadeau** de Mme Souza).

3. Sur la 2e photo, le garçon est **cycliste.** L'homme est **mafieux.**

4. Sur la 2e photo, le garçon porte **une casquette** rouge et **un maillot** rouge. L'homme porte des vêtements **noirs** et des lunettes de soleil **noires.**

5. Sur la 2e photo, le garçon monte dans **un camion.** L'homme **kidnappe** le garçon.

C **En général.** Répondez aux questions suivantes. Ecrivez deux ou trois phrases.

1. Faites une description de la première photo. Qu'est-ce qui se passe ?
   Sur la première photo, Champion rentre de l'école. Il est surpris quand il entre dans la maison. Un tricycle ! Madame Souza se cache et observe sa réaction. Elle est très contente que Champion soit content.

2. Faites une petite description de la deuxième photo. Qu'est-ce qui se passe ?
   Sur la deuxième photo, Champion participe au Tour de France. Il n'arrive pas à grimper la montagne. Il monte dans le camion Voiture-Balais des Mafieux. Il rejoint les autres coureurs qui n'ont pas pu finir la course.

3. Donnez un titre aux deux photos. Justifiez votre choix.
   L'aventure commence ! Sur la première photo, le tricycle représente une nouvelle époque dans la vie de Champion : il devient cycliste. Sur la deuxième photo, Champion est kidnappé : le kidnapping annonce l'aventure de Madame Souza, de Champion, de Bruno et des Triplettes à Belleville.

D Aller plus loin. Ecrivez un paragraphe pour répondre aux questions suivantes.

1. Comment est la famille (Madame Souza, Champion, Bruno) ?
   C'est une famille qui s'aime beaucoup. La grand-mère est petite, ronde et boiteuse. Elle protège son petit-fils (émotionnellement et physiquement). Le petit-fils est mélancolique et renfermé, mais sensible et passionné. Le chien est fidèle et pavlovien. Ce n'est pas du tout une famille typique des années 1940 et 1950.

2. Décrivez les émotions de Champion sur les deux photos.
   Sur la première photo, Champion est très content (il applaudit). Sur la deuxième photo, Champion ne montre pas beaucoup d'émotions : Est-il déçu parce qu'il n'a pas pu grimper la montagne ? Sait-il qu'il va être kidnappé ? Est-il résigné à son sort ?

3. Décrivez les changements physiques de Champion.
   Sur la première photo, Champion est un petit garçon joufflu avec des petites jambes, des petits bras, etc. Sur la deuxième photo, il est très grand avec des jambes longues et musclées, des bras longs et minces, il n'a plus de ventre, il a un grand nez long, un menton pointu. Son portrait physique est la caricature d'un cycliste.

Mise en pratique

A En général. Répondez aux questions suivantes. Ecrivez deux ou trois phrases.

1. Quand et où se passe le film ?
   Le film commence à Paris après la Seconde Guerre mondiale (les années 1940). Une dizaine d'années s'écoulent. Champion participe au Tour de France (les années 1950) dans le sud de la France et à Marseille où Jacques Anquetil remporte le maillot jaune (l'étape Cannes-Marseille, 1957). L'action se déroule aussi à Belleville (un mélange de New York, Montréal et Québec) aux Etats-Unis. Le film se termine à Paris.

2. Décrivez Paris. Comment est-ce que la ville change au cours du film ? Quelles couleurs est-ce que Chomet utilise pour les scènes de Paris ?
   Au début du film, la ville n'est pas très grande. Le temps passe. Champion, Bruno et la ville grandissent. La ville est grande et pleine de bâtiments et de maisons. On voit les avions dans le ciel et un train qui passe par la fenêtre. Les années 1950 sont les années de l'exode rural et les années de béton où l'on voit le développement des grandes villes et des banlieues. En général, le ciel, le paysage, les gratte-ciel et les maisons sont de couleurs sombres (jaunes, verts, bruns, noirs, etc.).

3. Décrivez la maison de Champion et de Madame Souza. Quelles couleurs est-ce que Chomet utilise pour les scènes dans la maison ?
   Au début du film, la maison est très isolée. Après une dizaine d'années, elle se trouve entourée d'autres maisons. A l'intérieur de la maison, les meubles, les appareils, etc. sont très simples, vieux, et démodés. Il y a beaucoup de bibelots (un cliché sur les vieilles femmes). Chomet utilise des couleurs sombres dans la maison (jaunes, verts, bruns, noirs, etc.).

4. Au début du film, Madame Souza et Champion regardent la télé. Qu'est-ce qu'ils regardent ? Est-ce que cette scène est importante ?

Au début du film, Madame Souza et Champion regardent Belleville Cartoune, un vieux dessin animé en noir et blanc. Les Triplettes de Belleville chantent, Fred Astaire danse, Joséphine Baker danse, Django Reinhardt joue de la guitare et Charles Trénet chante avec son orchestre. Après le dessin animé et une petite interruption, un concert du pianiste Glenn Gould est diffusé à la télé. Cette scène est importante parce qu'elle introduit les Triplettes et parce que c'est une des deux scènes où il y a un vrai dialogue entre les personnages.

5. Madame Souza donne trois cadeaux à Champion. Quels cadeaux est-ce qu'elle lui donne et pourquoi est-ce qu'elle lui donne ces cadeaux ?

Mme Souza donne un chien, un train et un tricycle à Champion. Elle lui donne un chien parce qu'il est triste et elle ne veut pas qu'il soit seul. Elle lui donne un train parce que les garçons aiment les trains. Elle lui donne le tricycle parce qu'elle trouve son album de coupures de presse des coureurs de vélo et parce que Champion admire la photo de ses parents sur un vélo. Il se passionne pour le cyclisme ! Ces cadeaux représentent un cliché sur les préférences des garçons (les chiens, les trains, les vélos).

6. Comment est-ce que Champion se prépare pour le Tour de France ?

Quand il est petit, Champion passe ses journées à faire du tricycle. Quand il est plus âgé, il passe ses journées à faire du vélo. Il court de longues distances et grimpe des collines très raides. Madame Souza l'accompagne avec son sifflet pour maintenir le rythme. Après une longue journée, Madame Souza lui fait des massages, il mange un repas copieux et se couche tôt (9 heures).

7. Décrivez les relations entre Madame Souza et Champion. Est-ce qu'ils s'aiment ? Expliquez.

Madame Souza et Champion ne sont pas très émotifs. Les gestes de Madame Souza, ses cadeaux, son aide, son voyage pour chercher Champion, etc. montrent qu'elle aime son petit-fils. Les gestes de Champion montrent qu'il aime sa grand-mère. Il est fidèle, sage, etc. On ne voit jamais de bisous, de caresses, de gestes explicites entre les deux.

8. Quelle est la réaction de Madame Souza quand elle découvre que Champion est victime des kidnappeurs ?

Madame Souza remarque le camion Voiture-Balais* des kidnappeurs et elle trouve le vélo 69 abandonné sur la route. Elle commence tout de suite sa poursuite des kidnappeurs. Elle loue un pédalo (1 franc/20 minutes) et traverse l'océan pour chercher son petit-fils. Elle est imperturbable !

> ***Le camion Voiture-Balais ramasse les coureurs qui ne peuvent pas finir la course. L'été 1957 a été très difficile pour les coureurs. Il a fait très chaud et il y a eu beaucoup de coureurs qui n'ont pas pu grimper les montagnes. Le camion a donc ramassé beaucoup de coureurs.**

9. Pourquoi est-ce que la Mafia française kidnappe les coureurs du Tour de France ?

La Mafia kidnappe les coureurs du Tour de France pour les emmener à Belleville où ils font marcher la machine à courses de vélo dans la maison de jeu du chef mafieux qui se trouve dans le French Wine Center.

10. Décrivez Belleville. Où se trouve Belleville ? Quelles couleurs est-ce que Chomet utilise pour les scènes de Belleville ?
Belleville est une grande ville qui est un mélange de New York, Montréal et Québec. Il y a beaucoup de tout : de gens obèses, de grosses voitures, de très grands gratte-ciel, de bruit, de pollution, etc. La ville est très sombre (noire, grise, bleue) le soir mais très ensoleillée (jaune, orange, rouge) le jour.

11. Comment est-ce que Madame Souza rencontre les Triplettes de Belleville ?
Madame Souza arrive à Belleville et trouve un coin isolé sous un pont pour se reposer. Quand elle commence à jouer d'une roue, une des Triplettes entend sa musique et s'approche d'elle. Les autres arrivent et elles chantent et jouent de la musique ensemble. Madame Souza rentre à l'appartement des Triplettes.

12. Comment est le dîner chez les Triplettes ?
Le dîner n'est pas appétissant. Une Triplette va attraper des grenouilles avec sa bombe. Elle rentre et prépare une soupe de grenouilles, des brochettes de grenouilles et du pop-corn aux têtards. Plus tard, les Triplettes mangent des grenouilles surgelées. Bruno n'aime pas les grenouilles et il a peur !

13. Décrivez la musique des Triplettes pendant les années 1950.
Elles chantent toujours le tube Belleville Rendez-vous mais leur musique des années 1950 ressemble moins au Swing et plus à celle de Stomp. Elles ne jouent pas d'instruments traditionnels. Elles jouent d'un aspirateur, d'un journal et d'un réfrigérateur.

14. Décrivez la scène où les cyclistes, les Triplettes, Madame Souza et Bruno échappent à la Mafia française.
Dans cette scène, les Mafieux chassent les Triplettes, Madame Souza, Bruno et les cyclistes dans les rues de Belleville. Tout est noir (le ciel, les nuages, les bâtiments, les voitures, etc.). Les Mafieux tirent sur le groupe mais il se défend et échappe aux Mafieux. C'est une vraie aventure !

15. Décrivez la dernière scène du film. Comment est-ce qu'elle ressemble à la première scène du film ?
La dernière scène du film est presque identique à la première scène. Les deux scènes se passent dans la maison de Madame Souza et de Champion à Paris. Champion est devant la télé et il se griffe le dos. Ce sont les deux scènes où il y a un vrai dialogue entre les deux personnages.

B **Aller plus loin.** Écrivez un paragraphe pour répondre aux questions suivantes.

1. Décrivez l'évolution de Champion au cours du film.
Champion des années 1940 est un petit garçon joufflu. Il est mélancolique et solitaire. Après que Madame Souza découvre sa passion pour le vélo, sa vie change et il est content. Champion des années 1950 est grand, mince et musclé (un cliché sur l'apparence physique des cyclistes). Malgré son bonheur, il est silencieux et réservé.

2. Décrivez la carrière des Triplettes au cours du film.
Le dessin animé, Belleville Cartoune, montre les Triplettes «vedettes». Elles sont parmi d'autres grandes vedettes de cette époque (Fred Astaire, Joséphine Baker, Charles Trénet et Django Reinhardt). A cette époque, les Triplettes sont jeunes, jolies et connues. Quand Madame Souza les rencontre à Belleville, elles sont vieilles, laides et pauvres. Elles ne sont plus très célèbres, mais elles chantent toujours dans un cabaret.

3. On remarque des changements chez Champion et chez les Triplettes. Est-ce que Madame Souza change ? Est-ce que Bruno change ?

   Madame Souza ne change pas beaucoup physiquement. Ses cheveux bruns sont maintenant gris. Elle porte toujours les mêmes vêtements des années 1940 (un gilet vert, un pull marron, une jupe marron). Elle est toujours fidèle, fiable et intrépide. C'est un cliché sur les grands-mères (elle ne vieillit guère, elle ne se plaint pas, elle est contente et elle veut que les autres soient contents). Comme Madame Souza, Bruno est un compagnon fidèle (un cliché sur les chiens) mais il vieillit et grossit au cours du film.

4. Quel effet ont les stars dans le film ?

   Les stars (Astaire, Baker, Chaplin, Gould, Reinhardt, Tati) contribuent à l'ambiance nostalgique du film. Madame Souza et Champion regardent ces stars à la télé ce qui annonce le phénomène de cocooning des années 1980. On sort moins, on écoute la radio, on regarde la télé, on profite des nouvelles technologies. Chomet met en évidence aussi la différence entre les stars d'autrefois (des personnages iconiques) et des stars d'aujourd'hui (l'excès, la médiocrité, etc.).

5. Parlez de l'intrigue du film.

   L'intrigue du film est très simple : une grand-mère cherche son petit-fils kidnappé. Malgré la simplicité de l'intrigue, le film est intéressant. Les images sont fortes, l'animation est originale et la musique est facile à retenir.

6. Il y a très peu de dialogue dans le film. Comment savez-vous ce qui se passe ? Faut-il avoir un dialogue pour comprendre l'histoire ?

   L'absence de dialogue est surprenante. En revanche, l'histoire est facile à suivre parce qu'il y a très peu d'action et on peut regarder les images pour savoir ce qui se passe. Le dialogue n'est pas essentiel pour la compréhension du film. L'absence de dialogue et l'importance de la musique font penser aux vieux dessins animés.

7. Parlez de la musique. Quel est l'effet de la musique dans le film ?

   La musique est facile à retenir et elle est rétro. La bande sonore fait penser aux orchestres de jazz des années 1920 et 1930 (le Swing). La musique contribue à l'esprit nostalgique du film. Le film a reçu le Los Angeles Film Critics Association Award pour la meilleure bande son.

8. Décrivez le ton du film. Comment est-ce que les couleurs contribuent au ton ?

   Les dessins animés sont souvent caractérisés par des couleurs gaies et vives. Dans Les Triplettes de Belleville, il y a très peu de scènes où les couleurs sont vives. Chomet privilégie plutôt les couleurs foncées (les marron, les noirs, les gris, etc.). Par conséquent, le ton du film est sombre et mélancolique.

9. Décrivez l'animation du film.

   D'une part, l'animation 2D est très simple (des figures géométriques et caricaturales) et elle ressemble aux vieux dessins animés de Max Fleischer. La Belleville Cartoune est typique de cette époque. D'autre part, l'animation 3D est complexe. Les scènes avec l'eau (la baleine, les grenouilles, la pluie) et les films du Tour de France sont typiques de la nouvelle technologie 3D. Le mélange des animations 2D et 3D est original et charmant.

10. Qui est votre personnage préféré ? Justifiez votre réponse.

    J'aime surtout Bruno. C'est un chien fidèle et pavlovien. Il trouve la trace de Champion (à qui il associe la nourriture) dans le cabaret et grâce à son instinct de chien, on trouve Champion. C'est Bruno le héros du film !

A **Vrai ou Faux ?** Déterminez si les phrases sont vraies ou fausses.

1. vrai **faux** Le Tour de France se passe au mois d'août.
2. **vrai** faux Le Tour de France dure trois semaines.
3. vrai **faux** Le gagnant du premier Tour de France était Jacques Anquetil.
4. vrai **faux** La course et les étapes ne changent pas.
5. **vrai** faux Les coureurs arrivent à Paris à la fin de la course.

B **Quel maillot ?** Donnez le maillot qui correspond aux descriptions suivantes.

1. Le coureur a 20 ans. C'est le leader. le maillot **blanc**
2. Le coureur a le meilleur temps de toutes les étapes. le maillot **jaune**
3. Le coureur gagne le plus de points. le maillot **vert**
4. Le coureur a 33 ans et il grimpe très vite ! le maillot **blanc à pois rouges**

C **En général.** Répondez aux questions suivantes. Ecrivez deux ou trois phrases.

1. Quelle est l'origine du Tour ?
   Le Tour de France a été une campagne de publicité créée par l'éditeur du journal L'Auto, Henri Desgrange, et Georges Lefèvre. Le premier Tour de France a été un grand succès et c'est aujourd'hui la course la plus prestigieuse du monde.

2. Quelles sont les difficultés du Tour de France ?
   Le Tour de France est une course longue et difficile. Il a lieu au mois de juillet, un mois chaud. Il y a des difficultés physiques (le temps, la distance, les montagnes, la soif, la fatigue, etc.) et des difficultés mentales (la fatigue, la concurrence, etc.). Il y a toujours la concurrence des autres coureurs et les foules causent des problèmes de temps en temps.

3. Quels cyclistes ont gagné cinq Tours de France ? En quelles années ? Quel cycliste a gagné sept Tours de France ? En quelles années ?
   Cinq fois: Jacques Anquetil (1957, 1961, 1962, 1963, 1964) ; Eddie Merckx (1969, 1970, 1971, 1972, 1974) ; Bernard Hinault (1978, 1979, 1981, 1982, 1985) ; Miguel Indurain (1991, 1992, 1993, 1994, 1995)

   Sept fois : Lance Armstrong (1999, 2000, 2001, 2002, 2003, 2004, 2005)

4. Pourquoi est-ce que les années *1915 – 1918* et *1940 – 1945* sont importantes ?
   La Première Guerre mondiale a commencé en 1914 et la Seconde Guerre mondiale a commencé en 1939. Les Tours de 1914 et 1939 ont eu lieu avant le début des guerres. Pendant les années 1915 – 1918 et 1940 – 1945, les Tours ont été annulés.

5. Regardez la publicité et complétez les rubriques suivantes.
   Qui : **Vélovacances**
   Quoi : **Suivre les coureurs du Tour de France**
   Quand : **Au mois de juillet, pendant trois semaines (une vingtaine de jours)**
   Combien : **A partir de 1.500 €**

D **Aller plus loin.** Ecrivez un paragraphe pour répondre aux questions suivantes.

1. Est-ce que vous connaissez Lance Armstrong ? Pourquoi est-ce qu'il est remarquable ?

   Lance Armstrong est devenu le meilleur coureur du Tour de France après avoir remporté son septième Tour de France (en 2005). En 1996, il a eu un cancer et il a dû quitter le cyclisme. Après sa guérison, il a signé avec l'équipe US Postal et il a relancé sa carrière. Il a établi une fondation contre le cancer (Livestrong). La fondation est un énorme succès avec plus de 40 millions de bracelets jaunes vendus pour la recherche contre le cancer.

2. Est-ce que vous pensez que les Français admirent Lance Armstrong ? Expliquez.

   Le Tour de France est un symbole français (même une institution française). Bien entendu, la France veut des victoires des coureurs français comme Christophe Moreau, Sylvain Chavanel, Laurent Jalabert, Richard Virenque, etc. Les Français admirent pourtant le succès et la détermination de Lance Armstrong qui contribue au succès du Tour de France.

3. Le Tour de France est un événement sportif très important en France. Est-ce que les Américains ont la même passion pour le Tour de France ?

   Le Tour de France est très connu aux Etats-Unis grâce à Lance Armstrong. Les Américains suivent le Tour à la télé et vont en France pour voir le Tour. Malgré le succès du Tour aux Etats-Unis, il y a d'autres sports plus importants comme le football américain, le baseball et le basket-ball.

4. Comment est-ce que vous pouvez expliquer la réussite du Tour de France ?

   Le cyclisme est un sport qui plaît toujours aux enfants. Ils aiment rouler vite et grimper des collines. On garde de très bons souvenirs de l'enfance et du vélo. On comprend aussi les difficultés du cyclisme et on apprécie l'habileté des coureurs. A part le côté sportif, il y a aussi le côté touristique. Le Tour de France traverse de beaux paysages.

5. Pourquoi est-ce qu'on voudrait participer à des « vélovacances » ?

   Les « vélovacances » sont un moyen de participer au Tour de France sans être coureur officiel. Les gens passionnés par le vélo peuvent suivre la course et vivre comme les coureurs. On peut aussi voir le paysage français et rencontrer d'autres personnes qui s'intéressent au vélo.

Culture

 A **Clichés des années 1950.** Lisez les phrases suivantes et déterminez si les phrases sont *possibles, probables, peu probables ou impossibles* dans les années 1950.

Profil d'un jeune français des années 1950

Est-il...

1.	probable	Il habite à la campagne.
2.	impossible	Il conduit une Hummer.
3.	probable	Il a une mère et un père.
4.	peu probable	Sa mère est banquière.
5.	impossible	Il mange chez MacDonald's.
6.	impossible	Il écoute du rap.
7.	probable	Il aime la musique d'Elvis.
8.	impossible	Il écoute de la musique des Beatles.
9.	impossible	Il a un IPOD.
10.	peu probable	Il va rarement au cinéma.
11.	possible	Il regarde des films en 3D.
12.	probable	Son actrice préférée est Marilyn Monroe.
13.	impossible	Son acteur préféré est Gérard Depardieu.
14.	possible	Il regarde souvent la télé.
15.	peu probable	Il regarde la télé en couleur.
16.	impossible	Il admire Lance Armstrong.
17.	possible	Il regarde le Tour de France à la télé.
18.	impossible	Il joue à des jeux vidéo.
19.	peu probable	Il parle au téléphone avec ses copains.
20.	impossible	Il a un téléphone portable.

B **Sont-ils comme ça ?** Cochez les clichés présentés dans le film.

1. Clichés sur les Français :
   - ■ **Ils ont les cheveux bruns ou noirs, les yeux marron et un grand nez.**
   - ☐ Ils mangent de la baguette, du fromage et des escargots.
2. Clichés sur les Américains :
   - ■ **Ils mangent des hamburgers et ils sont obèses.**
   - ☐ Ils sont riches et beaux (minces, avec les yeux bleus et les cheveux blonds).
3. Clichés sur les grands-mères :
   - ☐ Elles donnent des bonbons et des cookies à leurs petits-enfants.
   - ■ **Elles sont rondes et petites et adorent leurs petits-enfants.**
4. Clichés sur les garçons :
   - ☐ Ils n'aiment pas jouer avec les filles.
   - ■ **Ils aiment les chiens, les trains et les vélos.**
5. Clichés sur les chiens :
   - ☐ Ils chassent les chats.
   - ■ **Ils passent leur journée à aboyer, à manger et à rêver.**

6. Clichés sur les cyclistes :
   - ■ **Ils sont minces parce qu'ils passent leur journée à faire du vélo.**
   - ☐ Ils mangent uniquement des spaghettis.
7. Clichés sur les chanteuses :
   - ☐ Elles ne sont pas musiciennes parce qu'elles ne jouent pas d'instrument.
   - ■ **Elles sont belles avec de beaux cheveux, de grandes dents blanches et de beaux vêtements.**
8. Clichés sur les chefs mafieux :
   - ■ **Les gens se plient en deux pour eux.**
   - ☐ Ils cassent les jambes des autres.
9. Clichés sur les soldats mafieux :
   - ■ **Ils portent un costume et des lunettes de soleil noires et ils fument beaucoup.**
   - ☐ Ils sont grands et forts mais stupides.
10. Clichés sur les grandes villes :
    - ☐ Les gens sont impolis et violents.
    - ■ **Il y a beaucoup de monde, de bâtiments, de voitures, de pollution et de bruit.**

C Clichés. Lisez les phrases suivantes et déterminez si les phrases sont *quelquefois, souvent, toujours ou jamais* vrais.

1. On aime les clichés.   **jamais**
2. Les clichés sont méchants.   **souvent**
3. Les clichés sont basés sur la réalité.   **quelquefois**
4. Les clichés sont basés sur l'ignorance.   **souvent**
5. Les clichés sont fondés sur les différences.   **souvent**
6. Les clichés sont fondés sur la peur.   **quelquefois**
7. Les clichés provoquent des problèmes.   **quelquefois**
8. Les clichés blessent les autres.   **quelquefois**
9. Les clichés influencent nos opinions des autres. **souvent**
10. Les clichés aident à comprendre les autres.   **jamais**

D En général. Répondez aux questions suivantes. Ecrivez deux ou trois phrases.

1. Faites une liste de clichés sur les Français.
   Ils ont un grand nez, les cheveux bruns/noirs, et les yeux marron ; ils portent des vêtements noirs et un béret ; ils boivent du vin et ils mangent de la baguette et du fromage, des escargots et des grenouilles ; ils se déplacent à vélo ou en moto; ils sentent mauvais ; ils sont minces ; ils sont très cultivés, égoïstes, impolis, et snobs; ils n'aiment pas les Américains, etc.

2. Faites une liste de clichés sur les Américains.
   Ils habitent de grandes maisons ; ils conduisent de grosses voitures ; ils mangent beaucoup de fast-food, surtout des hamburgers ; ils sont soit très gros soit très minces ; ils ont de très belles dents blanches, les cheveux blonds et les yeux bleus ; ils sont égoïstes, ils ne parlent qu'anglais ; ils ne sont pas très cultivés ; etc.

3. Est-ce que les clichés du film sont méchants ? Justifiez votre réponse.
   Chomet présente plusieurs clichés dans le film. On pourrait dire que les clichés sont trop exagérés mais le but de ces clichés n'est pas de critiquer les gens ou les habitudes des gens.

F   **Aller plus loin.** Ecrivez un paragraphe pour répondre aux questions suivantes.

1. Quelle est l'origine des clichés ? Est-ce qu'on peut éliminer les clichés ?
   Les clichés sont souvent basés sur des malentendus ou sur un manque d'information. Les clichés sont quelquefois diffusés par les médias (les films, les séries, les magazines, etc.). Pour atténuer les clichés, il faut voyager, rencontrer des étrangers, accepter et connaître une culture différente. Il faut surtout être ouvert aux différences entre les gens.

2. Comment est-ce que la société change après la Seconde Guerre mondiale ?
   En France, l'époque après la Seconde Guerre mondiale s'appelle les Trente glorieuses. Cette période marque le début du baby-boom et l'importance de la famille. Les familles sont conservatrices. Les mots clés de cette époque sont : la production, la consommation, la nationalisation (elle a commencé en 1945 par nationalisation de la distribution du gaz et de l'électricité par EDF et GDF), l'urbanisation et la modernisation. Cette période de prospérité se termine brusquement par le choc pétrolier et la crise économique de 1973.

3. Parlez de la technologie pendant les années 1950.
   La technologie se développe rapidement pendant les années 1950. On trouve des réfrigérateurs, des machines à laver, des télévisions, des voitures, etc. dans les foyers français. On fait des progrès dans la conquête de l'espace (le premier satellite dans l'espace), dans l'informatique (la puce) et dans la médecine (le vaccin contre la polio). Suite au développement de la télévision en couleur, les gens trouvent une plus grande variété d'émissions à la télé. Les avancées technologiques créent un foyer plus confortable et le Français moyen sort moins souvent.

Chapitre 2
Le Papillon

Grammaire

Pratiquez !

A **Descriptions.** Complétez les phrases suivantes avec *les adjectifs qualificatifs* qui décrivent les personnages du film.

1. Elsa est une **petite** fille. Elle est **intelligente**, **précoce** et **charmante**.
2. Isabelle est sa mère. Elle est **célibataire**. Elle est **jeune**, **tolérante** et **aide soigneuse**,
   mais elle ne réussit pas à montrer qu'elle aime sa fille.
3. Julien est **veuf** (il n'a plus de femme). Il est **âgé**, **réservé** et **solitaire**.

Pratiquez !

A **Trop de questions !** Complétez le dialogue suivant avec l'adverbe négatif *ne/n'... pas.*

Homme :   Je **ne** comprends **pas** la question. Je **ne** vais **pas** répondre à la question et tu **ne** vas **pas** poser d'autres questions !

Fille :   Tu **n'**aimes **pas** mes questions ? Pourquoi **pas** ?

Homme :   Tout à fait, je **n'**aime **pas** tes questions et je **ne** vais **pas** perdre mon temps à t'expliquer pourquoi **(pas)**.

B **Négation.** Vous êtes professeur et vous lisez un résumé du film écrit par un de vos étudiants. Le résumé n'est pas bon ! Corrigez-le en ajoutant *l'adverbe négatif ne/n'... pas.*

Maxime Moreau

Le Papillon

un film de Philippe Muyl

Il **n'**y a **pas** beaucoup de personnages principaux dans ce film. La mère, Isabelle, **n'**est **pas** très soucieuse. La fille, Elsa, **n'**est **pas** une fille bien aimée par sa mère. Le voisin d'en bas, Julien, **n'**est **pas** un homme très agréable.

Au début du film, Julien **n'**aime **pas** beaucoup Elsa et il **n'**invite **pas** Elsa à voyager avec lui. Comme il **n'**est **pas** très content, il **ne** parle **pas** beaucoup pendant le voyage. Le voyage **ne** dure **pas** longtemps. A la fin du voyage, Julien **ne** rentre **pas** à Paris avec Elsa parce que la police **ne** comprend **pas** la situation. Ce **n'**est **pas** grave ! Julien **n'**est **pas** en prison longtemps. Et Elsa ? Elle **n'**est **pas** triste à la fin du film parce qu'elle **n'**est **pas** seule pour la première fois !

Pratiquez !

 Mensonges. Complétez le passage suivant avec les formes appropriées *des verbes* à droite.

Mon copain et moi 1.**finissons** notre dîner au restaurant et nous 2.**entendons** une conversation entre un homme et sa petite-fille. Nous 3.**apprenons** que la fille 4.**désobéit** à son grand-père et elle 5.**ment** aussi ! Le grand-père lui pose des questions mais la fille ne 6.**répond** pas :

GP : Pourquoi 7.**sors**-tu sans permission ?
PF : 8.**Prends**-tu du dessert ?
GP : Tu 9.**réfléchis** à ma question ou tu l'ignores ?
PF : (La petite-fille 10.**rit**.) Qu'est-ce que je 11.**choisis**... de la glace ?
GP : J' 12.**attends** une réponse ! Tu sais : les enfants 13.**obéissent** toujours aux adultes ! Tu 14. **réponds** à ma question !

Malheureusement, la serveuse arrive et le grand-père et la fille 15.**partent**. Je ne 16.**comprends** pas pourquoi le grand-père 17.**perd** son temps avec sa petite-fille et pourquoi il ne 18.**punit** pas la fille ! Oh la la !

B **Critiques.** Complétez la critique du film avec *les formes appropriées des verbes* entre parenthèses.

le 18 décembre 2002

Critique du film – *Le Papillon*
Mathieu Wagram

Nous **choisissons** (choisir) ce film à critiquer parce qu'on **apprend** (apprendre) beaucoup de choses sur la vie pendant le déroulement de l'intrigue.

Le Papillon est l'histoire d'une fille qui **vit** (vivre) dans le même bâtiment qu'un vieil homme solitaire. L'homme **part** (partir) en voyage et la fille se cache dans la voiture de l'homme. L'homme **découvre** (découvrir) la fille le premier soir de son voyage. Il ne **punit** pas (punir) la fille et ils vont dans le Vercors ensemble.

La fille pose beaucoup de questions. L'homme **comprend** (comprendre) que la fille est triste, il **sait** (savoir) qu'elle cherche son amitié et il **répond** (répondre) gentiment à ses questions.

Le voyage **sert** (servir) à ouvrir les esprits des deux voyageurs, des autres personnes et des spectateurs parce que les deux voyageurs **réfléchissent** (réfléchir) à la vie et à la mort et ils **savent** (savoir) que la vie n'est pas facile.

On **applaudit** (applaudir) l'innocence et la simplicité de ce film qui traite des sujets profonds. Je recommande ce film sans hésitation.

Pratiquez !

 Oui ou non ? Donnez *les questions à réponse oui ou non* qui correspondent aux réponses suivantes. Utilisez *est-ce que, n'est-ce pas* ou *l'inversion* pour poser vos questions.

1. Oui, j'attends la prof.   **Est-ce que tu attends la prof ?**
2. Oui, elle finit son travail à l'école.   **Elle finit son travail à l'école, n'est-ce pas ?**
3. Oui, elle rend visite à un copain à 18h.   **Rend-elle visite à un copain à 18h ?**
4. Oui, la prof et son copain sortent souvent.   **Est-ce que la prof et son copain sortent souvent ?**
5. Oui, ils partent en voyage.   **Partent-ils en voyage ?**

 Mots interrogatifs. Choisissez *les mots interrogatifs* qui correspondent au contexte des questions suivantes.

1. __A__ sont les personnages principaux ?
   a. Qui
   b. Pourquoi
2. __B__ s'appellent les acteurs du film ?
   a. Quand
   b. Comment
3. __A__ se passe le film ?
   a. Où
   b. Quoi
4. __A__ est-ce que l'homme part ?
   a. Pourquoi
   b. Qui

5. __A__ est-ce qu'il voyage ?
   a. Avec qui
   b. Avec qu'
6. __A__ agace Julien ?
   a. Qu'est-ce qui
   b. Qu'est-ce que
7. __B__ l'homme trouve ?
   a. Quoi
   b. Qu'est-ce que
8. __A__ Julien aime maintenant ?
   a. Qui est-ce que
   b. Qu'est-ce qui

Après avoir regardé

Compréhension générale

 Vrai ou faux ? Indiquez si les phrases suivantes sont vraies ou fausses.

1. vrai **faux** Elsa est une fille difficile qui provoque des problèmes.
2. vrai **faux** Elle libère les papillons de Julien pour être méchante.
3. **vrai** faux Julien est un homme solitaire qui n'a pas de famille.
4. vrai **faux** Julien invite Elsa à partir en voyage avec lui.
5. vrai **faux** Julien perd son portable et il ne peut pas téléphoner à Isabelle.
6. **vrai** faux Pendant le voyage, Julien apprend beaucoup de choses à Elsa.
7. **vrai** faux Pendant le voyage, Elsa apprend aussi des choses à Julien.
8. **vrai** faux Julien et Elsa réussissent à trouver le papillon.
9. vrai **faux** La police arrête Julien parce que Julien est kidnappeur.
10. **vrai** faux A la fin du film, Elsa est contente parce qu'elle a une vraie famille.

Photos

 Détails. Regardez l'image et cochez les bonnes réponses.

1. Où se passe cette scène ?
   a. dans un appartement à Paris
   b. dans un jardin à Grenoble
   c. dans une maison dans le Vercors
2. Quand cette scène se passe-t-elle ?
   a. C'est la première scène du film.
   b. C'est une scène du milieu du film.
   c. C'est une scène vers la fin du film.
3. Qui est le personnage sur la photo ?
   a. Elsa
   b. Isabelle (le papillon)
   c. Marguerite
4. Qu'est-ce que le personnage sur la photo regarde ?
   a. Elle regarde la télé.
   b. Elle regarde la naissance d'un papillon.
   c. Elle regarde un jeu électronique.
5. Qu'est-ce qui se passe après cette scène ?
   a. C'est le début du film et l'histoire commence.
   b. Julien et Elsa libèrent le papillon.
   c. Julien et Elsa rentrent à Paris.

B **Symbolisme.** Les personnages et les objets sur cette photo sont très symboliques. Décrivez ce qu'ils symbolisent. Utilisez le vocabulaire à gauche et ajoutez des mots *du vocabulaire du film.*

Personnage/objet	Symbole (s)
Elsa	**l'innocence**
Isabelle (le papillon)	**la métamorphose**
Le tee-shirt d'Elsa	**la transformation**
La couleur bleue du tee-shirt	**la paix, la sécurité**
La couleur jaune de la fleur	**le bonheur, la joie**
La couleur verte des feuilles	**l'innocence, la nature**

C **En général.** Répondez aux questions suivantes. Ecrivez deux ou trois phrases.

1. Donnez un titre à la photo. Justifiez votre réponse.
   « La métamorphose ». Cette photo montre la métamorphose d'Isabelle de chrysalide en papillon et la transformation d'Elsa d'une petite fille négligée et triste en petite fille aimée et contente.

2. Quelle est l'importance de cette scène ?
   Cette scène représente la fin du voyage d'Elsa et de Julien. Elsa trouve la sécurité et l'amour de sa mère et Julien trouve le papillon (la chrysalide qu'un ami lui avait envoyée). Ils sont tous les deux prêts à commencer une nouvelle vie.

D **Aller plus loin.** Ecrivez un paragraphe pour répondre aux questions suivantes.

1. Expliquez la transformation d'Elsa jusqu'à cette scène.
   Au début du film, Elsa est une petite fille triste qui cherche l'amour de sa mère et qui part avec Julien pour montrer son malheur. Au cours du voyage, Julien lui apprend beaucoup de choses sur la vie et sur les gens. A la fin du film, elle sort de « sa chrysalide » et elle ne porte plus son maillot du NBA et sa casquette. Elle est moins adulte et plus enfant et elle profite de son enfance.

2. Quelle est la signification du tee-shirt d'Elsa ?
   Cette photo montre une scène vers la fin du film. Elsa ne porte pas son maillot du NBA parce qu'elle peut être « petite ». Elle a confiance en elle et confiance en sa mère et elle n'a pas besoin de faire semblant d'être grande et de porter son maillot du NBA.

Mise en pratique

 A **En général.** Répondez aux questions suivantes. Ecrivez deux ou trois phrases.

1. Comment est Elsa ?

   Elsa est une petite fille précoce et triste. Il y a beaucoup d'exemples de son intelligence, de son indépendance et de sa capacité à se débrouiller dans le film. Par exemple, au début du film, Isabelle ne vient pas chercher Elsa après l'école. Elsa va donc au café pour attendre sa mère et puis, quand sa mère ne vient pas, elle rentre avec Julien.

2. Comment est Isabelle ?

   Isabelle est une très jeune mère (elle a 25 ans et une fille de 8 ans) qui est égocentrique/égoïste, insouciante et irresponsable. Elle s'intéresse plus à son copain et à sa vie à elle qu'à sa fille. Isabelle ne sait pas vraiment comment être mère.

3. Est-ce qu'Isabelle aime Elsa ?

   Au début du film, Isabelle ne montre pas qu'elle aime Elsa. Par exemple, elle oublie Elsa dans la voiture, elle ne vient pas chercher Elsa après l'école, elle ne rentre pas à la maison, elle oublie de donner la clé de l'appartement à Elsa et elle sort toute la nuit avec un copain. Isabelle va à la police quand elle découvre l'absence d'Elsa, mais c'est la concierge Marguerite qui décrit les vêtements d'Elsa. Au cours du film, Isabelle se rend compte du fait qu'elle aime Elsa et qu'elle n'est pas bonne mère. A la fin du film, Isabelle apprend à montrer son amour pour Elsa.

4. Comment est-ce qu'Elsa rencontre Julien ?

   Isabelle et Elsa aménagent dans le même immeuble que Julien. Julien voit ses nouvelles voisines dans le couloir et plus tard, Julien rencontre Elsa au café où elle attend sa mère. Julien invite Elsa à rentrer chez lui pour attendre sa mère. Cette scène marque le début de leur amitié.

5. Qu'est-ce qu'Elsa découvre dans l'appartement de Julien ?

   Elsa découvre que Julien est un homme solitaire et sans famille qui collectionne les papillons. Elle découvre aussi une salle des papillons quand Julien sort de l'appartement pour parler avec Marguerite.

6. Pourquoi est-ce qu'Elsa part en voyage avec Julien ?

   Elsa veut montrer à sa mère qu'elle n'est pas contente. Isabelle a promis d'aller au Macdo et au cinéma avec Elsa mais elle ne tient pas sa promesse et elle rend visite à un copain. Elsa est très déçue. Elle apprend que Julien part en voyage le lendemain et elle décide de se cacher dans la voiture de Julien.

7. Où est-ce qu'Elsa et Julien vont ? Pourquoi ?

   Elsa et Julien vont dans le Vercors pour chercher le papillon Isabelle. Avant sa mort, le fils de Julien lui a demandé de lui apporter ce papillon. Le papillon vit seulement trois jours et il se trouve uniquement dans le Vercors pendant le crépuscule au printemps. Julien part le lendemain pour ne pas rater l'occasion de trouver le papillon.

8. Pourquoi est-ce que Julien quitte le commissariat de police avec Elsa ?

   Bien que Julien soit désagréable avec Elsa, il l'aime et il est triste pour elle parce qu'elle est solitaire comme lui. Il veut qu'elle l'accompagne pendant ce voyage. Il ne prévoit aucun inconvénient parce que le voyage ne durera pas longtemps et parce qu'il a un portable et il peut téléphoner à Isabelle pour lui expliquer la situation.

9. Pourquoi est-ce que Julien ne réussit pas à téléphoner à Isabelle ?

   Dès son arrivée dans le Vercors, Julien a du mal à capter un signal et puis, Elsa change le code PIN de son portable et elle fait semblant de perdre la puce. Une fille intelligente et précoce, Elsa se débrouille bien avec les appareils électroniques (elle joue toujours à son Game Boy) et elle fait tout ce qu'elle peut pour ne pas être trouvée.

10. Qu'est-ce qu'Elsa cherche ? Qu'est-ce qu'elle trouve ?

    Elsa cherche la sécurité et l'amour de sa mère. Pendant le voyage, elle trouve de la sécurité et de l'amour chez Julien. A la fin du film, Elsa trouve l'amour de sa mère grâce à sa disparition, aux conseils de Julien et à la volonté d'Isabelle de changer son comportement envers sa fille.

11. Qu'est-ce que Julien cherche ? Qu'est-ce qu'il trouve ?

    Julien cherche le papillon Isabelle. Il trouve le papillon dans le Vercors mais à cause d'Elsa, il le perd tout de suite. A la fin du film, il découvre que la chrysalide que son ami lui a envoyée est une Isabelle. Il a donc le plaisir d'avoir réussi à tenir la promesse qu'il avait faite à son fils. Pendant le voyage, il trouve aussi l'amitié d'Elsa et il découvre qu'il peut aimer les autres.

12. Pourquoi est-ce que Julien est triste quand il dîne dans la famille de Sébastien ?

    Julien est triste parce que la famille fête l'anniversaire du père. C'est aussi l'anniversaire du fils de Julien qui aurait eu le même âge que le père de Sébastien. Dans la famille, il voit ce qu'il n'a pas et ce que son fils aurait pu avoir : une belle famille heureuse.

13. Comment est-ce que la police trouve Elsa ?

    Elsa fait tomber le drap quand Isabelle se montre. Julien est fâché et Elsa s'enfuit. Elle tombe dans un trou et Julien ne peut pas la sortir du trou. Il va à la police pour chercher de l'aide. Un policier reconnaît Julien et l'arrête. Sébastien et son père arrivent bientôt et Sébastien libère Elsa.

14. Pourquoi est-ce que la police ne peut pas trouver Elsa avant sa chute dans le trou ?

    Elsa fait tout ce qu'elle peut pour ne pas être trouvée : elle appelle Julien « Papi » devant les autres ; elle cache le journal avec son visage à la une ; elle change le code PIN du portable de Julien ; etc. De plus, Julien et Elsa rencontrent très peu de monde pendant le voyage (le géomètre, les riches au refuge et la famille de Sébastien). Tous ces gens sont assez isolés et ils ne sont pas au courant de la disparition d'Elsa.

15. Est-ce qu'Isabelle peut devenir « une bonne mère » ?

    Pendant la dernière scène du film, Isabelle embrasse Elsa et toutes les deux sont contentes. Mais on ne sait pas si Isabelle réussira à devenir une bonne mère d'après son comportement au cours du film.

B Aller plus loin. Écrivez un paragraphe pour répondre aux questions suivantes.

1. Le papillon *Isabelle* est une métaphore des personnages du film. Expliquez.
   La chrysalide devient papillon (Isabelle). Julien devient un homme qui se libère de son passé (la libération d'Isabelle à la fin du film) et qui réussit à ouvrir son cœur aux autres (il ouvre les rideaux dans son appartement quand il rentre chez lui). Elsa devient une petite fille aimée (elle ne porte ni son maillot du NBA ni sa casquette et elle met un chemisier et un chapeau). Isabelle devient une vraie mère (elle est moins égocentrique/égoïste).

2. Pourquoi est-ce qu'Elsa pose beaucoup de questions à Julien ? Expliquez.
   Les enfants posent toujours beaucoup de questions ! Elsa est une fille curieuse et intelligente qui veut apprendre. Elsa trouve chez Julien quelqu'un qui l'écoute et qui répond à ses questions. Grâce aux questions d'Elsa, Julien devient moins renfermé et voit le monde à travers les yeux d'Elsa.

3. Julien raconte une histoire à Elsa (Dieu et le lapin, le loup, etc.). Expliquez le symbolisme de cette histoire.
   Julien raconte l'histoire du jugement dernier. Les animaux et l'homme sont devant Dieu. Tout le monde va au paradis malgré leurs erreurs. Pourquoi ? Dieu aurait pu prendre plus de temps pour créer un monde parfait mais il a tout créé en sept jours. Il pardonne donc les erreurs des animaux et de l'homme. Cette histoire montre à Elsa qu'elle peut pardonner à sa mère et commencer une nouvelle vie avec elle.

4. Julien et Elsa rencontrent des gens au refuge. Quelle est l'importance de cette scène ?
   La scène crée du suspens. Est-ce que les gens vont reconnaître Julien et Elsa ? La scène présente aussi la question d'Elsa : Pourquoi est-ce qu'il y a des riches et des pauvres ? Selon Julien, la liberté, l'égalité et la fraternité sonnent bien mais fonctionnent mal. Pendant cette scène, on remarque aussi que les gens du refuge ne profitent pas de leurs vacances et de ce que le Vercors peut leur offrir. Ils s'intéressent plutôt au travail et aux choses matérielles. On voit un contraste entre l'extérieur (le matériel) et l'intérieur (le spirituel).

5. Julien est horloger. Expliquez le rôle de son métier dans le film.
   Au début du film, Julien ne peut pas réparer la montre de la mère de la serveuse. « Les pièces n'existent plus. » Julien est comme la montre qui ne marche plus (sa femme et son fils n'existent plus) et il ne peut pas trouver le bonheur sans trouver le papillon Isabelle. Plus tard dans le film, Julien rencontre la grand-mère de Sébastien qui regarde une pendule cassée toute la journée. Le temps s'est arrêté pour elle comme pour Julien. Mais Julien réussit à réparer la pendule et la grand-mère commence à vivre (elle regarde plutôt la télé). Julien commence aussi à vivre.

6. Pourquoi est-ce que Muyl ne développe pas l'histoire du père d'Elsa ?
   L'histoire du Papillon n'est pas une histoire d'amour entre un homme et une femme. Muyl ne parle pas de l'histoire d'Isabelle non plus. Il ne veut pas mettre l'accent sur ce qu'on perd mais plutôt sur ce qu'on trouve. S'il parlait trop de ces deux histoires, le film serait une histoire triste plutôt qu'une histoire gaie.

7. Le film présente une histoire très simple mais il a eu du succès dans les salles de cinéma. Pourquoi ?

Le film est bien joué. L'actrice qui joue Elsa est adorable et l'acteur qui joue Julien (Michel Serrault) est un acteur très connu. L'histoire, la recherche de l'amour, de la sécurité et de la paix, est une histoire universelle que tout le monde comprend bien.

8. Expliquez le symbolisme de la recherche d'Isabelle.

Julien voyage dans le Vercors pour chercher le papillon. C'est un voyage concret. Il voyage aussi pour tenir sa promesse à son fils mort. Pendant son voyage, il se libère de son passé et il apprend qu'il peut aimer les autres.

Elsa se cache dans la voiture de Julien et va dans le Vercors avec Julien. Elle voyage pour montrer à sa mère qu'elle est triste. Elle grandit mentalement et apprend que sa mère l'aime.

Le voyage d'Isabelle n'est pas volontaire. Elle apprend qu'Elsa cherche son amour. Quand Elsa disparaît, Isabelle comprend qu'elle n'est pas une bonne mère et qu'il faut changer son comportement envers Elsa.

9. Quel personnage évolue le plus dans le film ? Justifiez votre réponse.

Julien évolue le plus au cours du film. Il est déprimé, isolé, renfermé, solitaire, etc. Elsa l'aide à voir le monde avec des yeux jeunes et innocents. Il se libère de son passé (il libère Isabelle) et il recommence à vivre (il ouvre les rideaux dans son appartement).

10. Aimez-vous le film ? Avez-vous un personnage préféré ?

J'aime beaucoup ce film. C'est un bon film bien joué qui raconte une histoire simple mais profonde. Mon personnage préféré est Elsa. C'est une fille qui réussit à trouver ce qu'elle cherche. L'actrice qui joue le rôle d'Elsa est une fille charmante et douée.

A **Le Vercors.** Choisissez la bonne réponse.

1. Le Vercors se trouve __C__ .
   a. dans le Massif central.   b.   dans les Pyrénées.   **c.   dans les Alpes.**
2. Le Vercors se trouve dans __B__ de la France.
   a.   le sud-ouest   **b.   le sud-est**   c.   le nord-est
3. Le Vercors est à __C__ de Paris.
   a.   670 miles   b.   670 mètres   **c.   670 kilomètres**
4. __A__ habitants habitent le Vercors.
   a.   ≈ deux mille   b.   ≈ deux millions d'   c.   ≈ deux milliards d'
5. Le Vercors offre des activités diverses comme __B__ .
   a.   les visites de musées   **b.   les sports en plein air**   c.   les visites de monuments

B **A la recherche.** Complétez les réponses suivantes.

1. Où Jean-Pierre habite-t-il ?   *Il habite à* **Paris.**
2. Pourquoi déménage-t-il ?   *Parce qu'il n'aime pas* **le bruit, la pollution, les problèmes de Paris.**
3. Avec qui déménage-t-il ?   *Il déménage* **seul.**
4. Où va-t-il ?   *Il va dans* **le Vercors.**
5. Que fait-il comme travail ?   *Il est* **retraité. Il ne travaille pas.**
6. Qu'aime-t-il faire ?   *Il aime* **étudier les plantes et les insectes.**
7. Quand part-il pour le Vercors ?   *Il part pour le Vercors* **au printemps.**

C **En général.** Répondez aux questions suivantes. Ecrivez deux ou trois phrases.

1. Quels sont les avantages et les inconvénients de la vie à Paris ?
   Il y a beaucoup de choses à faire à Paris. Il y a des cinémas, de la musique, de l'art, etc. Mais il y a aussi 2,15 millions d'habitants à Paris. Il y a donc trop de bruit, de pollution et de problèmes.

2. Quels sont les avantages et les inconvénients de la vie dans le Vercors ?
   Il y a très peu d'habitants dans le Vercors et beaucoup d'activités en plein air (les randonnées, le ski, l'alpinisme, etc.). Mais le Vercors est rural. Il n'y a pas autant d'activités culturelles dans le Vercors qu'à Paris.

3. Le Vercors est une destination touristique. Expliquez pourquoi.
   Le Vercors est une très belle région qui offre beaucoup d'activités sportives aux touristes. Le Vercors offre aussi une échappée de la vie quotidienne en toute saison.

D **Aller plus loin.** Ecrivez un paragraphe pour répondre aux questions suivantes.

1. Julien et Elsa rencontrent des gens au refuge. Comment sont ces gens ? Pourquoi sont-ils dans le Vercors ? Est-ce qu'ils réussissent à apprécier le Vercors ? Est-ce que Jean-Pierre va apprécier le Vercors ? Expliquez.

   Les gens au refuge sont des gens riches qui passent leurs vacances dans le Vercors. Ils ne réussissent pas vraiment à apprécier le Vercors. Un homme en particulier travaille pendant le dîner. Les autres gens parlent aussi du travail pendant le repas. Ils n'arrivent pas à apprécier la beauté de la vie dans le Vercors. Jean-Pierre va apprécier le Vercors parce qu'il connaît déjà la région. Il aime la nature et cherche tout ce que le Vercors peut lui offrir.

2. Pourquoi Julien et Elsa partent-ils pour le Vercors ? Jean-Pierre part-il pour les mêmes raisons ? Expliquez.

   Julien part pour le Vercors pour trouver le papillon Isabelle et pour tenir sa promesse à son fils. Elsa part pour le Vercors pour montrer à sa mère qu'elle est triste et qu'elle cherche son amour. Jean-Pierre ne part pas pour les mêmes raisons. Il cherche une vie plus simple et plus tranquille avec moins de monde, moins de bruit, moins de problèmes, etc.

3. Julien et Elsa trouvent-ils ce qu'ils cherchent dans le Vercors ? Jean-Pierre va-t-il réussir à trouver ce qu'il cherche ? Expliquez.

   Julien et Elsa apprennent que ce qu'ils cherchent n'est pas dans le Vercors. C'est grâce au voyage qu'ils trouvent ce qu'ils cherchent. Jean-Pierre va réussir à trouver une vie plus tranquille et il va trouver des choses qu'il aime dans le Vercors. Mais Paris va peut-être lui manquer aussi !

75   Le Papillon

Culture

A **Sigles.** Reliez les sigles à gauche avec la définition à droite.

L	1. ANPE	A.	Revenu minimum d'insertion
F	2. BD	B.	Sans domicile fixe
I	3. DASS	C.	Salaire minimum interprofessionnel de croissance
H	4. HLM	D.	Interruption volontaire de grossesse
D	5. IVG	E.	Train à grande vitesse
G	6. NBA	F.	Bande dessinée
K	7. PACS	G.	National Basketball Association
J	8. PJ	H.	Habitation à loyer modéré
A	9. RMI	I.	Direction des affaires sanitaires et sociales
B	10. SDF	J.	Police judiciaire
C	11. SMIC	K.	Pacte civil de solidarité
E	12. TGV	L.	Agence nationale pour l'emploi

B **Quel sigle ?** Complétez les paragraphes suivants avec *les sigles* qui conviennent.

Au début du film, Elsa et Isabelle aménagent dans un appartement et elles voient un **SDF** dans la rue. Elles n'habitent pas dans une **HLM**, mais elles ne sont pas riches. Elles bénéficient peut-être des allocations familiales. Julien habite le même immeuble qu'Elsa et Isabelle.

Julien et Elsa partent en voyage. Ils ne prennent pas le **TGV** parce qu'ils vont en voiture. Pendant le voyage, nous apprenons qu'Isabelle aime les horoscopes et qu'Elsa préfère les **BD**. Elsa aime aussi le **NBA** parce qu'elle veut être grande.

A la fin du film, Elsa est contente que sa mère l'aime. Elle ne va pas aller à la **DASS** !

D **En général.** Ecrivez deux ou trois phrases pour répondre aux questions suivantes.

1. On remarque beaucoup de sigles dans la langue française. Est-ce qu'on utilise des sigles aux Etats-Unis ? Pourquoi ?
Oui, il y a des sigles américains (CIA, FBI, UN, etc.) comme il y a des sigles français. Les Américains utilisent des sigles pour identifier plus facilement des noms qui sont longs.

2. Comment est-ce que le gouvernement français aide les Français ?
La France est un pays de tradition socialiste (l'économie et la société). Les Français contribuent à la caisse nationale à partir des impôts sur le revenu individuel. Le gouvernement contrôle la distribution de cette richesse. Cette distribution est diverse (les hôpitaux, les transports en commun, les aides pour les citoyens, etc.). Les Français peuvent bénéficier des allocations pour les familles, des crèches et des colonies de vacances pour les enfants, des allocations pour les retraités, etc.

3. Comment est la famille française d'aujourd'hui ?
La famille française est en pleine évolution. Il y a moins de familles nucléaires (père, mère, enfants) en France aujourd'hui et il y a beaucoup de genres de familles (familles monoparentales, familles élargies, familles recomposées, etc.). A cause des problèmes sociaux et économiques et grâce à la tolérance de la société française, le gouvernement reconnaît ces nouvelles familles et leur offre des aides financières et sociales.

E **Aller plus loin.** Ecrivez un paragraphe pour répondre aux questions suivantes.

1. Pourquoi est-ce qu'il est difficile de comprendre les sigles français ?
Les sigles français sont difficiles à comprendre pour les mêmes raisons qu'on a du mal à comprendre les sigles américains. Il faut bien connaître la culture et la langue pour comprendre les sigles. Si l'on ne comprend pas bien la langue, les sigles ne sont que des lettres sans sens.

2. Pourquoi est-ce que la famille nombreuse disparaît en France ?
La famille nombreuse est de plus en plus rare en France. L'économie n'est pas forte et il y a beaucoup de Français au chômage. Une famille nombreuse coûte cher et la famille moyenne n'a souvent pas les moyens de subvenir aux besoins d'une grande famille. Depuis la légalisation de la contraception et de l'IVG, le nombre d'enfants non désirés baisse. On remarque aussi que le nombre de mariages baisse et le nombre de divorces augmente.

3. Pourquoi est-ce que le nombre de mères célibataires augmente en France ?

   Il y a plus de mères célibataires en France parce qu'il y a plus de divorces et plus d'unions libres aujourd'hui. La femme n'est plus obligée de vivre avec un homme si elle n'est pas contente. Aujourd'hui, le gouvernement offre des allocations et des aides aux familles et les femmes peuvent avoir une carrière et s'occuper de leurs enfants.

4. Pourquoi est-ce que le nombre de personnes âgées augmente en France ?

   La médecine s'améliore et les Français profitent des services de santé de plus en plus souvent. Comme la France est un pays socialiste, tout le monde (même les pauvres) peut aller chez le médecin pour des soins médicaux qui sont souvent très chers. Grâce aux avancées médicales et à l'évolution des pratiques de soins, l'espérance de vie est de 76 - 77 ans pour le Français moyen et de 83 - 84 ans pour la Française moyenne.

5. Est-ce que l'augmentation du nombre de retraités en France pose des problèmes ?

   La France (comme les Etats-Unis) s'inquiète de l'avenir du système de la Sécurité sociale. Il faut avoir assez de personnes actives pour financer le nombre croissant de retraités. Comme l'espérance de vie des Français est d'à peu près 80 ans, il faut plus d'argent pour financer la vie des retraités.

Chapitre 3
Etre et avoir

88   Etre et avoir

Exercices de vocabulaire

A   **Ecoles.** Reliez les âges des élèves avec l'école.

C	1. l'école maternelle	A.	6 – 11 ans
B	2. le lycée	B.	15 - 18 ans
D	3. le collège	C.	3 - 6 ans
A	4. l'école primaire	D.	11 – 15 ans
E	5. l'université	E.	18 + ans

91   Etre et avoir

Pratiquez !

B   **Il fait froid !** La mère de Jojo l'aide à s'habiller. Complétez le dialogue avec *les adjectifs* et *les pronoms démonstratifs* qui conviennent.

Mère :   Jojo, mets **ce** pantalon, il fait froid aujourd'hui !

Jojo :   Je n'aime pas **celui**-ci, je préfère **celui** de papa.

Mère :   Mais non ! **Celui** de papa est trop grand. Tiens, mets **cet** anorak.

Jojo :   **Celui**-ci ou **celui**-là ?

Mère :   Mets **celui** qui est le plus chaud et mets **ces** bottes parce qu'il va neiger.

Jojo :   Je mets **celles** que je porte toujours quand il neige ?

Mère :   Ben oui ! Et n'oublie pas **ces** gants.

Jojo :   Mais **ceux**-là sont tous mouillés !

Mère :   Prends **ceux**-ci alors. Dépêche-toi ! Tu vas être en retard !

Pratiquez !

B **Etre et avoir.** L'instituteur écrit un email à une remplaçante. Complétez ses phrases avec la forme appropriée *des verbes être* ou *avoir* selon le contexte.

> à : mmedubois@wanadoo.fr
> de : mdelacampagne@wanadoo.fr
> sujet : L'école à classe unique
>
> Chère Madame,
> Il y **a** 15 élèves dans notre école. Les petits **ont** entre 4 et 8 ans et le plus grand **a** 11 ans. En général, tous les élèves **sont** de bonne humeur. Vous allez penser que Joseph **a** toujours l'air fatigué et vous **avez** raison ! Il travaille à la ferme après l'école. Il n'**a** jamais le temps de faire ses devoirs. Il **a** un petit frère qui **est** toujours en retard. Mais à part ça, vous n'allez pas **avoir** de problèmes. Les enfants **sont** adorables ! Bon courage et n'hésitez pas à me contacter si vous **avez** des questions.
>
> M. Delacampagne

E **Comment sont-ils ?** Complétez les phrases suivantes avec les descriptions des personnages du film. Utilisez *les verbes être* et *avoir*.

1. L'instituteur / être
   L'instituteur est sympa, très aimable et calme, sincère et passionné.

2. L'instituteur / avoir
   Il a la soixantaine (environ 65 ans) et des élèves adorables. Il a de la patience et une passion pour son travail.

3. Les parents de Julien / être
   Les parents de Julien sont sincères mais moqueurs.

4. Les parents de Julien / avoir
   Ils ont une maison, une ferme et des vaches ; beaucoup de relations familiales et deux enfants ; et des difficultés avec les maths !

5. Olivier / être
   Olivier est assez timide et réservé, triste mais de bonne humeur.

6. Olivier / avoir
   Il a des soucis et des problèmes mais un instituteur formidable.

7. Jojo / être
   Jojo est dynamique et énergique, charmant et moqueur.

8. Jojo / avoir
   Il a un beau visage, un sourire charmant et un instituteur qu'il adore !

A **Expressions avec être et avoir.** Reliez les expressions suivantes avec les traductions qui conviennent.

C	1.	avoir # ans	A.	to be about to
F	2.	avoir du mal à + infinitif	B.	to be accustomed to
B	3.	avoir l'habitude de + infinitif	C.	to be # years old
J	4.	avoir le temps de + infinitif	D.	to be in a good mood
I	5.	avoir raison	E.	to be in agreement
H	6.	être à l'heure	F.	to have difficulty in
E	7.	être d'accord	G.	to be in the process of
D	8.	être de bonne humeur	H.	to be on time
A	9.	être sur le point de	I.	to be right
G	10.	être en train de	J.	to have the time to

C **Inventaire.** Indiquez ce que chaque personne a et à qui sont les objets. Utilisez 1) *le verbe avoir* et *un article indéfini*, 2) *le verbe être* et *un pronom disjoint* et 3) *le verbe avoir* et *le pronom en*.

Exemple : *Michel*   ✎   ***Michel a un crayon. Le crayon est à lui. Il en a un.***

1. Je   📖   **J'ai un livre. Le livre est à moi. J'en ai un.**
2. Les garçons   📼   **Les garçons ont une cassette. La cassette est à eux. Ils en ont une.**
3. Vous   💻   **Vous avez un ordinateur. L'ordinateur est à vous. Vous en avez un.**
4. Tu   🚲   **Tu as un vélo. Le vélo est à toi. Tu en as un.**
5. L'instituteur   📚   **L'instituteur a des livres. Les livres sont à lui. Il en a.**
6. Nous   ✂   **Nous avons des ciseaux. Les ciseaux sont à nous. Nous en avons.**

D **Soucis d'Olivier.** Complétez le dialogue entre M. Lopez et Olivier avec *les pronoms* (*le, la, l', les* ou *en*) qui conviennent et la forme appropriée des *verbes être* et *avoir*.

M. Lopez : Olivier, tu **as** une question ?
Olivier : Oui, j'**en ai une**. Vous avez beaucoup de patience.
M. Lopez : Oui, j'**en ai beaucoup**.
Olivier : Et vous **êtes** très sympa.
M. Lopez : En général, je **le suis**.
Olivier : **Avez**-vous aussi des soucis ?
M. Lopez : Bien sûr ! J'**en ai** quelques-uns. Et toi ? Tu **es** inquiet ?
Olivier : Oui, je **le suis** parce que mon père **est** très malade.
M. Lopez : Je sais qu'il **l'est**. Tu **as** peur ? C'est tout à fait normal.

Pratiquez !

A **Le temps.** Choisissez la bonne réponse.

1. Le film commence au mois de décembre, __C__.
   - a. il fait beau.
   - b. il fait frais.
   - **c. il neige.**

2. Les hivers sont durs en Auvergne, __B__.
   - a. il fait doux.
   - **b. il fait froid.**
   - c. il fait chaud.

3. Les enfants font de la luge, __A__.
   - **a. il neige.**
   - b. il pleut.
   - c. il grêle.

4. Pendant les scènes de récréation du début du film __B__.
   - a. il fait frais.
   - **b. il fait froid.**
   - c. il fait chaud.

5. Julien travaille à la ferme, __A__.
   - **a. il fait mauvais.**
   - b. il y a du vent.
   - c. il fait beau.

6. Au début de la fête d'anniversaire de Nathalie, __B__. Mais, un peu plus tard, __A__.
   - **a. il pleut.**
   - **b. il fait du soleil.**
   - c. il fait froid.

7. Les élèves sortent de l'école. M. Lopez les accompagne avec des parapluies parce qu' __C__.
   - a. il grêle.
   - b. il neige.
   - **c. il pleut.**

8. Les élèves ont cours dehors parce qu' __A__.
   - **a. il fait beau.**
   - b. il fait froid.
   - c. il fait mauvais.

9. Les élèves font un pique-nique, __C__.
   - a. il y a un orage.
   - b. il fait mauvais.
   - **c. il fait doux.**

10. A la fin du film, __B__ parce que c'est l'été.
    - a. il fait gris.
    - **b. il fait beau.**
    - c. il y a du vent.

B **Saisons !** Quel temps fait-il en Auvergne ? Que font les enfants ? Indiquez le temps qu'il fait, la saison et une activité des enfants. Utilisez *les expressions avec faire*.

	la saison	le temps	l'activité
	C'est l'hiver.	**Il fait froid et il neige.**	**Ils font de la luge.**
	C'est le printemps.	**Il fait frais et il y a des orages.**	**Ils font leurs devoirs.**
	C'est le printemps.	Il fait doux, mais il pleut !	ils font du vélo.
	C'est le printemps.	**Il fait doux et il y a des nuages.**	**Ils font un pique-nique.**
	C'est l'été.	**Il fait chaud et il fait du soleil.**	**Ils font de la natation.**
	C'est l'automne.	**Il fait doux et il pleut.**	**Ils font du vélo.**

C **A l'école.** Julien n'aime pas trop l'école ! Complétez son dialogue avec Monsieur Lopez. Utilisez *le verbe faire, la contraction avec de et l'article défini* et *le pronom en*.

Julien :	Monsieur ? Pourquoi **faisons**-nous **des** devoirs ?
M. Lopez :	Vous **en faites** pour apprendre des choses !
Julien :	Et les dictées ? Pourquoi **faisons**-nous **des** dictées ?
M. Lopez :	Vous **en faites** pour apprendre à épeler !
Julien :	Est-ce que je dois vraiment **faire des** maths ?
M. Lopez :	Ben oui ! Tu dois vraiment **en faire** !
Julien :	Mais je veux être agriculteur !
M. Lopez :	Les maths sont très importantes pour les agriculteurs !
	Il faut aussi **faire du** français !
Julien :	Pourquoi faut-il **en faire** ?
M. Lopez :	Oh la la…Julien ! Au travail !

Pratiquez !

 A **Origines et destinations.** Utilisez *les verbes venir et aller* et *les contractions des prépositions de/à et l'article défini* pour indiquer les origines et les destinations des gens suivants.

1. M. Lopez : le premier étage → le rez-de-chaussée pour enseigner
   M. Lopez vient du premier étage et il va au rez-de-chaussée pour enseigner.

2. Les enfants : la maison → l'école
   Les enfants viennent de la maison et ils vont à l'école.

3. M. Lopez : une famille d'ouvriers → l'université pour devenir instituteur
   M. Lopez vient d'une famille d'ouvriers et il va à l'université pour devenir instituteur.

4. Le père de M. Lopez : Espagne → en France
   Le père de M. Lopez vient d'Espagne et il va en France.

5. Les parents : la maison → l'école pour parler avec M. Lopez
   Les parents viennent de la maison et ils vont à l'école pour parler avec M. Lopez.

 B **Chronologie.** Complétez les phrases suivantes avec *le passé récent ou le futur proche* selon le contexte.

1. La camionnette **vient de** prendre les enfants. Ils sont dans la camionnette. Ils **vont** aller à l'école.
2. Les enfants **viennent d'**arriver à l'école. Ils cherchent leurs places. Ils **vont** travailler.
3. Jonathan, Julien, Nathalie et Olivier **vont** aller au collège à la rentrée prochaine. Ils **viennent de** réussir aux examens. Ils sont contents !
4. Jojo **vient de** se laver les mains. Elles sont toujours sales. Il **va** se relaver les mains.
5. Julien et Olivier **viennent de** se disputer. M. Lopez parle avec eux. Ils **vont** essayer d'être amis.
6. Julien **vient de** rentrer à la maison. Il travaille à la ferme. Après son travail, il **va** faire ses devoirs.
7. Julien **vient de** demander de l'aide pour ses devoirs. Sa famille arrive. Ils **vont** essayer de résoudre le problème.
8. Les petits disent qu'ils **vont** être instituteurs comme M. Lopez quand ils seront grands.
9. M. Lopez **va** prendre sa retraite dans un an.
10. Les enfants sont très contents ! Ils **viennent de** terminer l'année scolaire.

Pratiquez !

A **Devoirs.** C'est la fin de la journée et M. Lopez explique aux élèves ce qu'il faut faire comme devoirs. Mettez les verbes soulignés *au futur simple*.

M. Lopez :   Ce soir… vous **ferez** vos devoirs : vous **écrirez** une composition, vous **relirez** votre composition et vous **réviserez** pour l'interrogation. Si vous révisez bien, vous **aurez** une bonne note ! Il **faudra** bien vous préparer parce que l'interrogation ne **sera** pas facile ! Quand j'**arriverai** demain matin, vous **pourrez** me poser des questions.

Elève :   **Devrons**-nous mémoriser tous les verbes irréguliers ?

M. Lopez :   Sans aucun doute ! Si vous les mémorisez, vous **recevrez** une bonne note.

Elève :   Et si nous avons une bonne note, on **ira** à Issoire !

M. Lopez :   On **verra** !

Pratiquez !

B

Contraires. Jacob écrit une composition. Il est de mauvaise humeur et décide de mettre sa composition au négatif. Mettez ses phrases au négatif. Utilisez *les expressions négatives.* Attention aux articles !

Maxime Moreau

L'école et moi

En général, je **n'aime pas** l'école. **Pourquoi pas** ? D'abord, je **n'aime ni** apprendre des choses **ni** faire mes devoirs ! Ce soir, nous **n'avons pas de** devoirs intéressants. Deuxièmement, je **n'aime pas** le maître. En fait, je **n'aime personne** à l'école et je **n'ai aucun ami** ! Troisièmement, pendant la récréation, nous **ne jouons jamais** à des jeux intéressants. Après l'école, je **ne vais nulle part** et je **ne regarde jamais** la télé parce qu'il n'y **a jamais rien** d'amusant à regarder. Je **n'ai plus rien** à dire mais je n'ai plus de place. En conclusion, je **ne suis pas** très content et je **n'ai aucune envie** d'aller à l'école demain !

D

Instit. Vous venez de finir vos études. Vous serez l'instituteur/l'institutrice idéal/e ! Complétez le tableau et écrivez un paragraphe pour faire votre portrait. Utilisez *le futur* et *les expressions négatives.*

	affirmative	négative
être	Je serai calme…, **gentil, indulgent, etc. Je serai le meilleur instituteur !**	Je ne serai jamais méchant…, **autoritaire, désagréable.**
avoir	**J'aurai de la patience et de bonnes idées. J'aurai aussi de bons élèves.**	**Je n'aurai aucun problème !**
aller	**J'irai à la cour de récréation avec mes élèves.**	**Je n'irai pas chez le directeur trop souvent.**
venir	**Je viendrai à l'école de bonne humeur.**	**Je ne viendrai jamais à l'école de mauvaise humeur.**
faire	**Je ferai des activités amusantes et intéressantes.**	**Je ne ferai rien d'ennuyeux !**

Modèle :   *Je veux être **l'instituteur**/l'institutrice **idéal/e.***

Après avoir regardé

Compréhension générale

 Vrai ou faux ? Indiquez si les phrases suivantes sont vraies ou fausses.

1. vrai **faux**   Le film a lieu dans une grande ville.
2. vrai **faux**   Le film présente l'histoire d'un instituteur qui a beaucoup
            de problèmes.
3. **vrai** faux   Le film est l'histoire d'un instituteur qui enseigne à des enfants
            de 3 à 11 ans.
4. vrai **faux**   Le film commence par la rentrée scolaire.
5. **vrai** faux   Les enfants adorent l'instituteur. Les parents l'aiment aussi !
6. **vrai** faux   Les grands aident les petits à faire leurs devoirs.
7. **vrai** faux   L'instituteur aide les élèves à résoudre les conflits entre eux.
8. vrai **faux**   Malheureusement, l'instituteur n'a pas le temps de parler avec
            chaque élève.
9. **vrai** faux   Les élèves sont très tristes à la fin de l'année scolaire.
10. **vrai** faux   Le film se termine avec la fin de l'année scolaire.

Photos

Photo N° 1

A **Détails.** Regardez la photo et cochez les bonnes réponses.

1. Lieu : ■ **l'école**   ☐ une maison   ☐ autre
   ☐ l'extérieur   ■ **l'intérieur**   ☐ autre

2. Personnages : ☐ un parent   ■ **l'instituteur**   ☐ Marie
   ■ **Jojo**   ☐ Julien   ☐ Nathalie

3. Emotions : ☐ la colère   ■ **l'incertitude**   ☐ la joie
   ☐ la tristesse   ☐ l'impatience   ☐ la peur
   ■ **la patience**   ☐ l'ennui

B **Vrai ou Faux ?** Déterminez si les phrases sont vraies ou fausses.

1. vrai   **faux**   Les deux personnages s'amusent beaucoup !
2. vrai   **faux**   Le monsieur raconte une histoire à l'enfant.
3. **vrai**   faux   Le monsieur n'est pas content du comportement de l'enfant.
4. **vrai**   faux   Le monsieur va punir l'enfant.
5. vrai   **faux**   L'enfant est très fâché. Il va désobéir au monsieur.

C **En général.** Répondez aux questions suivantes. Ecrivez deux ou trois phrases.

1. Qu'est-ce qui se passe ? Faites une petite description de la photo.
   Les deux personnages sont dans la classe. M. Lopez est assis sur une chaise et Jojo est debout. M. Lopez parle avec Jojo parce qu'il n'est pas content de lui. Jojo l'écoute.

2. Où est-ce que la scène se passe ? Faites un inventaire de ce que vous voyez.
   La scène se passe dans la salle de classe dans le coin des petits. Il y a une étagère avec des livres, des cahiers, une chaîne stéréo et des cassettes et des affiches sur les murs.

3. Est-ce qu'il fait froid ou chaud ? Justifiez votre réponse.
   Il fait froid. Jojo porte un tee-shirt et un pull polaire. M. Lopez porte une chemise à manches longues. On sait qu'il fait froid parce que les autres élèves mettent des bottes, des gants et un anorak avant de sortir.

4. Donnez un titre à la photo. Justifiez votre choix.
   Un bon titre serait « La morale ». Jojo ne fait pas son travail comme il faut. Il ne peut pas aller dehors pendant la récréation, il va rester dans la salle avec M. Lopez et finir son travail. C'est une bonne morale. Il faut finir son travail avant de jouer !

D **Aller plus loin.** Ecrivez un paragraphe pour répondre aux questions suivantes.

1. Imaginez ce qui se passe avant, pendant et après cette scène.
   Jojo est sur le point de sortir avec les autres élèves pendant la récréation. M. Lopez l'arrête et dit qu'il ne va pas mettre ses chaussures et qu'il ne va pas sortir. Pendant la scène, M. Lopez lui explique qu'il ne peut pas jouer parce qu'il faut finir le coloriage. Jojo essaie de trouver un compromis : il peut le finir après la récréation ou même le lendemain. M. Lopez dit que non ! Après la scène, les autres élèves jouent dehors tandis que Jojo fait son coloriage.

2. Expliquez le comportement de M. Lopez. Est-ce qu'il est méchant ?
   M. Lopez n'est pas du tout méchant avec Jojo, mais il est ferme avec lui. Il parle doucement mais d'un ton sérieux. Il ne s'amuse pas avec Jojo malgré les essais rigolos de Jojo qui fait tout ce qu'il peut pour trouver un compromis. Il veut surtout que Jojo comprenne ce qu'il faut faire.

3. Expliquez le comportement de Jojo. Est-ce qu'il est triste ?
   Jojo n'est pas content mais il n'est pas triste non plus. Lui aussi, il est assez sérieux. Mais il est aussi un peu malin et il essaie de convaincre M. Lopez qu'il peut faire son travail plus tard. Malgré ses efforts, il sait qu'il va perdre le débat et qu'il doit faire son travail.

4. Est-ce que cette scène est typique du comportement de M. Lopez et de Jojo ? Justifiez votre réponse avec des exemples précis du film.
   Oui ! Cette scène est tout à fait typique de leur comportement. M. Lopez parle toujours avec les enfants (surtout Julien, Nathalie et Olivier) individuellement. Il est toujours ferme avec eux mais il a une patience admirable avec ses élèves. Quant à Jojo, il fait toujours le clown et il est toujours en train de faire des bêtises.

5. Est-ce que cette scène est typique d'autres scènes du film ? Justifiez votre réponse avec des exemples précis du film.
   Oui ! Il y a beaucoup de scènes de l'instituteur avec un seul élève et des scènes où M. Lopez parle du bon comportement à avoir (la bagarre entre Julien et Olivier, la discussion avec Nathalie). Philibert privilégie aussi Jojo. Jojo est le chouchou de Philibert, de l'instituteur, des autres élèves car il est le plus animé de la classe. Il y a des tas de scènes où Jojo est « la star » : l'affiche ; la photocopieuse ; au collège Jojo compte avec M. Lopez ; la bagarre avec Johann ; etc.

Photo N°2

A **Détails.** Regardez l'image et cochez les bonnes réponses.

1. Lieu : ■ **l'école**   ☐ une maison   ☐ autre
   ■ **l'extérieur**   ☐ l'intérieur   ☐ autre

2. Personnages : ☐ un parent   ■ **l'instituteur**   ☐ Marie
   ☐ Jojo   ■ **Julien**   ■ **Nathalie**

3. Emotions : ☐ la colère   ☐ l'incertitude   ☐ la joie
   ☐ la tristesse   ☐ l'impatience   ☐ la peur
   ■ **la patience**   ■ **l'ennui**

B **Vrai ou Faux ?** Déterminez si les phrases sont vraies ou fausses.

1. vrai   **faux**   C'est la récréation et les enfants jouent dans la cour.
2. vrai   **faux**   Le monsieur punit les enfants.
3. vrai   **faux**   Les enfants font un travail ensemble.
4. **vrai**   faux   Les enfants font attention au monsieur.
5. vrai   **faux**   Les enfants sont dehors parce qu'il y a un problème dans la salle.

C **En général.** Répondez aux questions suivantes. Ecrivez deux ou trois phrases.

1. Qu'est-ce qui se passe ? Faites une petite description de la photo.
   Les grands sont avec M. Lopez. Ils ont cours dans le jardin. Il y a des bureaux et des chaises. Les élèves font une dictée.

2. Où est-ce que la scène se passe ? Faites un inventaire de ce que vous voyez.
   La scène se passe dans le jardin (la cour) de l'école. Les enfants sont assis avec leurs cahiers, leurs stylos et leurs feutres, etc. Il y a des feuilles sur les arbres et il y a un mur avec une barrière autour du jardin.

3. Pourquoi est-ce que l'instituteur et les enfants sont dans le jardin ? Expliquez.
   Ils sont dans le jardin parce qu'il fait très beau et il fait du soleil. Les hivers sont longs et durs en Auvergne et ils veulent quitter la classe quand il fait beau. L'air frais leur fait du bien ! En plus, le village est très calme et il n'y a pas de bruit. Les enfants peuvent avoir cours dehors parce qu'il n'y a pas de distractions !

4. Donnez un titre à la photo. Justifiez votre choix.
   Un bon titre pour la scène serait « Du soleil ». Après un long hiver, les enfants (et l'instituteur aussi) aiment sortir et profiter du soleil. Il n'y a qu'une classe et les sorties en plein air changent l'ambiance des leçons et rompent la monotonie de la vie scolaire.

D **Aller plus loin.** Ecrivez un paragraphe pour répondre aux questions suivantes.

1. Où sont les petits ? Que font-ils ?
   Les petits sont dehors aussi. Ils sont à la droite de M. Lopez à une table basse. Ils font des coloriages tandis que M. Lopez travaille avec les grands.

2. Est-ce que les enfants aiment être dehors pour les cours ? Expliquez.
   Les élèves adorent aller dehors pendant les cours ! Les élèves et même les étudiants demandent aux professeurs de sortir pour les cours. Ils pensent toujours à sortir. C'est surtout le cas dans les régions où il fait très froid en hiver car on veut profiter du beau temps !

3. Est-ce que l'instituteur aime être dehors pour les cours ? Expliquez.
   Oui, même l'instituteur aime sortir pendant les cours. Lui aussi, il veut profiter du beau temps. Il sait bien que les enfants s'ennuient dans la salle de classe et qu'ils sont moins attentifs en classe parce qu'ils veulent être dehors.

4. Est-ce que cela vaut la peine de faire cours dehors ? Expliquez.
   Les enfants sont évidemment moins attentifs quand ils sont dehors, mais quand il fait beau, ils sont moins attentifs en général. Il n'est pas facile de sortir tout le matériel mais ça fait plaisir aux enfants. Ils sont toujours dans la même salle de classe et les sorties dehors sont vivifiantes.

5. Est-ce que cette scène est typique d'autres scènes du film ? Justifiez votre réponse avec des exemples précis du film.
   Oui et non. Il y a plusieurs scènes où M. Lopez travaille avec les petits tandis que les grands travaillent tout seul. Il y a aussi des scènes où les petits travaillent tout seul tandis que M. Lopez travaille avec les grands. Il y a des scènes qui ont lieu dehors (la luge, le pique-nique, la récréation, etc.), mais cette scène est la seule où les enfants ont cours dehors.

112   Etre et avoir

Mise en pratique

En général. Répondez aux questions suivantes. Ecrivez deux ou trois phrases.

1. Décrivez le début du film. Quel temps fait-il ? Quelle saison est-ce ?
   Au début du film, il fait très froid, il neige et il y a du vent. C'est l'hiver (décembre). Il y a des vaches et des bouviers. On entend les meuglements des vaches, les cris des bouviers et le sifflement du vent. Les couleurs (le blanc et le gris) contribuent au ton mélancolique et au thème de l'absence (l'isolement). Dans la salle, il n'y a personne, juste deux tortues. Pendant ces deux premières scènes, il y a un contraste entre l'extérieur (froid, gris et blanc) et l'intérieur (chaud, éclairé et calme, malgré l'absence de présence humaine).

2. Décrivez la fin du film. Quel temps fait-il ? Quelle saison est-ce ?
   A la fin du film, il fait très beau et il fait du soleil. C'est l'été (fin juin). Il y a du monde (l'instituteur et tous ses élèves) dans la salle de classe. Les enfants disent au revoir à M. Lopez. M. Lopez est un peu triste : c'est la fin de l'année scolaire et il ne va plus voir quelques élèves (Jonathan, Julien, Nathalie et Olivier). La scène contraste avec celles du début du film (hiver/été ; froid/chaud ; personne/du monde ; absence/présence). Après le départ des enfants, M. Lopez est seul dans la salle ce qui reprend le thème de l'absence et de l'isolement du début du film.

3. Comment est le village de Saint-Etienne-sur-Usson ?
   Le village de Saint-Etienne-sur-Usson est un tout petit village qui se trouve en Auvergne. Il y a beaucoup de fermes, de collines, de champs, etc. mais il n'y a pas beaucoup de monde, de bâtiments, etc. Le village est très isolé et presque idyllique (dans le sens pastoral).

4. Comment est l'école ?

L'école, comme le village, est très petite et isolée. Il y a une seule salle de classe et M. Lopez habite au premier étage. La salle est assez bien équipée (il y a beaucoup de livres, des coins pour lire, des tableaux, etc.) et les locaux sont en bon état (propres et assez modernes). La salle est bien éclairée et chaleureuse. Au début du film, on voit bien le contraste entre l'extérieur (rude, froid, gris) et l'intérieur (accueillant, chaud, bien éclairé, il y a même un poêle dans la salle !). On comprend tout de suite que c'est un endroit où les enfants se sentent à l'aise et en sécurité.

5. Comment sont les maisons du village ?

Les maisons (celles de Julien, Nathalie et Olivier) ne sont pas très luxueuses. Elles ne sont pas très modernes, mais elles sont correctes. Les pièces des maisons ne sont pas bien éclairées et les meubles et les décorations sont sombres. On voit aussi des mouches. On remarque le contraste entre les maisons des enfants (sombres, froides, moyennement équipées) et la salle de classe (bien éclairée avec des couleurs brillantes partout, chaude, bien équipée et propre, les enfants enlèvent leurs bottes et mettent des pantoufles avant d'entrer dans la salle !). Ce contraste ressemble à celui du début du film (l'extérieur/l'intérieur).

6. Comment est l'instituteur ? Est-ce qu'il est content ?

L'instituteur est extraordinaire et joue un rôle très important dans ce village. Les parents et les enfants le respectent beaucoup. Il a de la patience avec chaque élève. Il est aussi gentil et indulgent avec ses élèves qu'avec les parents. Bien qu'il parle lentement et doucement, il établit bien son autorité. C'est lui le maître et lui qui « donne des ordres » (selon les petits). Il a l'air très content, surtout quand il parle de son choix de métier avec Philibert (hors-champ). Il dit qu'être ouvrier agricole n'est pas facile (son père était ouvrier agricole) et il voulait avoir une vie différente de celle de son père. Bien que M. Lopez ne soit pas ouvrier agricole, il cultive l'esprit des élèves.

7. Comment sont les enfants ? Est-ce qu'ils sont contents ?

Les enfants sont adorables ! Ils sont sages, polis et assez sérieux. Bien que quelques élèves aient du mal avec les études, ils sont intelligents et autonomes. Ils savent travailler à la ferme et à la maison (Julien conduit le tracteur, s'occupe des vaches et prépare les repas). C'est une vie assez difficile car il faut travailler après l'école et aider la famille. Les enfants ont l'air content (à part Olivier parce que son père est malade et Nathalie qui a du mal à s'exprimer). Ils font confiance en M. Lopez (les parents aussi) et ils sont à l'aise et bien dans leur peau.

8. Quelle est l'importance de la région choisie par le cinéaste ?

Le village et les gens sont très isolés. Cet isolement se voit dans les vêtements (démodés), dans les maisons (pas très modernes), dans le comportement des enfants (ils ne regardent pas la télé et ils n'ont pas d'ordinateurs, de portables, de jeux vidéos, etc.) Les hivers sont longs et durs et le passage d'une saison à une autre se voit facilement. Ce passage du temps se voit aussi dans les enfants qui grandissent (à la fin du film, Axel lit plus facilement, Jojo compte à l'infini, Nathalie parle un peu, etc.). C'est aussi une région rurale où les enfants doivent travailler (aider la famille à s'occuper de la maison et de la ferme). La vie n'est pas facile dans cette région.

9. Quelle est l'importance des scènes où Julien conduit le tracteur, travaille à la ferme et prépare le dîner ?

La vie des enfants et des gens du village n'est pas très facile. Ces scènes montrent que Julien a du mal avec ses devoirs et avec ses études (surtout les maths et le français), mais il sait faire d'autres choses et a des responsabilités à part l'école et les devoirs. Julien a le sens pratique et il est autonome.

10. Décrivez la scène où Julien fait ses devoirs de maths avec ses parents. Pourquoi est-ce qu'ils ont du mal ?

La scène est comique. Toute la famille (la mère, le père, l'oncle et les cousins) essaie de résoudre le problème mais ils n'y arrivent pas ! On comprend donc que les difficultés de Julien sont aussi les difficultés de ses parents. Cette scène montre l'absence d'aide scolaire à la maison. La scène entre M. Lopez et la mère de Nathalie reprend ce thème. Elle parle de ses propres difficultés à aider sa fille (avec ses devoirs et avec ses problèmes à s'exprimer).

11. Après la dispute entre Julien et Olivier, M. Lopez leur dit qu'il faut être amis. Pourquoi ?

M. Lopez dit aux enfants qu'il faut donner l'exemple aux petits. Les grands ont une responsabilité et servent de modèle aux petits. Il y a beaucoup de scènes où les grands aident les petits et leur servent de modèle.

12. Cette année est très importante pour Jonathan, Julien, Nathalie et Olivier. Pourquoi ? Qu'est-ce qu'ils vont faire l'année prochaine ? Est-ce qu'ils ont peur ? Pourquoi ?

Cette année représente la fin de l'enfance. Ils vont quitter le petit monde de leur école à classe unique et ils vont aller au collège dans des villes plus grandes. Ils vont entrer dans un monde plus anonyme et moins chaleureux. Ils vont être moins surveillés par l'enseignant, être dans de plus grandes classes et avoir plus d'enseignants. Ils ont un peu peur ; ça fait six ans qu'ils ont le même instituteur. C'est une période de transition pour les enfants (de l'enfance à l'adolescence).

13. L'année prochaine va être très importante pour M. Lopez. Qu'est-ce qu'elle représente pour lui ?

L'année prochaine va être une période de transition pour M. Lopez parce que c'est la dernière année que M. Lopez enseigne à l'école. Il va prendre sa retraite. Sa retraite représente un grand changement de vie pour lui, les enfants et les parents. C'est la fin de sa carrière en tant qu'instituteur et il doit déménager (il habite l'école).

14. Qui est votre personnage préféré ? Justifiez votre réponse avec des exemples du film.

Jojo est mon personnage préféré. Il est mignon et charmant, moqueur mais sage. Il a une innocence et une joie de vivre irrésistibles.

15. Est-ce que le titre *Etre et avoir* est un bon titre pour ce film ? Comment est-ce que vous pouvez expliquer ce titre ?

Le titre *Etre et avoir* est un très bon titre pour le film. Les deux verbes sont les premiers verbes appris et les verbes essentiels de la langue française (ce sont les verbes auxiliaires des temps composés). Les deux verbes sont une métaphore de l'école primaire qui est la base de l'éducation des enfants. Les verbes constituent le thème principal du film : ce qu'on est et ce qu'on a et ce qu'on va être et ce qu'on va avoir.

B **Aller plus loin.** Écrivez un paragraphe pour répondre aux questions suivantes.

1. Est-ce que la vie des enfants est facile ? Et la vie de l'instituteur ? Et la vie des parents ?

   D'une part la vie des enfants est facile. Ils ont un instituteur qui les aime énormément et qui les aide à réussir dans la vie. D'autre part la vie n'est pas facile. Les enfants n'ont pas beaucoup d'aide à la maison. Les maisons ne sont pas luxueuses. Ils doivent aider leurs parents à s'occuper de la ferme.

   La vie de l'instituteur est assez simple. Il habite à l'école et il aime son travail et ses élèves. Il a très peu de soucis et très peu de besoins. Mais être seul dans le village n'est pas facile et il n'y a pas grand-chose à faire.

   La vie est difficile pour les parents. Etre fermier est un travail extrêmement difficile et on ne gagne pas beaucoup d'argent. Mais c'est la vie qu'ils connaissent depuis toujours et ils ont l'air content.

2. Qu'est-ce que les enfants font pour s'amuser après l'école à votre avis ?

   Après l'école les enfants doivent travailler à la ferme ou aider leurs parents à la maison (le dîner, la vaisselle, etc.). Après le travail, ils font leurs devoirs. Ils n'ont donc pas beaucoup de temps libre. On ne voit ni jeux électroniques ni ordinateurs alors ils doivent jouer à des jeux traditionnels ou faire du sport. Dans deux scènes en particulier, on voit que les enfants ne jouent pas beaucoup. Quand la famille de Julien l'aide à faire ses maths, Jessie est assise sur le canapé et elle ne fait rien. Quand la mère de Nathalie s'occupe des vaches, Létitia est assise et regarde tranquillement sa mère. Le rythme de la vie est lent pour les enfants.

3. Comment sont les relations entre les personnages du film (enfants/enfants ; parents/enfants ; instituteur/enfants ; instituteur/parents) ?

   Les relations entre tous les personnages du film sont bonnes. Les enfants s'entendent assez bien et ils sont amis, même s'ils se bagarrent. Les parents aiment leurs enfants et s'inquiètent pour eux. La mère de Nathalie parle avec M. Lopez de ses difficultés à s'exprimer et les parents de Julien, de Nathalie et d'Olivier les aident avec leurs devoirs. Les parents ne sont pas très tendres (la mère de Julien lui donne une claque quand il se trompe). L'instituteur et les enfants s'entendent bien et il joue un grand rôle dans leur vie et celle des parents. Il leur donne des conseils et les parents le respectent beaucoup.

4. Est-ce que M. Lopez réussit à bien éduquer tous les enfants ? Expliquez.

   Oui, même si les enfants ont quelques difficultés (Julien et le français et les maths, Olivier et les études en général, Nathalie et ses difficultés à parler), M. Lopez réussit. A part les études, il faut apprendre à vivre, à survivre et à se comporter comme il faut. Les enfants sont très sages et très bien élevés et ils se comportent très bien à l'école. Ils sont surtout autonomes. Jojo et Marie font des photocopies, les enfants travaillent seul, etc.

5. Les enfants ont certaines choses et n'ont pas d'autres choses. Expliquez.

   Les enfants n'ont pas beaucoup de choses matérielles (d'ordinateurs, de jouets, etc.) et ils n'ont pas beaucoup d'aide pour l'école. Mais ils ont des familles qui passent du temps avec eux et qui s'inquiètent pour eux. Ils ont l'amitié de l'instituteur et de leurs camarades de classe et des connaissances de la vie agricole. Ils ont l'autonomie et l'indépendance.

6. Pourquoi est-ce que Philibert privilégie Jojo ?

   Jojo est devenu le personnage le plus souvent associé au film parce qu'il est adorable ! Il est tout petit et mignon mais aussi un peu malin et comique. Son

comportement (faire des photocopies, se laver les mains, etc.) change le rythme du film qui serait un peu monotone sans ces interventions amusantes. Jojo est le chouchou de Philibert et de tout le monde.

7. La scène où M. Lopez parle de sa famille est la seule où l'on entend la voix de Philibert. Pourquoi est-ce qu'il intervient ici et pas pendant d'autres scènes ? Quel est l'effet ?

   Le film donne l'illusion que le spectateur observe les personnages du film par la fenêtre. Cette perspective donne l'illusion d'omniscience et le spectateur est une sorte de voyeur qui oublie qu'il y a quelqu'un qui contrôle ce qu'on voit. Pendant la scène où M. Lopez parle de sa vie, on entend la voix de Philibert qui fait rappeler qu'il y a une force extérieure qui surveille. Cette intervention rompt le voyeurisme et fait rappeler que le film est un documentaire. A part cette scène, le film n'est pas un documentaire tout à fait typique (pas de narration hors-champ, pas d'interviews, etc.).

8. Décrivez le rôle du temps dans le film.

   Le temps est un thème principal. D'abord, le film a lieu dans un village isolé et vulnérable au temps. On voit surtout l'isolement pendant les scènes d'hiver. Ensuite, les gens du village sont agriculteurs. Leurs vies dépendent du temps. Enfin, les saisons indiquent le passage du temps et de l'année scolaire et le développement des enfants. La première partie du film est monotone, grise, froide. Il n'y a pas beaucoup d'action ce qui représente la vie hivernale des gens du village. Quand il commence à faire beau, le rythme de vie et le rythme du film change. Les scènes sont moins longues, les gens travaillent dans le champ, les enfants font des excursions, etc.

9. Le film parle surtout de présence et d'absence. Comment ?

   La présence et l'absence est aussi un des thèmes principaux du film. Le film commence par l'absence de monde et l'isolement des gens. En revanche, le temps est toujours présent (comme la caméra dans la salle de classe) et se voit clairement. Les scènes de trajets à l'école et du paysage en hiver, au printemps et en été servent de transition et soulignent l'isolement. Malgré l'existence d'une école, d'un instituteur et des élèves, il y a l'absence d'un grand nombre de salles, d'instituteurs et d'élèves. On voit la présence de besoins matériels, mais l'absence d'excès (dans l'école, dans les maisons, dans le village, etc.). Dans les familles, il y a une volonté d'aider les enfants, mais l'absence de moyens. Il y a surtout la présence constante de l'amour fidèle. Finalement, on remarque l'absence de techniques typiquement exploitées dans les documentaires (la caméra instable, la narration hors-champ, les interviews, etc.).

10. Expliquez le thème du va-et-vient. D'où viennent les personnages ? Où vont-ils ?

    Ce thème se voit de façon concrète et abstraite. Le film commence par l'arrivée de la camionnette chez les enfants. Ils vont à l'école. Ce trajet, ainsi que l'arrivée des enfants à vélo et à pied, est répété (en hiver, au printemps et en été) au cours du film et met l'accent sur la monotonie de la vie. Comme le trajet des enfants à l'école, les saisons viennent et s'en vont. Malgré quelques petites excursions (en forêt pour faire de la luge, au collège et à la campagne pour faire un pique-nique) le rythme de la vie ne change pas. Les enfants viennent d'un village rural où il n'y a pas beaucoup de choix de métiers. M. Lopez vient aussi de ce milieu (son père était ouvrier agricole) mais il est allé à l'université pour changer son destin. Les enfants grandissent et M. Lopez vieillit. Il va prendre sa retraite dans un an et un autre instituteur va venir.

A   **Vrai ou Faux ?** Déterminez si les phrases sont vraies ou fausses.

1. **vrai**   faux   L'école publique française est gratuite.
2. vrai   **faux**   L'église influence l'éducation nationale.
3. vrai   **faux**   Il faut avoir 5 ans pour aller à l'école.
4. **vrai**   faux   L'école n'est plus obligatoire à partir de l'âge de 16 ans.
5. vrai   **faux**   Les élèves vont à l'école le lundi, le mardi, le mercredi et le jeudi.

B   **En quel mois ?** Donnez le mois ou les mois qui correspondent aux descriptions suivantes.

1. **en septembre**   la rentrée scolaire
2. **(en juin) en juillet et en août**   les vacances d'été
3. **en juin**   la fin de l'année scolaire
4. **en février**   les vacances d'hiver
5. **en avril**   les vacances de printemps

C   **Ecole primaire.** Donnez les âges qui correspondent à chaque école et à chaque classe.

Ecoles	Ecole maternelle :	**3-6**	ans
	Ecole primaire :	**6-11**	ans
Classes	CP :	**6-7**	ans
	CE1 :	**7-8**	ans
	CE2 :	**8-9**	ans
	CM1 :	**9-10**	ans
	CM2 :	**10-11**	ans

D   **En général.** Répondez aux questions suivantes. Ecrivez deux ou trois phrases.

1. Quels sont les deux grands examens que les élèves passent ?
   Les élèves ont un examen, le brevet, à la fin du collège. L'autre examen, le Baccalauréat, qui est beaucoup plus difficile et important, a lieu à la fin du lycée.

2. Que veut dire laïque ?
   Laïque veut dire séparé de l'église. Une école laïque est donc une école qui n'a aucun rapport avec l'église. La loi de 1905 sépare officiellement l'Eglise de l'Etat. Cette loi n'existe pas aux Etats-Unis.

3. Qu'est-ce qu'un jour férié ? Donnez quelques exemples.
   Un jour férié est un jour de congé où les enfants ne vont pas à l'école (et les parents ne vont pas au travail). Les jours fériés en France sont : le jour de l'An ; Pâques ; le 1er mai ; le 8 mai; le 14 juillet ; l'Assomption ; la Toussaint ; le 11 novembre et Noël.

4. Est-ce que les enfants vont à l'école à l'âge de trois ans aux Etats-Unis ? Expliquez.
   Non, les enfants ne vont pas à l'école avant l'âge de cinq ans. Ils vont dans une crèche privée ou dans une école maternelle privée mais ils n'ont pas le droit d'aller à l'école publique avant l'âge de cinq ans (en général).

5. Est-ce que les enfants peuvent quitter l'école à l'âge de seize ans aux Etats-Unis ? Expliquez.

Oui, en général aux Etats-Unis, à partir de l'âge de seize ans les enfants peuvent quitter l'école. Ils peuvent recevoir un diplôme qui s'appelle le GED (General Education Development). A Washington, l'école est obligatoire jusqu'à 17 ans.

E **Aller plus loin.** Ecrivez un paragraphe pour répondre aux questions suivantes.

1. Pourquoi est-ce que les enfants ne vont pas à l'école le mercredi ? Est-ce une bonne idée ?

Les enfants ne vont pas à l'école le mercredi pour suivre le rythme naturel du corps. Les élèves sont en cours pendant environ sept heures par jour et ont 26 heures pendant la semaine (à peu près comme aux Etats-Unis). Certains élèves catholiques ont des cours de catéchisme le mercredi. Le mercredi de congé peut être difficile pour les parents qui travaillent, mais les enfants ont du temps pour rattraper et se reposer. Il y a aussi des centres aérés où les enfants peuvent passer le mercredi ou les vacances scolaires.

2. Est-ce que les enfants américains ont autant de vacances que les enfants français ? Expliquez.

En général, les enfants américains ont des vacances en automne (Thanksgiving), en hiver (Noël), au printemps (Pâques) et en été. Mais, la longueur et les dates de ces vacances varient énormément. Les dates de la rentrée et de la fin de l'année scolaire varient aussi. L'éducation n'est pas nationale et les vacances peuvent varient dans une même ville.

3. Quelles fêtes est-ce qu'on fête en France et aux Etats-Unis ?

En général, les fêtes françaises sont aussi les fêtes américaines. L'Ascension, la Pentecôte, l'Assomption et la Toussaint ne sont pas des jours fériés aux Etats-Unis et la fête nationale américaine est le 4 juillet. Bien sûr, il n'y a pas Thanksgiving en France !

4. Pourquoi est-ce qu'on dit que l'éducation est nationale en France ?

En France, le Ministère de l'éducation nationale s'occupe de l'éducation des enfants (le programme d'études, la préparation des examens, la compétence des professeurs, etc.). Cette nationalisation de l'éducation assure que tous les enfants reçoivent la même éducation. Il y a 30 Académies qui servent de liaison entre le Ministère de l'éducation et les écoles régionales. Le système américain ne fonctionne pas de cette façon.

5. Est-ce que le système éducatif français ressemble au système américain ? Expliquez.

Le système éducatif français ressemble au système américain : il y a l'école primaire, le collège, le lycée et l'université. Mais il y a de grandes différences en France: les enfants vont à l'école maternelle à partir de l'âge de 2 ou 3 ans. A partir du collège, on compte à rebours (6e – 1re et terminale). Il y a deux grands examens nationaux, le brevet et le baccalauréat. En France le Ministère de l'Education nationale surveille l'éducation tandis qu'aux Etats-Unis chaque état et même chaque ville a des règles différentes, des livres différents, des examens différents.

Culture

A **Le cinéma français.** Choisissez la réponse qui ne va pas.

1. Genres de films français :
    - ☐ les drames
    - ☐ les comédies
    - ■ **les bandes dessinées**
    - ☐ les documentaires
    - ☐ les films de cape et d'épée
    - ☐ les films d'aventure

2. Films français :
    - ☐ *Les Visiteurs*
    - ☐ *Le Dernier métro*
    - ☐ *L'Auberge espagnole*
    - ■ *La Bamba*
    - ☐ *La Haine*
    - ☐ *Le Fabuleux destin d'Amélie Poulain*

3. Acteurs français :
    - ☐ Vincent Cassel
    - ☐ Mathieu Kassovitz
    - ☐ Jean Reno
    - ☐ Daniel Auteuil
    - ■ **Antonio Banderas**
    - ☐ Christian Clavier

4. Actrices françaises :
    - ☐ Catherine Deneuve
    - ☐ Juliette Binoche
    - ☐ Vanessa Paradis
    - ☐ Isabelle Huppert
    - ☐ Audrey Tautou
    - ■ **Angelina Jolie**

5. Cinéastes français :
    - ☐ Mathieu Kassovitz
    - ■ **Francis Ford Coppola**
    - ☐ Jean-Luc Godard
    - ☐ Francis Veber
    - ☐ Louis Malle
    - ☐ François Truffaut

B **Genres de films.** Reliez les genres de films avec les définitions qui correspondent.

1. La plupart de ces films ont été produit pendant les années 1930 et 1960. En général, l'action a lieu en Amérique du Nord pendant la conquête de l'Ouest.
    les westerns

2. Le but de ces films est principalement de faire rire à partir de la dénonciation des défauts et des vices de la société.
    les comédies

3. Ces films se caractérisent par des événements tragiques.
    les drames

4. Le but de ces films est de présenter une réalité, sans intervenir sur son déroulement.
    les documentaires

5. Ces films sont créés à partir d'images dessinées, d'images créées par ordinateur ou de photographies. Ils sont connus pour leur succès parmi les enfants.
    les dessins animés

6. Ces films suscitent le suspense et la peur chez le spectateur.
    les thrillers

7. Ces films ont lieu principalement pendant la Renaissance jusqu'à la Révolution française. Certains sont inspirés d'œuvres littéraires du XIXe siècle.
    les films de cape et d'épée

8. Dans ces films, il s'agit d'une série d'aventures ou de mésaventures.
    les films d'aventures

D **Documentaires français.** Choisissez la réponse qui ne va pas.

1. Eléments des documentaires :
   ■ **des histoires fictives** ☐ des interviews ☐ des photographies
   ☐ une narration ☐ de la musique ☐ des extraits du journal télévisé

2. Adjectifs caractérisant des documentaires :
   ☐ éducatif ■ **fictif** ☐ ennuyeux
   ☐ informatif ☐ subjectif ☐ objectif

3. Thèmes des documentaires :
   ☐ l'éducation ☐ les maladies ☐ la nature
   ■ **l'heure** ☐ le climat ☐ la culture contemporaine

4. Thèmes du film Etre et avoir :
   ☐ l'éducation ☐ la vie quotidienne ☐ la nature
   ☐ le climat ■ **les animaux sauvages** ☐ l'enfance

5. Documentaires de Nicolas Philibert :
   ☐ *Qui sait ?* ☐ *Le Pays des sourds* ■ ***Les Misérables***
   ☐ *Etre et Avoir* ☐ *Un Animal, des animaux* ☐ *La Moindre des choses*

E **D'accord ou pas d'accord ?** Indiquez si vous êtes d'accord ou si vous n'êtes pas d'accord avec les phrases suivantes. Justifiez votre choix.

1. Les documentaires sont ennuyeux.
   pas d'accord **Les documentaires sont souvent ennuyeux comparé à d'autres films. Aujourd'hui les documentaires connaissent un plus grand succès (*Fahrenheit 9-11* et *Supersize Me*) et parlent de sujets qui intéressent un plus grand public.**

2. Les documentaires ont souvent un but éducatif.
   d'accord **Les documentaires sont souvent faits pour renseigner le public (sur l'histoire mondiale, sur les guerres, etc.). Ils ont des voix hors-champ qui narrent des scènes et fournissent des renseignements sur l'histoire des images.**

3. Les documentaires sont pour les intellectuels.
   pas d'accord **On dit souvent que ce sont des intellectuels qui vont au cinéma pour voir des documentaires. Mais aujourd'hui les documentaires sont mieux distribués et ils attirent un public de plus en plus divers.**

4. Les documentaires sont l'ancêtre de la télé-réalité.
   d'accord **La nouvelle vague de télé-réalité exploite des techniques utilisées par les cinéastes pour filmer les émissions de télé-réalité. Il y a la caméra instable, la narration hors-champ, des interviews, etc. En effet, la télé-réalité est un documentaire de la vie « réelle » et de la nature humaine.**

5. Les documentaires sont toujours objectifs.
   pas d'accord **Les documentaires ont l'air d'être objectifs. Mais, il y a toujours un cinéaste qui contrôle les caméras, le montage, etc. et qui donne sa voix au film. Le film *Fahrenheit 9-11* met en question l'objectivité des documentaires.**

F **En général.** Répondez aux questions suivantes. Ecrivez deux ou trois phrases.

1. Est-ce que vous aimez les documentaires ? Pourquoi ou pourquoi pas ?
J'aime les documentaires pour apprendre des choses sur un sujet qui m'intéresse. Mais les documentaires sont souvent ennuyeux et je préfère les films d'action ou d'aventures.

2. Pourquoi est-ce que les gens n'aiment pas les documentaires en général ?
On n'aime pas les documentaires parce qu'ils parlent de sujets sensibles (l'obésité, la pauvreté, etc.) ou de sujets « ennuyeux » (l'histoire, la guerre, etc.). Ils sont souvent ennuyeux et peu distribués et on préfère les films plus gais, plus « intéressants » ou plus connus.

3. Pourquoi est-ce que très peu de documentaires connaissent un grand succès ?
Les documentaires ne sont pas des films à succès parce qu'ils sont un peu ennuyeux, trop éducatifs, etc. Il y a souvent très peu d'argent disponible pour faire des documentaires. Ils ne sont pas donc bien distribués et les médias n'en parlent pas beaucoup.

4. Quels thèmes sont présentés dans le film *Etre et avoir* ? Justifiez votre réponse en citant des exemples précis du film.
***Etre et avoir* parle de la richesse (concrète et abstraite), de l'éducation, de la campagne, de l'agriculture, de la vie, etc., des thèmes souvent traités dans les documentaires.**

5. Est-ce que le documentaire *Etre et avoir* est un documentaire typique ? Justifiez votre réponse en citant des exemples précis du film.
Le film est assez typique car il parle de la vie réelle et renseigne le public sur une école à classe unique. En revanche, il n'y a pas beaucoup de techniques typiques des documentaires et le spectateur oublie que le film n'est pas une fiction. Il n'y a ni « message » explicite ni « morale » qui caractérisent des documentaires typiques.

G **Aller plus loin.** Ecrivez un paragraphe pour répondre aux questions suivantes.

1. Comment est-ce qu'on peut expliquer la réussite récente des films français dans le monde ? Par exemple, *Amélie*.
Il y a de plus en plus de films français distribués aux Etats-Unis (dans les cinémas et dans les magasins). Les acteurs français jouent dans des films américains et sont mieux connus du public américain. L'Internet joue un rôle aussi : on peut y regarder des bandes annonces, lire des critiques, se renseigner sur le cinéma français, acheter des films, etc.

2. Comment est-ce qu'on peut expliquer la réussite récente des documentaires ?
Aujourd'hui, les Français et les Américains s'intéressent à des documentaires qui parlent de sujets actuels (*Fahrenheit 9-11, Supersize Me, La Marche de l'Empereur* etc.). Les documentaires sont mieux distribués et polémiques. Ils ne sont plus perçus comme étant objectifs et ils critiquent explicitement les sujets traités. Grâce au phénomène des émissions de télé-réalité en Amérique et en France, le public a un grand intérêt pour la vie « réelle ».

3. Comment est-ce qu'on peut expliquer la réussite du documentaire Etre et avoir ?
Le film *Etre et avoir* raconte une histoire que tout le monde connaît. Tout le monde doit aller à l'école et a de bons ou de mauvais souvenirs de cette expérience. M. Lopez est très aimable et passionné, les enfants sont adorables et c'est un très bon film.

4. M. Lopez a demandé de l'argent après la réussite du film. Est-ce que ce fait change votre opinion de l'instituteur ?

Le fait que M. Lopez ait accepté de ne pas recevoir d'argent avant le tournage du film et puis ait changé d'avis après la réussite financière est gênant. Ceci dit, M. Lopez est instituteur et ne gagne pas beaucoup d'argent. Les familles et lui ont le droit d'avoir un peu d'argent pour améliorer leur quotidien.

5. Est-ce que M. Lopez fait semblant d'être gentil ? Expliquez.

On ne peut pas faire semblant d'avoir l'amour et le respect des enfants et des parents. Les rapports entre tous les personnages du film sont réels et il faut du temps pour développer ces rapports. C'est une question de caractère et même le cinéaste ne peut ni inventer ni manipuler l'amour et la passion qu'on voit.

6. Est-ce que Philibert manipule la réalité dans le film ? Par exemple, est-ce qu'il est vraiment omniscient ?

Il y a eu une soixantaine d'heures de tournage et il a fallu couper des scènes et développer une « histoire ». De plus, les scènes ne suivent pas l'ordre chronologique du tournage parce que Philibert a tourné le film avec une seule caméra. Philibert est presque omniscient, mais il « raconte l'histoire » qu'il a vécue pendant ses six mois en Auvergne.

7. Est-ce que le documentaire *Etre et avoir* a pour but de changer les opinions des spectateurs ?

Etre et avoir **n'a pas de message explicite. Philibert n'a pas l'intention de changer la façon dont on perçoit le système éducatif français, la vie des gens qui habitent dans de petits villages, etc. Il a pour but de documenter ce genre d'école et la vie des gens.**

Chapitre 4
L'Auberge espagnole

181   L'Auberge espagnole

Exercices de vocabulaire

B   **Définitions.** Reliez *le vocabulaire* ci-dessous avec les définitions qui correspondent.

Les gens	Les choses	Les endroits
a. un ami	f. une amitié	i. un appartement
b. un colocataire	g. une aventure	j. un bureau
c. un écrivain	h. une union	k. une faculté
d. un étudiant		
e. un fonctionnaire		

__d__   1.   une personne qui fait des études supérieures
__k__   2.   un établissement d'enseignement supérieur
__f__   3.   un sentiment d'affection qu'une personne a pour une
             autre personne
__h__   4.   une association ou une combinaison de différentes choses
             ou personnes
__i__   5.   un ensemble de pièces destiné à l'habitation
__b__   6.   une personne qui loue un appartement avec d'autres personnes
__a__   7.   une personne pour laquelle on a de l'affection
__e__   8.   une personne qui est employée par l'Etat ou qui exerce
             une fonction publique
__c__   9.   une personne qui écrit des romans, des poèmes, etc.
__j__   10. le lieu de travail des employés d'une administration ou
             d'une entreprise

184   L'Auberge espagnole

Exercices de vocabulaire

A   ERASMUS ! Complétez le paragraphe suivant avec *le vocabulaire* qui convient.

Xavier a **rendez-vous** avec Jean-Charles Perrin. Jean-Charles travaille **au Ministère**
des finances. Il explique à Xavier qu'il y aura un poste après **ses études**. Il faut
pourtant que Xavier sache parler **espagnol**. Xavier décide donc de faire **son DEA** à
Barcelone. Il va **à la fac** pour se renseigner sur le programme ERASMUS. Il passe
beaucoup de temps à aller **d'un bureau** à un autre mais il arrive à trouver la personne
avec qui il faut parler. La femme explique à Xavier que **son dossier** n'est pas complet.
Xavier est **frustré** ! La femme continue à lui expliquer qu'il faut : **un CV**, **une lettre** de
motivation et beaucoup d'autres **formulaires** ! Malgré toute **le bureaucratie**, Xavier
arrive à **s'inscrire** au programme ERASMUS !

Pratiquez !

A **Bruce.** Xavier raconte à Martine ce qui s'est passé le soir où Wendy a rencontré Bruce. Complétez le paragraphe suivant avec *le passé composé* des verbes entre parenthèses et expliquez votre choix du verbe auxiliaire. Attention à l'accord des participes passés !

Nous **avons recontré** (rencontrer) Bruce dans un bar. Wendy **a invité** (inviter) Bruce à nous rejoindre. On **a trouvé** (trouver) un coin isolé et Bruce **a sorti** (sortir) sa guitare. Il **s'est mis** (se mettre) à jouer de sa guitare et il **a chanté** (chanter) «No Woman, No Cry ». Je **n'ai pas aimé** (ne…pas/aimer) la chanson, mais Wendy la/l'**a adorée** (adorer) ! Je pense qu'elle avait trop bu et qu'elle **n'a pas entendu** (ne…pas/entendre) toutes les fausses notes ! Nous **sommes finalement rentrés** (finalement / rentrer) chez nous. Bruce **est venu** (venir) avec nous. Je **suis allé** (aller) dans ma chambre pour écrire dans mon journal et je **me suis souvenu** (se souvenir) de quelque chose : Wendy a un petit ami en Angleterre ! Pauvre Alistair !

B **Appart ?** Xavier écrit dans son journal. Mettez son texte *au passé composé*. Attention à l'accord des participes passés !

Je trouve un appartement ! Ce matin, je me réveille tôt, je me lève et je me prépare pour ma journée. Je prends le petit-déjeuner avec Anne-Sophie et je pars. Je vais à la fac où je lis un journal. J'y trouve une petite annonce intéressante. Je cherche une cabine téléphonique et je parle avec un jeune homme qui me dit de venir voir l'appartement tout de suite. J'ai un peu de mal à trouver l'appartement mais je réussis à le trouver quand même ! Quand j'y arrive, je rencontre les cinq colocataires. Je m'assieds et ils se mettent à me poser beaucoup de questions (même des questions indiscrètes) ! On parle du loyer, des chambres, des problèmes éventuels, etc. et on décide de me prendre comme colocataire. Quelle chance !

J'**ai trouvé** un appartement ! Ce matin, je **me suis réveillé** tôt, je **me suis levé** et je **me suis préparé** pour ma journée. J'**ai pris** le petit-déjeuner avec Anne-Sophie et **suis parti**. Je **suis allé** à la fac où j'**ai lu** un journal. J'y **ai trouvé** une petite annonce intéressante. J'**ai cherché** une cabine téléphonique et j'**ai parlé** avec un jeune homme qui m'**a dit** de venir voir l'appartement tout de suite. J'**ai eu** un peu de mal à trouver l'appartement mais j'**ai réussi** à le trouver quand même ! Quand j'y **suis arrivé**, j'**ai recontré** les cinq colocataires. Je **me suis assis** et ils **se sont mis** à me poser beaucoup de questions (même des questions indiscrètes) ! On **a parlé** du loyer, des chambres, des problèmes éventuels, etc. et on **a décidé** de me prendre comme colocataire. Quelle chance !

Pratiquez !

A **Ça suffit !** Wendy parle à William de son comportement insupportable. Complétez le dialogue suivant avec *l'imparfait* des verbes entre parenthèses.

Wendy : Nous **passions** (passer) une soirée agréable mais tu **n'étais pas** (ne...pas/être) sympa avec mes amis ! Tu **parlais** (parler) sans cesse. Tu **riais** (rire) trop fort. Tu **te moquais** (se moquer) de tout le monde. Tu **ne faisais pas** (ne...pas/faire) attention à ce que tu **disais** (dire). Personne ne **voulait** (vouloir) rester à table avec toi !

William : *Mais non Wendy ! Nous* **nous amusions** *(s'amuser) ! Xavier et Lars* **riaient** *(rire) beaucoup !*

Wendy : Ce **n'était pas** (ne...pas/être) amusant ! Personne ne **riait** (rire) !

William : *C'est parce que toi et tes amis* **ne vouliez pas** *(ne...pas/vouloir) vous amuser ! Vous* **étiez** *(être) trop sérieux toute la soirée !*

Wendy : Tu **ne savais pas** (ne...pas/savoir) qu'on en **avait** (avoir) assez ! Ça suffit William ! Je n'en peux plus !

B **Soirée.** Wendy écrit dans son journal. Elle décrit une soirée inoubliable. Mettez sa description *à l'imparfait*.

C'est vrai que je ne veux pas sortir mais je m'ennuie dans ma chambre et je ne peux pas me concentrer. Les autres font trop de bruit. Quand j'habite en Angleterre, je sors souvent mais je n'aime pas vraiment sortir. Ce soir, il fait un peu chaud et j'ai envie de me changer les idées. Le club est charmant ! Les gens dansent, ils chantent, ils rient et ils s'amusent beaucoup ! Moi aussi ! Je danse et je regarde un jeune homme américain qui a l'air décontracté et sympa. Il joue de sa guitare et il chante de belles chansons. C'est le coup de foudre !

C'**était** vrai que je **ne voulais pas** sortir mais je **m'ennuyais** dans ma chambre et je **ne pouvais pas** me concentrer. Les autres **faisaient** trop de bruit. Quand j'**habitais** en Angleterre, je **sortais** souvent mais je **n'aimais pas** vraiment sortir. Ce soir, il **faisait** un peu chaud et j'**avais** envie de me changer les idées. Le club **était** charmant ! Les gens **dansaient**, ils **chantaient**, ils **riaient** et ils **s'amusaient** beaucoup ! Moi aussi ! Je **dansais** et je **regardais** un jeune homme américain qui **avait** l'air décontracté et sympa. Il **jouait** de sa guitare et il **chantait** de belles chansons. C'**était** le coup de foudre !

Pratiquez !

 A **Arrivée-1.** Lisez les phrases suivantes et déterminez si les phrases indiquent *une action* (ce qui s'est passé = le passé composé), *une description* (l'imparfait) ou *une action* et *une description*.

1. action **description** Il est triste pendant le vol.
2. **action** description Il débarque de l'avion.
3. **action** description Il va chercher ses valises.
4. **action** **description** Il attend ses valises quand il fait la connaissance d'un couple français.
5. **action** **description** Ils sont sympas mais la femme ne parle pas beaucoup.
6. **action** description Il prend leurs coordonnées et il quitte l'aéroport.
7. action **description** Le soleil brille et il fait chaud. Il est optimiste !
8. **action** description Il prend le métro, il arrive au centre-ville et il se perd.
9. **action** description Il demande donc de l'aide à un jeune Barcelonais.
10. action **description** Il est prêt à commencer son aventure !

B **Arrivée-2.** Racontez l'arrivée de Xavier à Barcelone. Mettez le paragraphe suivant *au passé composé* et *à l'imparfait*. Expliquez votre choix du temps. Attention à l'accord des participes passés !

Xavier **était** (être) triste pendant le vol. Il **a débarqué** (débarquer) de l'avion et il **est allé** (aller) chercher ses valises. Il **attendait** (attendre) ses valises quand il **a fait** (faire) la connaissance d'un couple français. Ils **étaient** (être) sympas mais la femme **n'a pas beaucoup parlé** (ne…pas/beaucoup/parler). Il **a pris** (prendre) leurs coordonnées et il **a quitté** (quitter) l'aéroport. Le soleil **brillait** (briller) et il **faisait** (faire) chaud. Il **était** (être) optimiste ! Il **a pris** (prendre) le métro, il **est arrivé** (arriver) au centre-ville et il **s'est perdu** (se perdre). Il **a donc demandé** (donc/demander) de l'aide à un jeune Barcelonais. Il **était** (être) prêt à commencer son aventure !

C **Martine.** Xavier décrit la visite de Martine dans son journal. Complétez son texte avec *le passé composé* ou *l'imparfait* des verbes entre parenthèses. Attention à l'accord des participes passés !

Quand Martine **est arrivée** (arriver) à l'aéroport, je/j'**étais** (être) très content de la voir. Elle **avait** (avoir) l'air content aussi ! On **a visité** (visiter) Barcelone et puis nous **sommes rentrés** (rentrer) chez moi. Mes colocataires **avaient** (avoir) envie de la rencontrer et ils **étaient** (être) sympas avec elle. On **a décidé** (décider) de dîner ensemble. Pendant le repas, nous **nous amusions** (s'amuser), on **racontait** (raconter) des anecdotes et on **riait** (rire). Tout à coup, Martine **s'est levée** (se lever) et elle **est partie** (partir). Je la/l'**ai suivie** (suivre). Elle **est allée** (aller) dans ma chambre. Elle **a critiqué** (critiquer) ma chambre, mes amis et ma vie à Barcelone. Elle **ne voulait pas** (ne…pas/vouloir) et elle **ne pouvait pas** (ne…pas/pouvoir) comprendre que j'**étais** (être) content ! j'**ai essayé** (essayer) de lui expliquer la situation. Il **fallait** (falloir) qu'elle comprenne ! Hélas, elle **n'a pas compris** (ne…pas/comprendre). Je l'**ai accompagnée** (accompagner) à l'aéroport. Nous **nous sommes dit** (se dire) au revoir et je **savais** (savoir) que c'**était** (être) la fin de notre vie de couple et que tout **allait** (aller) changer ….

Pratiquez !

 Si seulement ! Les colocataires ont certains regrets. Complétez les phrases suivantes avec *le plus-que-parfait* des verbes entre parenthèses.

1. Xavier : Ma mère est triste. Si seulement je lui **avais parlé** (parler) plus gentiment ! Et Martine est triste aussi ! Si seulement **j'avais passé** (passer) plus de temps à lui expliquer mes sentiments !
2. Anne-Sophie : Je ne suis pas contente à Barcelone. Si seulement Jean-Michel et moi **étions restés** (rester) en France !
3. Jean-Michel : Anne-Sophie et Xavier s'aiment beaucoup. Si seulement ils **ne s'étaient pas rencontrés** (ne…pas/se rencontrer) ! Si seulement j'**avais essayé** (essayer) de la comprendre !
4. Wendy : William agace les colocataires ! Si seulement il **n'était pas venu** (ne… pas/venir) à Barcelone !
5. Xavier : Je ne veux pas être homme d'affaires. Si seulement j'**avais su** (savoir) ça plus tôt !

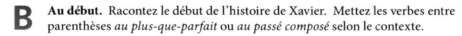 **Au début.** Racontez le début de l'histoire de Xavier. Mettez les verbes entre parenthèses *au plus-que-parfait* ou *au passé composé* selon le contexte.

Xavier **avait déjà décidé** (déjà décider) de faire son DEA quand il **a parlé** (parler) avec Jean-Michel. Quand il **est allé** (aller) au CROUS, il **avait déjà envoyé** (déjà envoyer) son dossier aux responsables. Il **a appris** (apprendre) que quelqu'un **avait perdu** (perdre) son dossier. Xavier **a dû** (devoir) remplir de nouveau tous les formulaires. Il était prêt à partir ! Sa mère **avait déjà trouvé** (déjà trouver) un logement provisoire pour lui. Tout **a bien commencé** (bien commencer) !

Pratiquez !

A **D'où venez-vous ?** Les colocataires parlent de leur pays d'origine et de leurs voyages. Complétez leur dialogue avec *les articles et les prépositions* qui conviennent (si cela est nécessaire).

Alessandro : Je viens **d'**Italie. Ma famille habite **à** Rome et ma petite amie vit **à** Venise. J'ai visité **les** Etats-Unis il y a un an. Je suis allé **à** NYC et **à** Boston. Je voulais aller **au** Texas pour voir des cow-boys mais j'ai dû aller **en** Floride pour voir des amis de mes grands-parents.

Lars : Je suis **du** Danemark. J'ai habité longtemps **à** Copenhague avec ma famille mais maintenant elle habite **en** Norvège. Je voyage beaucoup et j'aime surtout les îles tropicales. L'année dernière, je suis allé **à** Tahiti, **à la** Réunion et **à** Vanuatu. C'était formidable !

Soledad : Je suis **de** Tarragona. Toute ma famille habite **en** Espagne. Je voyage beaucoup. L'été dernier, j'ai visité Ø Chypre. C'était incroyable !

Tobias : Je suis **d'**Allemagne. J'ai habité **à** Berlin et **à** Munich. J'ai fait des études **aux** Etats-Unis et je suis **en** Espagne pour étudier le marketing.

Wendy : Moi ? Oh, je ne voyage pas beaucoup. Je suis allée **en** Irlande et **en** Ecosse. Evidemment, je viens **d'**Angleterre. Ma famille et mon petit ami vivent **à** Londres.

Xavier : Je viens **de** France. Ma famille, ma petite amie, mes amis, etc. habitent **à** Paris. J'ai visité **le** Canada il y a deux ans. J'ai beaucoup aimé les villes **du** Québec comme Ø Montréal et Ø Québec.

B **Visite inattendue !** Alistair appelle Wendy et il tombe sur Alessandro qui lui pose des questions. Complétez les réponses d'Alistair. Utilisez *les pronoms y et en* dans votre réponse.

Alessandro : Allô ? Ah ! Bonjour, Alistair. Tu es **en Espagne** ?
Alistair : Oui, oui. **J'y suis.**
Alessandro : C'est-à-dire que tu es parti **de Londres** ce matin ?
Alistair : Oui, c'est ça. **J'en suis parti ce matin.**
Alessandro : Je ne comprends pas. Tu n'es plus **en Angleterre** ?
Alistair : Ben … non ! **Je n'y suis plus.**
Alessandro : Ça veut dire que tu es **à Barcelone** ?
Alistair : Ben … oui ! **J'y suis.**
Alessandro : Tu vas aller **à l'appartement** ?
Alistair : Euh… oui… **Je vais y aller.**
Alessandro : Oh la la ! Ne quitte pas l'aéroport ! J'arrive !

C **Origines.** Vous parlez de la généalogie avec vos parents. Inventez des dialogues selon le modèle. Soyez créatif/ve et utilisez *les pronoms y et en*.

Modèle : Vous : Mon arrière-arrière-grand-père est né en France ?
Vos parents : *Oui, il y est né. Il est parti de France pour aller en Italie.*
Vous : Ah oui ! Je sais qu'il en est parti pour y aller et qu'après il est allé aux Etats-Unis.
Vos parents : *Oui, c'est ça. Il y est allé et il y a rencontré ton arrière arrière-grand-mère.*

Le réponses varieront. Encouragez les étudiants à créer une généalogie intéressante!

Après avoir regardé

Compréhension générale

 Vrai ou faux ? Indiquez si les phrases suivantes sont vraies ou fausses.

1. **vrai** faux Xavier a du mal à préparer son dossier ERASMUS à cause de la bureaucratie.
2. vrai **faux** Xavier est content de quitter la France parce qu'il n'aime plus Martine.
3. **vrai** faux Xavier appelle le couple français parce qu'il a besoin d'être hébergé.
4. **vrai** faux Xavier trouve un appartement avec des colocataires sympathiques.
5. vrai **faux** Les colocataires ne sont pas amis parce qu'ils parlent des langues différentes.
6. vrai **faux** Martine rend visite à Xavier et elle trouve son appartement génial !
7. vrai **faux** Les colocataires apprécient l'humour de William.
8. **vrai** faux Les colocataires s'unissent pour avertir Wendy de l'arrivée d'Alistair.
9. vrai **faux** Malheureusement, William ne fait aucun effort pour aider Wendy.
10. vrai **faux** A la fin du film, tous les colocataires sont prêts à quitter Barcelone.

Photo

 Détails. Regardez l'image et choisissez les bonnes réponses.

1. Où se passe cette scène ?
   a. dans «l'auberge espagnole »
   b. dans l'appartement de Jean-Michel et d'Anne-Sophie
   c. dans l'appartement de Martine
2. Quand cette scène a-t-elle lieu ?
   a. C'est une scène vers le début du film.
   b. C'est une scène vers le milieu du film.
   c. C'est une scène vers la fin du film.
3. Qui sont les personnages sur la photo ?
   a. Lars, Alessandro, Wendy, Tobias, Isabelle
   b. Xavier, Alessandro, Wendy, Tobias, Soledad
   c. Lars, Alessandro, Wendy, Tobias, Soledad
4. Qu'est-ce que les personnages sur la photo regardent ?
   a. une conversation entre Xavier et Martine
   b. une conversation entre Xavier et le propriétaire
   c. une conversation entre Xavier et Anne-Sophie
5. Qu'est-ce qui se passe après cette scène ?
   a. Les colocataires cherchent un autre appartement.
   b. Les colocataires cherchent un moyen de payer le loyer.
   c. Les colocataires cherchent du travail pour pouvoir payer le loyer.

B Chronologie. Mettez les phrases suivantes dans l'ordre chronologique.

   5   Le propriétaire trouve Xavier responsable.

   4   Ensuite, Xavier sort de sa chambre et il parle avec le propriétaire.

   1   D'abord, Tobias fait entrer le propriétaire de l'appartement.

   3   Le propriétaire montre l'appartement à un acheteur éventuel.

   2   Puis, Tobias avertit ses colocataires et ils se cachent dans la chambre de Wendy.

   6   Finalement, le propriétaire n'expulse pas les étudiants mais il augmente le loyer.

C En général. Répondez aux questions suivantes. Ecrivez deux ou trois phrases.

1. Donnez un titre à la photo. Justifiez votre réponse.

   « Les négociations ». Les cinq colocataires se cachent dans la chambre de Wendy, ils se disputent et ils observent la conversation entre Xavier et le propriétaire. Xavier arrive à un compromis avec le propriétaire. Les colocataires pourront rester dans l'appartement avec une augmentation du loyer.

2. Quelle est l'importance de cette scène ?

   Cette scène montre la solidarité des colocataires et elle prouve qu'ils peuvent s'adapter à une situation difficile. Il y a d'autres situations difficiles où l'on voit cette solidarité, notamment l'arrivée inattendue d'Alistair. Cette scène représente aussi l'élargissement du groupe de colocataires. Ils deviendront un groupe de sept.

D Aller plus loin. Ecrivez un paragraphe pour répondre aux questions suivantes.

1. Inventez le dialogue des colocataires à propos de la propreté de l'appartement.

   Pendant que Xavier parle avec le propriétaire, Alessandro explique qu'il allait faire la vaisselle mais Lars et Soledad étaient toujours en train de manger et il a donc regardé la télé. Quand il est entré dans la cuisine pour faire la vaisselle, il a vu que Wendy l'avait déjà faite. Les étudiants peuvent développer un dialogue qui inclut tous les colocataires. On note pourtant que c'est toujours Wendy qui insiste sur la propreté de l'appartement.

2. En quoi les colocataires sont-ils comme «L'Europe des six » ?

   Comme les colocataires doivent chercher un moyen pour pouvoir payer le loyer, ils invitent Isabelle à habiter avec eux. Quand Isabelle arrive, chaque colocataire en bénéficie : ils ont plus d'argent, plus de pouvoir et plus de diversité culturelle. En 1973, les pays de la Communauté européenne sont devenus neuf avec l'adhésion du Danemark, de l'Irlande et du Royaume-Uni. La CEE s'est élargie, l'économie des neuf pays membres est devenue plus forte et ils ont gagné le pouvoir et la diversité culturelle de neuf pays.

Mise en pratique

 A **En général.** Répondez aux questions suivantes. Ecrivez deux ou trois phrases.

1. Décrivez le début du film. Qu'est-ce qui se passe ?
   Au début du film, Xavier est devant son ordinateur. Il explique hors-champ où son histoire commence. On voit un avion qui décolle et il dit que ce n'est pas l'histoire d'un avion qui décolle, que ce n'est pas une histoire d'un décollage et que son histoire commence où elle se termine (au Ministère des finances). Cette introduction ressemble à la conclusion du film où Xavier continue à raconter son histoire. On peut donc dire que toutes les scènes entre l'introduction et la conclusion du film font partie de ses souvenirs de son séjour à Barcelone et que ces scènes représentent le roman qu'il est en train d'écrire.

2. Pourquoi est-ce que Xavier décide d'étudier à Barcelone ?
   Xavier a rendez-vous avec Jean-Charles Perrin qui travaille au Ministère des finances et qui est un ami de son père (ils se connaissent depuis leurs études à l'ENA). Il explique à Xavier qu'il aura un poste au Ministère des finances s'il perfectionne son espagnol. Xavier décide qu'il a besoin de quitter la France et qu'il fera son DEA à Barcelone où il pourra finir ses études, perfectionner son espagnol et apprendre la culture et l'économie espagnoles.

3. Qui est Erasme selon Xavier ? Pourquoi est-ce qu'il veut savoir ?
   Xavier ne sait pas vraiment, même après avoir fait des recherches. Il apprend quand même qu'Erasme (1466 – 1536 - humaniste et théologien néerlandais) était une sorte de voyageur hollandais vers 1500. Il veut savoir parce que le programme d'études à l'étranger s'appelle Erasmus. Le besoin de savoir l'origine du mot Erasmus est un cliché sur les Français (le Français érudit). Dès le début du film, Klapisch développe des clichés sur les différentes nationalités. Juste avant cette scène, Klapisch présente un cliché sur la bureaucratie française quand Xavier visite le bureau de Jean-Charles et quand il va à la fac pour se renseigner sur le programme Erasmus.

4. Pourquoi est-ce que Xavier et Martine sont tristes à l'aéroport ?
   Xavier a peur de perdre ce qu'il a en France (la sécurité, l'amour, sa vie avec Martine, etc.). Martine a aussi peur et elle ne veut pas que Xavier aille en Espagne. Martine comprend que Xavier s'éloigne d'elle physiquement (il va à Barcelone) ainsi que psychologiquement (il évoluera grâce à ses expériences à Barcelone) et qu'une année à l'étranger sera difficile pour leur vie de couple.

5. Quelle est l'attitude de Xavier envers sa mère dans la scène à l'aéroport ? Expliquez.
   Xavier n'est pas triste de quitter sa mère et il est plutôt méchant envers elle parce qu'il est incertain et anxieux, parce qu'il a peur de quitter la France et parce qu'il commence à chercher son identité à lui. Comme un adolescent qui rejette ses parents à la recherche de son identité, Xavier rejette sa mère pour chercher sa propre identité tout en sachant qu'il a des relations stables avec elle et qu'elle l'aimera toujours.

6. Quelle est l'ironie de l'arrivée de Xavier à l'aéroport à Barcelone ?
**Quand Xavier arrive à Barcelone, les premières personnes qu'il y rencontre
sont françaises (que le monde est petit !). Il est ironique que l'homme soit un
neurologue BCBG qui représente tout ce que Xavier n'aime pas chez les gens et
que Xavier doive demander son aide (il faut que les Gaulois s'entraident !). Il
est ironique que cette aide (l'hébergement pendant quelques semaines) mène à
l'aventure entre Xavier et Anne-Sophie.**

7. Comment est-ce que Xavier se sent quand il arrive au centre-ville ? Expliquez.
**Malgré le chaos et la confusion dans les rues, sa propre confusion et sa difficulté
à s'exprimer en espagnol, Xavier est enthousiaste et optimiste. Il ne connaît pas
les rues, les noms espagnols, les quartiers, etc., mais il sait qu'il les connaîtra
bientôt très bien, qu'il découvrira des endroits qu'il fréquentera souvent, qu'il
rencontrera des gens avec qui il deviendra ami et qu'il se découvrira au bout de
son séjour.**

8. Pourquoi est-ce que Xavier appelle Jean-Michel ?
**La mère de Xavier a un ami chilien qui a une nièce qui vit chez son grand-
père à Barcelone. Xavier comptait s'héberger chez elle pendant qu'il cherchait
un logement permanent. Cependant quelqu'un est mort au Chili, la nièce a
dû y aller et Xavier ne pouvait plus être hébergé. Xavier explique que c'était
compliqué et que c'était tout à fait le genre de plan de sa mère. Xavier appelle
Jean-Michel parce qu'Anne-Sophie et lui sont les seules personnes qu'il connaît à
Barcelone. Ils sont sympas et Xavier est hébergé chez eux pendant qu'il cherche
un logement permanent.**

9. Décrivez le comportement de Jean-Michel envers sa femme. Quel est le résultat ?
**Jean-Michel est insensible et dominateur et il pense qu'Anne-Sophie est
incapable de penser et de s'exprimer. Il est vrai qu'Anne-Sophie est timide et
renfermée. Malheureusement, le comportement de Jean-Michel la rend plus
timide, froide et coincée. Elle a besoin d'affection, d'amitié, d'amour et de
respect. Elle en trouve chez Xavier et ils ont une aventure.**

10. Est-ce que Xavier trouve facilement un logement permanent à Barcelone ?
Expliquez.
**Xavier a du mal à trouver un appartement. Comme dans la plupart des grandes
villes, il n'y a pas assez de logements, les appartements coûtent cher, ils sont
petits, sales, mal entretenus, etc. Xavier visite plusieurs appartements et il
passe plusieurs semaines chez Jean-Michel et Anne-Sophie avant de trouver sa
chambre dans « l'auberge espagnole ».**

11. Est-ce que les colocataires arrivent à se comprendre malgré les différences de
langue et de nationalité ? Expliquez.
**Bien que tous les colocataires aient une langue maternelle différente, ils arrivent
à se comprendre. Quand ils se parlent, ils utilisent un mélange d'anglais,
d'espagnol et de français. On remarque des clichés : Lars (danois) est polyglotte
et il parle parfaitement danois, anglais et espagnol. Tobias (allemand) est fort en
langues et il parle bien anglais et espagnol. Les autres (Xavier, Isabelle, Soledad)
arrivent à se débrouiller alors que Wendy (anglaise) a un accent très marqué
quand elle parle français et espagnol. William (anglais) ne parle aucune langue
étrangère, il ne fait aucun effort pour parler une deuxième langue et il se moque
des autres langues. Tous les colocataires participent au programme Erasmus
et ils sont assez cosmopolites. Il n'y a pas donc de vrais malentendus culturels
entre les colocataires. C'est plutôt William qui provoque des problèmes.**

12. Comment est-ce que l'aventure entre Xavier et Anne-Sophie se développe ? Est-ce qu'elle se termine bien ?

Jean-Michel demande à Xavier de sortir Anne-Sophie parce qu'elle a peur de sortir toute seule (elle ne parle pas espagnol). Pendant leurs excursions, Anne-Sophie découvre qu'elle est à l'aise, qu'elle a confiance en elle et qu'elle peut s'exprimer quand elle est avec Xavier. Elle trouve chez Xavier ce qui manque dans ses relations avec Jean-Michel (l'affection, l'amitié, l'amour, le respect, etc.). Vers la fin du film, Anne-Sophie raconte tout à Jean-Michel qui se fâche contre Xavier. Pourtant, à la fin du film, Jean-Michel et Anne-Sophie viennent au café pour dire au revoir à Xavier.

13. Comment est-ce que les colocataires s'unissent pour aider Wendy ? Comment est-ce que Klapisch montre l'angoisse des colocataires ?

A la fin du film, Alistair, le petit ami de Wendy, arrive à Barcelone. Son arrivée imprévue tombe mal parce que Wendy est avec Bruce. Alessandro reçoit le coup de téléphone d'Alistair et il avertit les autres colocataires qui essaient de rentrer chez eux le plus vite possible. Juste avant l'entrée d'Alistair dans la chambre de Wendy, William arrive et Alistair le trouve au lit avec Bruce. L'angoisse des colocataires se voit dans la brièveté des scènes et dans la façon dont elles sont coupées (on voit plusieurs scènes différentes en même temps).

14. Qu'est-ce que Xavier fait quand il est embauché au Ministère des finances ? Pourquoi ?

Xavier réussit à son concours, il est embauché et il arrive au Ministère des finances tout prêt pour son premier jour de travail. Deux fonctionnaires lui montrent le bureau et il aperçoit la routine du bureau, la vie monotone des fonctionnaires et sa future vie décevante. Il a très peur de cette vie sans issue et il se sauve ! Il ne s'intéresse pas vraiment à ce genre de vie et il ne peut pas décevoir le petit garçon blond (l'enfant qu'il était et qui voulait devenir écrivain). Il décide tout de suite de quitter les affaires pour poursuivre ses rêves et pour vivre une vie « chaotique ».

15. Décrivez la dernière scène du film. Comparez cette scène avec la première scène du film.

A la fin du film, Xavier est devant son ordinateur et il écrit son roman. On voit un avion qui décolle et il dit que ce n'est pas l'histoire d'un avion qui décolle, et puis il décide que si, c'est l'histoire d'un décollage et que son histoire se termine où elle commence. Toutes les scènes entre l'introduction et la conclusion du film sont les souvenirs de son séjour à Barcelone et elles représentent le roman qu'il écrit. Xavier explique aussi ses découvertes : il n'est pas « un » mais « plusieurs » (l'enfant, l'adolescent, l'étudiant, etc.) et il n'a pas une seule nationalité (il est anglais, allemand, danois, etc.). Il constitue un mélange de tout ce qu'il a vécu et de tous les gens qu'il connaît. Il est comme l'auberge espagnole (et comme l'Europe unie) et il y a trouvé ce qu'il y avait apporté : sa propre identité.

B **Aller plus loin.** Écrivez un paragraphe pour répondre aux questions suivantes.

1. Comment est-ce que Klapisch critique la bureaucratie française dans les scènes où Xavier va au bureau de Jean-Charles Perrin et les scènes où il se renseigne sur le programme ERASMUS ?

   Quand Xavier va au bureau de Jean-Charles, il parle d'abord avec une réceptionniste dans le bâtiment principal qui lui donne un badge de visiteurs et qui lui dit d'aller au bureau 6024 dans le bâtiment F. Il arrive au bâtiment F, il traverse de longs couloirs et il rencontre un gardien qui appelle la secrétaire qui accompagne Xavier au bureau de Jean-Charles. Quand Xavier se renseigne sur le programme Erasmus, c'est un processus difficile (l'inscription au programme prend trois mois !). Il va à la fac où on lui dit qu'il faut aller au bâtiment à côté. Quand il arrive, il apprend qu'il faut aller au bureau à côté où il a toujours des formulaires à remplir. Dans ces deux scènes, les mouvements et les voix des acteurs sont accélérés. On voit que la bureaucratie française est convolutée et qu'on perd beaucoup de temps à chercher des gens et à remplir des formulaires !

2. Pourquoi est-ce que les colocataires interviewent Xavier et Isabelle ? Est-ce que les questions sont utiles ? Expliquez.

   Beaucoup d'étudiants répondent à la petite annonce des colocataires. Ils interviewent tout le monde pour choisir quelqu'un de responsable et quelqu'un avec qui ils s'entendront bien. Les questions sont inutiles (comme la bureaucratie française). Xavier devient le sixième colocataire (l'Europe des six/les pays fondateurs de l'Union européenne). Après la visite de M. Cucurull, ils décident de prendre un septième colocataire (l'élargissement de l'Union) et ils interviewent Isabelle. Cette scène est presque identique à la scène où ils interviewent Xavier.

3. Expliquez comment Xavier est représentatif des clichés sur les Français.

   Xavier est un cliché sur l'étudiant français : il parle anglais et un peu d'espagnol (les Français ne sont pas typiquement polyglottes) et sa vie est compliquée par la bureaucratie française (l'administration universitaire). Comme la France qui apporte sa culture et son identité à l'union, Xavier apporte la culture et l'identité françaises à l'appartement et on y voit d'autres clichés ; le Français érudit fait des recherches sur Erasme et apprend comment draguer une femme, le Français gastronome prépare le gratin dauphinois, le Français amoureux a une petite amie et une maîtresse, le Français « grenouille » a des conflits avec les Anglais, etc. Comme la France, il est ouvert à l'union, mais il ne veut pas perdre son identité française. Il maintient donc un contact avec la culture française (il est ami avec Jean-Michel et avec Anne-Sophie et il encourage les autres à prendre Isabelle (une Francophone) comme colocataire).

4. Comment est-ce que les autres colocataires représentent des clichés sur leur nationalité ?

   Wendy, l'Anglaise, est sympathique, sociable et ouverte mais très sérieuse et responsable (elle « doit » travailler, elle insiste sur la propreté de l'appartement, elle essaie de remettre en marche l'électricité quand le plomb a sauté, etc.).

   Tobias, l'Allemand, est sérieux et organisé. William remarque qu'il aime organiser ses notes, ranger sa chambre, etc. (comme « Adolf »). Il évite le conflit (au lieu de confronter William, il parle avec Wendy du comportement de William).

   Lars, le Danois est polyglotte, intelligent et calme (il accepte facilement l'arrivée de son ancienne petite amie et la nouvelle qu'il a un fils).

Soledad est démonstrative (elle embrasse souvent Lars), passionnée et fière (elle confronte William quand il se moque des autres nationalités).

Alessandro, l'Italien, est désordonné et décontracté. Il ne range jamais ses affaires (il met ses lunettes dans le frigo, il sort de sa douche et il va dans la cuisine sans se sécher, etc.).

Isabelle, la Belge, est ouverte (elle ne cache pas qu'elle a une petite amie et elle montre à Xavier comment draguer une femme), fière et indépendante (elle refuse de parler flamand).

5. Quel rôle est-ce que William (le frère de Wendy) joue dans le film ?
   William représente les gens bornés qui jugent les autres par des clichés. Il se moque des autres nationalités, il ne fait aucun effort pour apprendre l'espagnol ni pour connaître les autres colocataires. Il ne voit pas sa propre ignorance et il ne sait pas qu'il est lui-même un cliché (presque chaque mot qui sort de sa bouche est un cliché) ! Son personnage montre que les colocataires doivent être tolérants dans l'auberge espagnole comme les Européens doivent apprendre à se tolérer.

6. Pourquoi est-ce que le professeur d'économie ne veut pas parler la langue commune (le castillan) en classe ? Est-ce qu'il y a d'autres exemples de ce conflit ?
   Le prof ne veut pas et il ne va pas parler castillan bien que les étudiants aient du mal à suivre ses conférences. Il dit qu'ils sont en Catalogne et qu'on parle catalan en Catalogne. Bien que la Catalogne soit dépendante de l'Espagne, c'est une communauté administrative autonome. Les Catalans craignent de devenir une Espagne homogène et ils protègent leur langue et leur identité culturelle. On voit aussi ce conflit en Belgique où il y a trois langues officielles (le flamand, le wallon et le français). Isabelle est wallonne, elle parle wallon et français et elle refuse de parler flamand (elle n'est pas flamande !). Comme les Catalans, elle refuse de renoncer à son identité. Certains pays de l'Europe partagent cette peur de perdre leur identité.

7. Est-ce que les colocataires maintiennent leur propre identité dans l'appartement ? Expliquez.
   Quand on vit avec d'autres, on adopte inconsciemment certains traits des autres et les colocataires adoptent une identité commune tout en gardant leur individualité. Xavier explique à la fin du film : il n'est pas « un » mais « plusieurs », il est comme l'Europe : il constitue un mélange de tout ce qu'il a vécu, de tout ce qu'il était auparavant et de tous les gens qu'il connaît. A partir de « tout ça », il crée sa propre identité.

8. Est-ce que Klapisch présente seulement la question d'identité culturelle ou est-ce qu'il présente une histoire universelle ? Expliquez.
   L'histoire est universelle parce qu'elle suit le développement d'un jeune étudiant qui est en train de se découvrir. Les jeunes sont souvent à la recherche de leur propre identité, une identité qui se distingue de celle de leurs parents. Comme les jeunes à la recherche d'une identité, Xavier rejette l'identité de sa mère (brutalement) et l'identité de son père (il quitte les affaires) pour devenir sa propre personne. Après son séjour à Barcelone, il découvre cette identité : il est confiant, il accepte l'identité de sa mère et il rejette définitivement l'identité son père (il devient écrivain au lieu d'homme d'affaires).

9. Qu'est-ce que Xavier découvre au cours de son séjour à Barcelone ?
   Xavier découvre qu'il ne veut pas être un fonctionnaire qui fait la même chose à la même heure tous les jours parce qu'il préfère la vie (chaotique) d'un écrivain. Il découvre qu'il n'a pas une seule identité, qu'il constitue un ensemble de toutes ses expériences et de tous les gens de toutes nationalités qu'il connaît. Il découvre sa propre identité ce qui lui permet d'aimer sa mère, son pays, ses amis, etc.

10. Décrivez le rôle du narrateur dans le film. Est-ce que Klapisch présente une mise en abîme (une histoire dans une autre histoire) ? Expliquez.
    Le film commence et se termine par la narration hors-champ de Xavier. La première scène et la dernière scène sont « le présent » et entre ces deux scènes Klapisch présente « le passé » (le souvenir de son séjour à Barcelone). La première histoire du jeune écrivain qui narre le film encadre la deuxième histoire de son séjour à Barcelone. Au cours du film le narrateur hors-champ intervient pour rappeler aux spectateurs que Xavier écrit son roman et pour nous donner des renseignements sur les pensées de Xavier. Le narrateur n'est donc pas omniscient ; il fait partie de l'histoire qu'il écrit et on ne voit que sa perspective.

11. Aimez-vous le film ? Avez-vous un personnage préféré ?
    Le film est amusant ! Le scénario est bien écrit, développé et joué et il me fait penser à ma vie à la fac. Les effets spéciaux sont aussi très intéressants et ils aident à illustrer les émotions des personnages. J'aime tous les personnages parce qu'ils ont des qualités qui me font penser à mes amis. William est mon personnage préféré parce qu'il nous montre l'ignorance des gens et la puissance des clichés ainsi que l'importance de la tolérance.

12. Imaginez la suite du film. Quels personnages est-ce qu'on revoit ? Quelles histoires est-ce que Klapisch développe ? Sera-t-il aussi bien que le premier ?
    La suite du film est *Les Poupées russes*. Xavier a 30 ans et il est devenu écrivain, mais il est toujours un peu perdu. Il a du mal à devenir l'écrivain qu'il veut être et il a toujours du mal à trouver l'amour. Ce film a lieu à Londres, à Saint-Petersburg et à Paris et on revoit Xavier, la mère de Xavier, Martine, Isabelle, Wendy, William et Neus. Le premier film d'une suite est normalement le meilleur et le film préféré du public. Je dirais donc que la suite de *l'Auberge espagnole* sera un peu moins bonne. Cependant j'aimerais beaucoup retrouver les personnages !

A **Abréviations.** Trouvez les mots qui correspondent *aux abréviations* suivantes.

1. BCE — **la Banque centrale européenne**
2. CECA — **la Communauté Européenne du Charbon et de l'Acier**
3. CEE — **la Communauté Economique Européenne**
4. CIG — **la Conférence intergouvernementale**
5. RDA — **la République Démocratique Allemande**
6. RFA — **l'Allemagne de l'ouest**
7. UE — **l'Union européenne**

B **60 ans de construction.** Complétez le tableau suivant pour décrire l'élargissement de l'Union européenne.

Année	# de pays	Noms des pays
1957	6	la Belgique, la RFA (Allemagne de l'ouest), la France, les Pays-Bas, l'Italie, le Luxembourg
1973	9	le Danemark, l'Irlande, le Royaume-Uni
1981	10	la Grèce
1986	12	l'Espagne, le Portugal
1990	12	l'Allemagne (l'unification des deux Allemagnes)
1995	15	l'Autriche, la Suède, la Finlande
2004	25	Chypre, l'Estonie, la Hongrie, la Lettonie, la Lituanie, Malte, la Pologne, la République tchèque, la Slovaquie, la Slovénie
2007	27	la Roumanie, la Bulgarie

C **Euro.** Pour chaque année, donnez l'événement qui correspond à l'évolution/au développement de l'euro.

Année	Description
1991	La monnaie unique européenne est baptisée l'euro.
1997	La création de la Banque centrale européenne.
1999	L'euro est adopté comme monnaie unique par 11 pays (l'Allemagne, l'Autriche, la Belgique, l'Espagne, la France, la Finlande, l'Irlande, les Pays-Bas, l'Italie, le Luxembourg et le Portugal).
2001	La Grèce adopte l'euro comme monnaie unique.
2002	Les billets et les pièces en euros sont mis en circulation en France.
2007	La Slovenie adopte l'euro comme monnaie unique.
2008	Chypre et Malte adoptent l'euro comme monnai nationale.
2009	La Slovaquie adopte l'euro comme monnaie nationale.

D **Création.** Déterminez si les phrases suivantes sont vraies ou fausses.

1. vrai **faux** L'Union européenne se compose de tous les pays de l'Europe.
2. vrai **faux** L'Union européenne a été créée en un seul jour.
3. **vrai** faux Le Traité de Rome a établi une «Europe des six».
4. **vrai** faux L'Union européenne continue à s'élargir.
5. vrai **faux** Tous les pays membres de l'Union européenne ont adopté l'euro.

E **En général.** Répondez aux questions suivantes. Ecrivez deux ou trois phrases.

1. Quelles sont les valeurs des citoyens de l'Union européenne ?

   Les valeurs principales des citoyens européens sont : la paix et la stabilité sur le territoire européen, l'accroissement de la prospérité de tous les citoyens de l'Union, l'accentuation du rôle international de l'Europe et la richesse de la diversité culturelle des pays de l'Europe.

2. Quels sont les buts du marché unique en Europe ?

   Le but principal du marché unique est de développer la puissance économique de l'Europe à partir de la libre circulation des biens, de la libre circulation des personnes, de la libre circulation des capitaux et de la création d'une monnaie unique (l'euro).

3. Que veut dire l'expression «*solidarité, dignité, égalité, justice* » ?

   Ce sont les quatre mots qui définissent les droits et les obligations des citoyens de l'Union européenne. La solidarité est la dépendance mutuelle entre les hommes. La dignité est le respect dû à une personne. L'égalité veut dire que les citoyens sont égaux en droits et soumis aux mêmes obligations. La justice est le principe moral qui exige le respect du droit et de l'équité.

F **Aller plus loin.** Ecrivez un paragraphe pour répondre aux questions suivantes.

1. Quelles sont les difficultés d'une Europe unie ?

   Une des difficultés est la langue puisque la plupart des pays de l'Union européenne ont une langue officielle différente. Une deuxième difficulté est l'argent. Chaque pays a (a eu) une monnaie différente avec une valeur différente et seulement 16 pays de l'Union ont adopté l'euro comme monnaie unique. Il y a des difficultés politiques et culturelles puisque chaque pays apporte ses traditions, sa culture et sa religion à l'Union. La question de la religion est surtout difficile pour la Turquie qui n'est pas de tradition chrétienne. On peut dire qu'il faudra encore du temps pour résoudre ces difficultés et pour devenir unis sur les plans politiques, économiques et personnels.

2. Quelles sont les difficultés des colocataires de l'auberge espagnole ?

   Il y a très peu de difficultés pour les colocataires avant l'arrivée de William qui est le catalyseur des problèmes. On voit pourtant que les colocataires ont des difficultés de langue. Ils ont même une fiche pour les aider à parler au téléphone. Il y a un gros malentendu de langue quand Wendy répond au téléphone et elle parle avec la mère de Xavier. Elle a du mal à comprendre le mot « fac » et elle s'énerve.

3. Quels sont les avantages d'une Europe unie ?

   Une Europe unie est une Europe plus forte au niveau politique, économique et personnel. L'Union a plus de pouvoir militaire et elle peut développer des capacités de défense, maintenir la paix et établir un climat de sécurité et de stabilité. L'Union stimule la croissance économique de tous les pays d'Europe. L'Union met en valeur la démocratie, la liberté et la prospérité des citoyens et établit l'Europe sur la scène internationale comme une force unie qui agit au niveau mondial pour promouvoir la stabilité, la coopération et la compréhension mutuelle.

4. Quels sont les avantages du groupe de colocataires unis ?
Comme l'Europe unie, les colocataires unis bénéficient de leur union au niveau personnel et économique. Il y a une harmonie, une solidarité et une volonté de faire ce qu'il faut faire pour assurer la sécurité, la stabilité et la paix dans l'appartement. Par exemple, Wendy s'occupe toujours de l'entretien de l'appartement et les autres l'aident de temps en temps ; on trouve un septième colocataire pour pouvoir payer le loyer ; les colocataires avertissent Wendy de l'arrivée d'Alistair, ils acceptent le comportement de William ; etc.

5. Pourquoi est-ce que certains pays membres de l'Union européenne ne sont pas favorables à l'adhésion de nouveaux pays ? Est-ce que les colocataires acceptent facilement de nouveaux colocataires ?
Certains pays n'y sont pas favorables parce qu'ils ont peur de perdre leur pouvoir, leur solidarité, etc. Un nouveau pays peut provoquer une concurrence non souhaitée et une instabilité politique, économique et culturelle. Comme certains pays, Soledad et Wendy ont du mal à accepter Isabelle comme colocataire. Elles ont bien établi leur rôle dans l'appartement et Isabelle représente une concurrence non souhaitée et elle pourrait compromettre leur solidarité.

211   L'Auberge espagnole

A **Abréviations.** Reliez les abréviations à gauche avec la formation générale à droite.

1. BTS   __D__   **a. Diplôme d'accès aux études universitaires**
2. DUT   __C__   **b. Classe préparatoire aux grandes écoles**
3. CPGE   __B__   **c. Diplôme universitaire de technologie**
4. DAEU   __A__   **d. Brevet de technicien supérieur**

B **Quel diplôme ?** Lisez les phrases suivantes et déterminez *quels diplômes* conviennent aux besoins des étudiants.

1. L'étudiant veut terminer ses études universitaires en cinq ans.
Le maître

2. L'étudiant veut faire un maximum de deux années d'études supérieures.
Le BTS ou le DUT

3. L'étudiant veut obtenir le diplôme universitaire le plus élevé.
Le doctorat

4. L'étudiant veut passer trois années à l'université.
La licence

5. L'étudiant a fini ses CPGE et il va continuer ses études aux grandes écoles.
Le diplôme spécialisé

C **Soucis-1.** Avant d'aller à l'université, un étudiant a toujours beaucoup de questions. Lisez *les questions* et mettez-les en ordre d'importance.

5	Comment se soigner ?
3	Comment se déplacer ?
6	Où pratiquer sa religion ?
1	Où se loger ?
7	Comment se distraire ?
2	Où se nourrir ?
4	Comment gagner de l'argent ?

D **Soucis-2.** Ecrivez *la question* de l'exercice A qui correspond aux groupes des mots ci-dessous.

les restaurants universitaires, les fast-food, les supermarchés…
    Où se nourrir?

le métro, l'autobus, les trains, les taxis, les voitures, les vélos…
    Comment se déplacer?

le travail à mi-temps, les cours particuliers, le baby-sitting…
    Comment gagner de l'argent?

la cité universitaire, les chambres de bonne, la colocation…
    Où se loger?

la pharmacie, l'hôpital, les urgences, le SAMU…
    Comment se soigner?

les églises, les temples, les mosquées, les synagogues…
    Où pratiquer sa religion?

les musées, les cinémas, les sports, les sorties…
    Comment se distraire?

E **ERASMUS.** Qu'est-ce qu'ERASMUS ? Barrez la phrase qui n'est pas logique.

Le programme
1. Le programme ERASMUS a été créé en 1987.
2. 4.000 d'établissements dans 32 pays participent à ERASMUS.
3. A peu près 15.000 enseignants participent à ERASMUS.
4. 2,2 millions étudiants ont fait une période d'études à l'étranger depuis 1987.
5. **10 étudiants participent à ERASMUS chaque année.**

Etudier
1. L'étudiant/e doit être citoyen/ne d'un pays éligible.
2. L'étudiant/e doit être en train de faire des études universitaires.
3. L'étudiant/e doit avoir fini la première année d'études universitaires.
4. **L'étudiant/e doit avoir 35 ans pour participer à ERASMUS.**
5. L'étudiant/e doit passer un minimum de trois mois dans une université étrangère.

Pour les étudiants
1. C'est l'occasion d'étudier à l'étranger.
2. C'est l'occasion de perfectionner une langue étrangère.
3. **C'est l'occasion de poursuivre des études élémentaires.**
4. C'est l'occasion de rencontrer des étudiants d'autres pays.
5. C'est l'occasion de contribuer au développement d'une Europe unie.

Pour les enseignants

1. **C'est l'occasion de prendre des vacances.**
2. C'est l'occasion d'enseigner à l'étranger.
3. C'est l'occasion de perfectionner une langue étrangère.
4. C'est l'occasion de rencontrer des enseignants d'autres pays.
5. C'est l'occasion de contribuer au développement d'une Europe unie.

Buts

1. Créer un espace européen d'enseignement supérieur.
2. Promouvoir la mobilité des étudiants en Europe.
3. Promouvoir la mobilité des enseignants en Europe.
4. **Développer l'élitisme de l'enseignement supérieur en Europe.**
5. Développer des capacités d'adaptation (au niveau personnel, académique et social).

F **En général.** Ecrivez deux ou trois phrases pour répondre aux questions suivantes.

1. Quels sont les avantages du système d'enseignement supérieur français ?
   Le système de l'enseignement français est souple. Il y a plusieurs milliers de possibilités offertes et les diplômes sont nombreux et variés. Le système permet aux étudiants de construire un programme d'études qui leur convient et qui correspond à leurs objectifs personnels.

2. Parlez de l'éducation de Xavier. Qu'est-ce qu'il a fait comme études et qu'est-ce qu'il va faire à Barcelone ?
   Xavier a déjà fait quatre années d'études supérieures et il va à Barcelone pour faire sa dernière année d'études et pour obtenir son DEA en sciences économiques. Il participe au programme Erasmus pour finir ses études et pour perfectionner son espagnol.

3. Quels sont les avantages de participer au programme ERASMUS ?
   Il y a des avantages au niveau personnel et professionnel. L'étudiant découvrira un nouveau pays et une culture différente, il perfectionnera une langue étrangère et il rencontrera des gens d'autres pays. Au niveau professionnel, il aura l'expérience d'avoir vécu dans un pays étranger et il développera de bons contacts professionnels.

G **Aller plus loin.** Ecrivez un paragraphe pour répondre aux questions suivantes.

1. Est-ce que le programme ERASMUS est une réussite ? Pourquoi ou pourquoi pas ?
   Oui ! En 1987, 3.000 étudiants et 11 pays ont participé au programme Erasmus. Actuellement, plus de deux millions d'étudiants ont étudié dans un des 32 pays étrangers participants. Erasmus est surtout une réussite en France. Actuellement 21.000 étudiants, 2.000 enseignants et 396 établissements français participent au programme Erasmus. Le programme permet aux étudiants de faire leurs études à l'étranger sans interruption de leur programme d'études. Le programme facilite cette mobilité et les étudiants, les enseignants et les établissements d'enseignement supérieurs en profitent.

2. Est-ce que Xavier bénéficie du programme ERASMUS ? Pourquoi ou pourquoi pas ?
Oui, il en bénéficie. A la fin du film et après ses études à Barcelone, il obtient un poste au Ministère des finances. Il trouve pourtant qu'il ne veut pas être fonctionnaire parce que c'est un monde trop ordonné et trop prévisible et il sait qu'il préférerait être écrivain.

3. Est-ce que les autres colocataires bénéficient du programme ERASMUS ? Pourquoi ou pourquoi pas ?
C'est difficile à dire parce qu'on ne sait pas pourquoi ils participent au programme, puisque l'histoire des colocataires se termine quand Xavier rentre en France et parce que c'est l'histoire de Xavier. On peut dire quand même qu'ils bénéficient de ce qu'ils ont créé dans l'appartement ; l'union, l'amitié, la solidarité, etc.

4. Est-ce que vous aimeriez étudier à l'étranger ? Pourquoi ou pourquoi pas ?
Les étudiants proposeront des réponses pour et contre un programme à l'étranger :

J'aimerais étudier à l'étranger pour améliorer mon français, pour apprendre des choses sur la culture française, pour rencontrer d'autres étudiants, etc.

Je ne voudrais pas étudier à l'étranger. Ce serait très difficile parce que je devrais quitter mon programme d'études et recommencer quand je reviendrais, ça coûterait très cher et il n'y a pas assez de bourses, j'ai peur de quitter ce que j'ai ici (mes amis, ma famille, mon travail, etc.).

5. Est-ce que vous avez déjà participé à un programme à l'étranger ?
Suggérez aux étudiants de répondre aux questions suivantes :

Pourquoi ?

Où ?

Pendant combien de temps ?

Comment c'était ?

Qu'est-ce que vous avez aimé et qu'est-ce que vous n'avez pas aimé ?

Qu'est-ce que vous avez appris ?

Recommanderiez-vous ce genre de programme aux autres ? Pourquoi ou pourquoi pas ?

Chapitre 5
Les Visiteurs

Exercices de vocabulaire

A **Métiers.** Ecrivez les métiers qui correspondent aux descriptions suivantes.

1. **un banquier** — Il travaille avec l'argent et il est très riche.
2. **un facteur** — Il est employé des postes et il distribue le courrier.
3. **un prêtre** — Il travaille dans une cathédrale et il fait la messe.
4. **un dentiste** — Il travaille avec les dents.
5. **un guerrier** — Il fait la guerre.
6. **un cinéaste / un acteur** — Il fait du cinéma.
7. **un policier** — Il est membre de la police.
8. **une sorcière** — Elle pratique la sorcellerie.
9. **un médecin** — Il s'occupe des malades.
10. **une femme au foyer** — Elle travaille à la maison.

B **Expressions.** Reliez les expressions suivantes avec les traductions qui conviennent.

__H__	1. C'est une catastrophe !	A.	Calm down !
__G__	2. Allons-y!	B.	You are really hurting me !
__J__	3. Au dodo!	C.	It's ok !
__I__	4. Maîtrise-toi !	D.	They weren't born yesterday !
__B__	5. Vous me faites hyper mal !	E.	It's crazy !
__E__	6. C'est dingue !	F.	Help !
__A__	7. Calmez-vous !	G.	Let's go !
__D__	8. Ils ne sont pas nés d'hier !	H.	It's a catastrophe !
__C__	9. C'est okay !	I.	Control yourself !
__F__	10. Au secours !	J.	Bedtime !

Exercices de vocabulaire

 Détails. Complétez les phrases suivantes avec *le vocabulaire* qui convient.

1. Godefroy et Jacquouille se sèchent avec **du papier hygiénique**.
2. Quand *les visiteurs* laissent couler l'eau dans le **cabinet de toilette**, il y a une inondation. Alors, Jacquouille utilise son **poncho** pour sécher le sol.
3. Jacquouille fait mal à l'oreille du président Bernay avec **une corne**.
4. *Les visiteurs* mangent énormément parce qu'ils ont **faim**.
5. **La bague** de Godefroy explose et fait exploser **la voiture / la bagnole / la Range** de Jacquart.
6. Jacquouille se débrouille bien au 20ᵉ siècle avec l'aide de Ginette. Ils s'amusent aussi ! Par exemple, ils vont **au bowling** !
7. Godefroy s'habille bien pour le dîner au château. Il porte **son armure**. Jacquouille s'habille bien aussi ! Il porte **un costume** très à la mode !
8. Jacquouille découvre que **le dentifrice** est un produit d'hygiène merveilleux.
9. Godefroy apprend que **le grimoire** (le livre des magiciens) est complètement détruit.
10. Jacquouille emprisonne Jacquart dans **les oubliettes** du château parce qu'il ne veut pas retourner au 12ᵉ siècle avec Godefroy.

B **Description.** Pensez aux éléments suivants et citez des exemples pour comparer le 12ᵉ et le 20ᵉ siècles. Suivez les modèles et utilisez *le vocabulaire* du film.

	12ᵉ siècle	20ᵉ siècle
1. Métiers :	*Au 12ᵉ siècle, on est peut-être chevalier.*	*Au 20ᵉ siècle, on est peut-être dentiste.*
2. Loisirs :	**On écoute divers musiciens.**	**On écoute la radio.**
3. Repas :	**Les dîners sont de grandes fêtes.**	**On mange des repas simples.**
4. Vêtements :	**On porte une armure.**	**On porte un short et un tee-shirt.**
5. Transports :	**On se déplace à cheval.**	**On se déplace en voiture.**

Pratiquez !

A **Portraits.** Utilisez le tableau pour vous aider à décrire les personnages du film. Utilisez *des adjectifs qualificatifs.*

	physiquement	moralement	profession	vêtements
Godefroy	beau, grand costaud	gentil, agressif, courageux	guerrier / chevalier	une armure
Jacquouille	laid, petit, costaud, sale	agressif, idiot, gênant, rigolo	domestique	des guenilles
Jacquart	laid, petit, costaud, propre	matérialiste, tendu, snob, superficiel	propriétaire	des costumes brillants
Béatrice	de taille moyenne, mince, jolie	gentille, indulgente, patiente	femme au foyer	un short et un polo, très BCBG
Jean-Pierre	beau, grand	tendu	dentiste	des costumes sombres
Ginette	laide, mince, petite	bizarre, gentille, patiente	clocharde	des guenilles

C **Scènes.** Ecrivez *des phrases au comparatif* et *au superlatif* pour comparer les éléments du film. Utilisez le tableau suivant pour vous aider.

	12ᵉ siècle	20ᵉ siècle
la forêt	propre et pure	sale et polluée
le château	une forteresse pour protéger les gens	un hôtel élégant pour loger les gens
la nourriture	des repas copieux et très longs avec des musiciens, des danseurs, des serveurs...	des repas simples et sains et du fast-food
l'hygiène	plus sale, on se baigne une fois par semaine	très propre et hygiénique, on se baigne/se douche trous les jours
les transports	les chevaux, les chariots	les voitures, les trains, les avions
la technologie	il n'y a pas de technologie	l'électricité, le téléphone, la radio, l'eau courante, les armes

1. La forêt…
   La forêt du 12ᵉ siècle est moins grande et moins polluée que la forêt du 20ᵉ siècle. Godefroy trouve un sneaker, un frigo et des déchets dans la forêt du 20ᵉ siècle. Il voit aussi une barrière qui enferme la forêt.

2. Le château…
   Le château du 12ᵉ siècle est plus fortifié que le château du 20ᵉ siècle puisque c'est une forteresse. Par contre, le château du 20ᵉ siècle est plus élégant que le château du 12ᵉ siècle puisque c'est un hôtel de luxe.

3. La nourriture…
   Les repas du 12ᵉ siècle sont plus copieux et moins sains que les repas du 20ᵉ siècle. On passe plus de temps à table au 12ᵉ siècle parce qu'il y a des musiciens, des danseurs, des jongleurs etc. Au 20ᵉ siècle on mange plus vite ! (Il n'y a ni serveurs ni distractions.)

4. L'hygiène…
   Les gens du 12ᵉ siècle sont plus sales que les gens du 20ᵉ siècle parce qu'ils se baignent une fois par semaine. Malgré le manque de produits hygiéniques par rapport au 20ᵉ siècle, la toilette se fait le matin. Il y a beaucoup de produits hygiéniques au 20ᵉ siècle et on se baigne ou on se douche quotidiennement.

5. Les transports…
   Les transports du 12ᵉ siècle sont moins rapides que les transports du 20ᵉ siècle puisqu'il y a des voitures, des trains, des avions, etc. au 20ᵉ siècle.

6. La technologie…
   Les transports du 12ᵉ siècle sont moins rapides que les transports du 20ᵉ siècle puisqu'il y a des voitures, des trains, des avions, etc. au 20ᵉ siècle.

Pratiquez !

 Les verbes pronominaux. Utilisez *les verbes pronominaux* suivants pour complétez les phrases.

1. Le magicien **se trompe** de formule.
2. Godefroy et Jacquouille **se trouvent** propulsés dans le temps.
3. Béatrice **s'occupe de** Godefroy parce qu'elle pense qu'il est de la famille.
4. *Les visiteurs* **se débrouillent** bien dans les années 1990.
5. Godefroy et Jacquouille **se lavent** les mains dans les toilettes.
6. Jacquouille ne **se met** pas à table pour manger le dîner.
7. Godefroy et Jacquouille ne **se déshabillent** pas avant de prendre un bain.
8. Jacquouille ne **se brosse** pas les dents, alors il a mauvaise haleine.
9. A la fin du film, Jacquouille **s'habille** à la mode des années 1990.
10. A la fin du film, les gens du 12ᵉ siècle **se moquent** de Jacquart parce qu'il a l'air idiot.

C **La routine.** Imaginez une journée typique chez les personnages suivants. Que font-ils ? Utilisez *les verbes pronominaux* pour décrire leurs routines.

1. Frénégonde

    Elle ne fait pas grand-chose et passe des journées tranquilles parce que son père est duc. Elle se réveille, se lève et est habillée par les domestiques. Elle fait sa toilette. Pendant la journée elle prend ses repas et elle accueille des visiteurs. A la fin de la journée, elle est déshabillée et elle se couche.

2. Béatrice

    Elle est plus occupée que Frénégonde et elle passe des journées très chargées. Bien entendu, elle n'a pas de domestiques. Elle se réveille, se lève, se lave et s'habille. Puis, elle réveille, lave et habille les enfants. Elle prépare les repas, amène les enfants à l'école, fait le ménage et les courses, etc. A la fin de la journée, elle prépare les enfants pour aller au lit et puis elle se brosse les dents, se lave, se déshabille et se couche.

3. Ginette

    Elle est moins occupée que Béatrice parce qu'elle n'a pas de famille et elle habite une petite caravane. Elle se réveille, se lève, s'habille et se brosse les dents. Pendant la journée, elle chante dans les rues pour gagner sa vie. Elle rentre à sa caravane, se déshabille et se couche.

4. Godefroy

    Il se réveille et se lève. Il se lave rarement. Il va à la guerre et il rentre au château. Il mange un repas copieux. Il se couche.

5. Jacquouille

    Il se réveille et se lève. Il se lave moins souvent que Godefroy. Il suit Godefroy et l'aide. Il rentre avec Godefroy, mange et se couche.

6. Jacquart

    Il se réveille, se lève, se lave avec soins (il est très propre !) et s'habille. Il s'occupe de l'hôtel. Il se repose très peu parce qu'il est toujours tendu. Il se couche tard parce qu'il s'inquiète de ses clients et de son hôtel.

Pratiquez !

 Impératif. Donnez des suggestions selon le contexte. Utilisez *l'impératif*.

1. Béatrice à Godefroy : *bouger, ne...pas*
    Ne bougez pas!

2. Béatrice à Godefroy : *se calmer*
    Calmez-vous!

3. Béatrice à Godefroy : *aller (y)*
    Allez-y!

4. Jean-Pierre aux *Visiteurs* : *insister bien sur les pieds, se laver les pieds!*
    Insistez bien sur les pieds! Lavez-vous lés pieds!

5. Béatrice à Jean-Pierre : *se maîtriser*
    Maîtrise-toi!

6. Béatrice à Jean-Pierre : *hurler, ne...pas*
   Ne hurle pas!

7. Jean-Pierre à Béatrice : *venir voir*
   Viens voir!

8. Fabienne à Jacquart : *chercher l'extincteur*
   Cherchez l'extincteur!

9. Jacquart aux *Visiteurs* : *ouvrir la porte immédiatement*
   Ouvrez la porte immédiatement!

10. Godefroy à Jacquouille : *être en retard, ne...pas*
    Ne sois pas en retard!

B **Ça suffit !** Vous avez un/e invité/e chez vous. Il/elle vous agace et vous voulez qu'il/elle change. Complétez la lettre suivante. Utilisez *l'impératif* pour exprimer vos demandes et vos recommandations.

Cher/chère _____ ,
Ecoute ! J'en ai marre ! Ça fait deux semaines que tu m'agaces !
J'ai besoin de te dire : J'en ai ras le bol !! Si tu veux toujours loger chez moi, voilà quelques conseils :

Lève-toi avant midi et couche-toi avant 3 heures du matin parce que je ne dors pas non plus ! J'ai sommeil toute la journée et je dois aller en cours ! Ne te dispute pas avec ma famille et mes amis ! Calme-toi un peu et ne t'impatiente pas - aie un peu de patience ! En plus, occupe-toi de tes affaires ! Comporte-toi comme il faut ! Tu sais que j'ai raison !

Merci, _____

Pratiquez !

A **Expressions avec avoir.** Complétez les phrases suivantes avec *les expressions avec avoir* qui conviennent.

1. Godefroy **a soif**, alors il boit de l'eau de sa gourde.
2. Godefroy **a besoin de** trouver la formule magique pour revenir dans le passé.
3. Au 20ᵉ siècle, *les visiteurs* sont vieux ! Ils **ont mille ans (à peu près)** !
4. Au début, Béatrice pense que Godefroy est son cousin ; elle **a tort**. Puis, elle apprend qu'est son arrière-arrière-arrière-arrière-grand-père ; elle **a raison**.
5. Jacquouille ne/n'**a pas l'habitude de** voyager en voiture ; il **a mal au cœur**.
6. Godefroy et Jacquouille **ont faim** même après le dîner chez Béatrice !
7. Le président Bernay va chez Jean-Pierre parce qu'il **a mal aux dents**.
8. Le pauvre Jacquart **a honte de** son nom. Alors, il change de nom.
9. Les enfants se couchent et Godefroy et Jacquouille leur disent bonne nuit. Les pauvres ! Ils **ont peur / ont la trouille**.
10. Jacquouille ne veut pas retourner avec Godefroy parce qu'il **a l'intention (a envie) de** rester au 20ᵉ siècle.

Après avoir regardé

Compréhension générale

 A **Vrai ou faux ?** Indiquez si les phrases suivantes sont vraies ou fausses.

1. vrai **faux** *Les visiteurs* viennent de Paris.
2. **vrai** faux Les gens du village pensent que *les visiteurs* sont fous.
3. vrai **faux** Béatrice n'a pas peur *des visiteurs*, mais elle ne veut pas les aider.
4. vrai **faux** Béatrice et Jean-Pierre habitent au château de Montmirail.
5. vrai **faux** Jacquart travaille à l'hôtel comme serveur. Il est très pauvre.
6. **vrai** faux Le banquier a mal à l'oreille.
7. vrai **faux** Godefroy cherche une bague au château de Montmirail.
8. **vrai** faux L'encyclopédie *Larousse* n'a pas d'articles sur la vie de Godefroy.
9. **vrai** faux Jacquouille ne veut pas retourner au 12ᵉ siècle.
10. **vrai** faux Godefroy réussit à réparer son erreur. Il va se marier avec Frénégonde.

B **Personnages.** Donnez les noms des personnages du film qui correspondent aux descriptions suivantes.

1. **Béatrice** Elle porte un short bleu et un polo rose. Elle est très gentille.
2. **Jacquart** Il porte des costumes vifs. Il est hyper tendu.
3. **Jean-Pierre** Il porte des costumes sombres. Il est nerveux.
4. **Jacquouille** Il découvre l'amour et la liberté au 20ᵉ siècle.
5. **le président Bernay** Il est à l'hôtel pour un séminaire. Il est très riche.
6. **le prêtre** Il a peur de Godefroy. Il appelle Béatrice pour qu'elle l'aide.
7. **Ginette** Elle est un peu folle et pense que *les visiteurs* sont acteurs.
8. **les enfants de Béatrice** Ils ont très peur *des visiteurs* quand ils se couchent.
9. **le docteur Beauvin** Il donne des pilules roses à Godefroy pour le calmer.
10. **le secrétaire (Fabienne)** Elle travaille pour le président. Elle est un peu tendue.

C **Scènes.** Déterminez quelles descriptions correspondent à des scènes du film. Faites une petite description des scènes qui font partie du film.

_____ Godefroy fête ses victoires aux batailles avec un grand dîner.
__x__ Jacquouille vole les bijoux du cadavre.
_____ La sorcière transforme une jeune fille en vieille dame.
__x__ Godefroy et Jacquouille attaquent un camion de la poste.
_____ Godefroy attaque le prêtre.
__x__ Jacquouille fait cuire le gigot d'agneau dans la cheminée.
__x__ Godefroy et Jacquouille prient dans le salon chez Béatrice.
__x__ Béatrice suit Godefroy dans les oubliettes.
_____ Béatrice trouve le trésor de Montmirail dans les oubliettes.
_____ Béatrice tombe dans les oubliettes. Elle se fait hyper mal et va à l'hôpital.
__x__ Jacquouille attrape un chien dans un sac en plastique.
__x__ Jacquouille et Ginette annoncent leur futur mariage.

D **Fiches d'identité.** Complétez les fiches d'identité des personnages suivants.

Fiche d'Identité		Fiche d'Identité		Fiche d'Identité	
Nom:	de Papincourt	Nom:	Jacquouille	Nom:	de Montmirail
Prénom:	Godefroy	Prénom:	?	Prénom:	Béatrice
AKA:	Le comte de Montmirail	AKA:	la fripouille	AKA:	
Age:	35 ans - 45 ans/1000 ans	Age:	35 ans - 45 ans/1000 ans	Age:	35 ans - 45 ans
Domicile:	le château de Montmirail	Domicile:	le château de Montmirail	Domicile:	une belle maison
Situation familiale:	fiancé de Frénégonde	Situation familiale:	fiancé de Ginette	Situation familiale:	mariée avec Jean-Pierre
Enfant(s):	oui, à la fin	Enfant(s):	oui, á la finé	Enfant(s):	2, un fils et une fille
Profession:	chevalier, guerrier	Profession:	domestique de Godefroy	Profession:	femme au foyer
Points forts:	courageux	Points forts:	agréable, rigolo	Points forts:	gentille, indulgente, calme
Points faibles:	agressif	Points faibles:	impoli, sale	Points faibles:	un peu eagaçante
Autre:	Il aime sa famille.	Autre:	Il adore le 20ᵉ siécle.	Autre:	Elle aime sa famille.

Fiche d'Identité		Fiche d'Identité		Fiche d'Identité	
Nom:	Jacquart	Nom:	?	Nom:	
Prénom:	Jacques-Henri	Prénom:	Ginette	Prénom:	Jean-Pierre
AKA:		AKA:	la clocharde	AKA:	
Age:	35 ans - 45 ans	Age:	35 ans - 45 ans	Age:	35 ans - 45 ans
Domicile:	le château/l'hôtel de	Domicile:	une caravane	Domicile:	une belle maison
Situation familiale:	célibataire	Situation familiale:	petite amie de Jacquouille	Situation familiale:	marié avec Béatrice
Enfant(s):	non	Enfant(s):	non	Enfant(s):	2, un fils et une fille
Profession:	propriétaire de l'hôtel	Profession:	clocharde	Profession:	dentiste
Points forts:	propre, riche	Points forts:	sympa, rigolote	Points forts:	poli, propre
Points faibles:	précieux, tendu	Points faibles:	bizarre, gênante	Points faibles:	tendu, impatient
Autre:	Il a honte de sa famille.	Autre:	Elle aime chanter.	Autre:	Il est jaloux de Godefroy.

Photo

A **Détails.** Regardez la photo et cochez les bonnes réponses.

1. Situation dans le film : ■ **début**   ☐ milieu   ☐ fin   ☐ autre
2. Epoque :   ☐ 12ᵉ siècle   ■ **20ᵉ siècle**   ☐ autre
3. Lieu :   ■ **la campagne**   ☐ la ville   ☐ autre
   ☐ le château   ☐ la maison   ■ **autre (la route)**
4. Musique :   ☐ de la musique classique   ☐ du jazz
   ■ **du rock**   ☐ autre
5. Personnages : **Godefroy, Jacquouille**
6. Titre : **Malentendu**

B **En général.** Répondez aux questions suivantes. Ecrivez deux ou trois phrases.

1. Qu'est-ce qui se passe ? Faites une petite description de la photo.
   Il y a les deux personnages principaux, Godefroy et Jacquouille. Ils sont sur une route. Il y a un camion de poste qui est démoli.

2. Le personnage à gauche a l'air **pensif** parce qu'il...
   a peur de ce qui lui arrive et de ce qui va se passer. Il ne comprend pas le camion. Il pense que le camion est une sorte de bête et qu'il peut le tuer (casser). Il prie pour son salut et pour avoir du courage.

3. Le personnage à droite a l'air **agressif et méchant** parce qu'il...
   a très peur. Il ne comprend pas le camion non plus. Il veut aussi tuer (casser) cette bête !

4. Le camion de la Poste est démoli parce que les deux personnages sur la photo…
Godefroy et Jacquouille ont peur de « cette bête » et ils l'attaquent (avant que le camion ne les attaque !). Le camion roule tout seul, c'est-à-dire qu'il n'y pas de bœufs pour le mettre en marche. Deuxièmement, il y a la radio qui passe de la musique contemporaine (électrique). Au Moyen Age, ce sont des musiciens qui jouent/chantent de la musique avec des instruments visibles. Troisièmement le camion est en acier avec des pneus en caoutchouc. Ces matériaux n'existent pas au Moyen Age. Ils rencontrent pour la première fois beaucoup de choses qu'ils ne comprennent pas. Ils réagissent et essaient de casser le camion. Evidemment, c'est la façon dont ils réagiraient au Moyen Age.

5. Comment est le paysage ?
Il y a une forêt au fond et des champs de blé et de maïs des deux côtés. Il est intéressant de remarquer que la route est au beau milieu de l'image. C'est un bon exemple du contraste de la vie sauvage (ceci représente le 12e siècle et les *visiteurs*) et de la vie contemporaine (ceci représente le 20e siècle et les descendants des *visiteurs*).

C   **Aller plus loin.** Ecrivez un paragraphe pour répondre aux questions suivantes.

1. *Scènes.* Qu'est-ce qui se passe avant la scène ? Pendant la scène ? Après la scène ?
Avant cette scène, les *visiteurs* se réveillent dans la forêt. Ils trouvent que la forêt n'est pas exactement la forêt du 12ᵉ siècle. Jacquouille cherche un cheval pour Godefroy et il voit la route (« Pouah, ça puire ! »). Puis, le facteur (un Sarrasin) arrive dans le camion. Jacquouille appelle Godefroy pour qu'il l'aide.

Pendant cette scène, les *visiteurs* essaient de tuer (casser) le camion parce qu'ils ont peur. C'est leur première rencontre avec la technologie du 20ᵉ siècle.

Après cette scène, les *visiteurs* vont chercher le château de Montmirail. Godefroy monte à cheval et pendant son trajet, il rencontre d'autres avancées technologiques : des trains, des avions, d'autres voitures, l'autoroute, la ville, la pollution, etc. Jacquouille s'en va.

2. *Malentendus.* Quel est le malentendu ? Est-ce que ce malentendu est représentatif d'autres malentendus du film ? Expliquez.
Le malentendu se rapporte aux transports et à la technologie (la voiture en acier avec un moteur). C'est l'initiation des *visiteurs* au 20ᵉ siècle. Par exemple, Jacquouille va à l'hôpital avec Jean-Pierre et Béatrice pour chercher Godefroy. Il a mal au cœur parce qu'il n'a pas l'habitude de rouler si vite ! Plus tard, Godefroy a mal au cœur dans la voiture. Ce malentendu est représentatif du film. En fait, c'est le thème principal du film et le premier exemple des malentendus technologiques des *visiteurs*.

3. *Sentiments.* Comment est-ce que les personnages se sentent ? Expliquez.
Godefroy et Jacquouille ont très peur et sont très confus. Ils ne comprennent pas comment un moyen de transport de ce genre pourrait rouler tout seul.

4. *Vêtements.* Pourquoi est-ce que les deux personnages sont habillés comme ça ?
Godefroy et Jacquouille viennent de se réveiller au 20ᵉ siècle. Ils portent leurs vêtements du 12ᵉ siècle. Godefroy est plus habillé que Jacquouille parce que Jacquouille est le domestique du chevalier Godefroy. Godefroy porte son armure parce qu'il est habillé pour la bataille. On peut dire que son nouvel ennemi est le 20ᵉ siècle. C'est la plus grande bataille de sa vie.

5. *Scènes.* Est-ce que cette scène est une scène importante du film ? Expliquez.
   Oui, c'est l'initiation des *visiteurs* à une nouvelle vie pleine de choses différentes. Cette scène introduit la technologie et les transports aux *visiteurs* (et un Sarrasin !). La scène montre que la vie du 20ᵉ siècle est très différente de la vie du 12ᵉ siècle et que les *visiteurs* ne vont pas comprendre beaucoup de choses. La scène se rapporte au thème des transports. Plus tard dans le film, Jacquouille, puis Godefroy sont dans la voiture de Jean-Pierre. Ils ont très mal au cœur parce qu'ils ne sont pas habitués à rouler de cette façon. La voiture fait penser à l'évolution de Jacquouille qui s'achète une belle voiture à la fin du film. Ce thème de voitures nous montre son importance dans la vie moderne. Cette scène établit également le ton humoristique du film.

158   Les Visiteurs

Mise en pratique

 En général. Répondez aux questions suivantes. Ecrivez deux ou trois phrases.

1. Pourquoi est-ce que Jacquouille a peur de traverser la forêt au début du film ?
   Jacquouille a peur de traverser la forêt parce qu'il n'est pas très courageux. La forêt est hantée et il y a une sorcière qui y habite.

2. Qu'est-ce que le magicien oublie quand il prépare la potion magique ? Quel est le résultat ?
   Le magicien Eusaebius oublie les œufs de caille quand il prépare la potion magique. Au lieu de revenir dans le passé, Godefroy et Jacquouille sont propulsés dans l'avenir. Ils rencontrent leurs descendants et ils doivent trouver un moyen de retourner en 1123.

3. Godefroy va à l'église. Pourquoi est-ce que le prêtre téléphone à Béatrice ? Pourquoi est-ce que Béatrice veut aider Godefroy ?
   Le prêtre téléphone à Béatrice parce que Godefroy porte des armes de Montmirail et il dit au prêtre qu'il est de la famille de Montmirail. Quand Godefroy crie la devise de la famille « Montjoie, Saint-Denis ! Que trépasse si je faiblis ! » Béatrice est convaincue que Godefroy est de la famille, mais elle pense que c'est son cousin Hubert qui a disparu il y a longtemps.

4. Pourquoi est-ce que le mari de Béatrice n'aime pas Godefroy ?
   Jean-Pierre n'aime pas Godefroy parce qu'il n'aime pas être dérangé et qu'il ne veut pas s'occuper du cousin fou de Béatrice. Il pense aussi que Béatrice est amoureuse de son « cousin Hubert ». Il y a trois scènes où ils sont sur le point de s'embrasser (à l'église, à l'hôpital et dans le salon chez Béatrice).

5. Est-ce que le château de Montmirail appartient aux descendants de Godefroy ? Expliquez.
   Non, le château n'est plus à la famille de Montmirail. Ils ont vendu le château au descendant de Jacquouille. Jacquart, un gueux, est ajourd'hui le propriétaire et le château est un hôtel de luxe.

6. Pourquoi est-ce que Godefroy critique la maison de Béatrice ?

Godefroy critique la maison de Béatrice parce qu'elle n'est ni grande ni luxueuse. Il lui demande pourquoi elle habite une maison de gueux. En plus, Béatrice n'a pas de domestiques pour s'occuper du ménage, des repas, etc. Sa critique est ironique parce que la maison de Béatrice est grande et belle.

7. Pourquoi est-ce que Godefroy pense qu'on va continuer à manger pendant le dîner chez Béatrice ?

Godefroy pense qu'on va continuer à manger parce que les dîners du Moyen Age sont copieux. Il y a des hors d'œuvres, des plats principaux, des desserts, du vin, etc. Il y a des musiciens, des danseurs, des jongleurs, etc. pour divertir les invités. Les dîners sont des événements sociaux qui durent des heures. Godefroy pense donc que le repas chez Béatrice n'est que le début de la soirée.

8. Pourquoi est-ce que Jacquart change de nom ?

Jacquart change de nom parce qu'il en a honte. Le nom est vulgaire (Jacquouille = Ja couille). Il veut se faire plus « smart ». C'est un exemple de son caractère superficiel et nouveau riche. (Béatrice appelle Jacquouille « M. Ouille » pour éviter de prononcer une vulgarité.)

9. Pourquoi est-ce que Godefroy va à l'hôtel ? Qu'est-ce qu'il cherche ?

Godefroy va à l'hôtel pour chercher le grimoire. Il doit le trouver pour découvrir la formule magique et retourner au Moyen Age. S'il ne réussit pas, l'histoire va changer et il ne va pas avoir de descendants.

10. Qu'est-ce qui se passe pendant que Godefroy, Jacquouille et Béatrice vont au château ?

Quand Godefroy, Jacquouille et Béatrice sont en train d'aller au château, il y a un orage. Il fait très noir, il pleut et il grêle. Puis, la bague de Godefroy se met à siffler et à se détruire parce qu'il ne reste pas beaucoup de temps avant que l'histoire ne commence à changer.

11. Qui est-ce que Jacquouille aime ? Pourquoi ?

Jacquouille aime Ginette parce qu'elle est très gentille avec lui. On peut dire aussi qu'ils font partie de la même classe sociale. Il est domestique et elle est clocharde. Ils s'habillent de la même façon, ils ont les mêmes goûts, ils s'amusent et se comprennent.

12. Est-ce que Godefroy réussit à la fin du film ? Expliquez.

Godefroy réussit et ne réussit pas à la fois. Il réussit à trouver la formule magique et à retourner en 1123. Mais, au lieu de retourner avec Jacquouille, il retourne avec Jacquart. Donc, malgré tout, l'histoire va changer.

B **Aller plus loin.** Écrivez un paragraphe pour répondre aux questions suivantes.

1. Expliquez l'expression «*Ils ne sont pas nés d'hier*».

L'expression « Ils ne sont pas nés d'hier » fait référence à Godefroy et à Jacquouille. Comme ils sont du 12ᵉ siècle ils ont à peu près mille ans au 20ᵉ siècle (ils ne sont pas jeunes ! = sens littéral). Deuxièmement, les gens du 20ᵉ siècle trouvent les *visiteurs* un peu fous et un peu idiots. Ils ne se comportent pas « comme il faut » au 20ᵉ siècle. Malgré ce manque de bon comportement, les *visiteurs* ne sont pas stupides (ils ne sont pas nés d'hier ! = sens figuré).

2. Qu'est-ce que *les visiteurs* pensent du 20ᵉ siècle ? Expliquez.

   Au début du film, les *visiteurs* détestent le 20ᵉ siècle. Il y a de la pollution (« Pouah, ça puire ! »), la forêt est pleine de déchets et il y a beaucoup de bruit (les voitures, les avions, les trains). La campagne est maintenant une ville avec des autoroutes et encore de la pollution. Ils ne comprennent pas la technologie (l'électricité, le téléphone, la radio, les transports, etc.). Ils ne comprennent pas l'hygiène (le papier hygiénique, le lavabo, le savon, le parfum, etc.). Ils ne comprennent pas pourquoi le château a des fenêtres (on ne peut plus se protéger). Godefroy n'est pas content avec les droits des hommes au 20ᵉ siècle. Malgré tout, ils commencent à se débrouiller et à s'adapter au 20ᵉ siècle. A la fin du film, Jacquouille jouit de sa liberté et de l'amour qu'il trouve au 20ᵉ siècle.

3. Qui s'adapte mieux au 20ᵉ siècle, Godefroy ou Jacquouille ? Pourquoi ?

   C'est sans doute Jacquouille qui s'adapte mieux au 20ᵉ siècle. Tout d'abord, il a des droits au 20ᵉ siècle qu'il n'a pas au 12ᵉ siècle. Il n'est plus domestique. Deuxièmement, il est riche au 20ᵉ siècle (surtout parce qu'il a caché les bijoux du duc et ils valent beaucoup au 20ᵉ siècle !). Il aime aussi le confort moderne et la technologie du 20ᵉ siècle : il se brosse les dents, il s'habille à la mode des années 1990, il s'achète une voiture, il s'amuse au bowling, etc. Finalement, il trouve l'amour (Ginette). En gros, il embrasse tout le 20ᵉ siècle !

4. Décrivez le comportement des gens suivants : Godefroy, Jacquouille, Jacquart, Béatrice, Jean-Pierre, Ginette.

Godefroy :	**Il est poli (il appelle les femmes Dame...). Il protège les femmes (Ginette du propriétaire du restaurant). Mais il ne se comporte pas comme il faut au 20ᵉ siècle. Il n'a pas de respect pour les gueux (Jacquouille et Jacquart), il se comporte comme il faut au 12ᵉ siècle.**
Jacquouille :	**Il est grossier et un peu débile. Ses manières sont affreuses ! Il se comporte comme un domestique du 12ᵉ siècle. Il a du respect pour les classes élevées (Godefroy et Béatrice) et il est très poli et gentil avec les femmes aussi.**
Jacquart :	**Il est un peu maniaque et hyper propre. Il se comporte comme un snob du 20ᵉ siècle. Il est matérialiste, superficiel, arrogant et impoli. Il n'a pas de respect pour les autres, surtout pour les classes défavorisées.**
Béatrice :	**Elle est très gentille et très indulgente avec tout le monde. Elle est polie et accepte tout (du comportement nouveau riche de Jacquart au comportement bizarre des Visiteurs). Elle est tout à fait BCBG dans son comportement ; sa façon de parler et de s'occuper de la maison et des enfants ; dans sa mode, le polo Lacoste et un short ; dans sa coupe de cheveux ; etc.**
Jean-Pierre :	**Il est hyper tendu même un peu hystérique, mais indulgent (avec sa femme). Il est poli et se comporte comme il faut. Il est aussi très BCBG.**
Ginette :	**Elle est très gentille, surtout avec les *visiteurs*. Elle est un peu dure. Elle prétend avoir de bonnes manières, mais elle est un peu hypocrite. Elle critique Béatrice quand elle parle avec Jacquouille, mais quand ils vont chez Béatrice, elle est très polie avec Béatrice.**

5. Est-ce que vous trouvez le comportement de Godefroy et de Jacquouille impoli ? Expliquez.

    Le comportement de Godefroy et de Jacquouille n'est pas impoli si l'on comprend qu'ils viennent du 12ᵉ siècle. En fait, ils se comportent comme il faut au 12ᵉ siècle. En revanche, leur comportement est impoli au 20ᵉ siècle. Pendant le dîner chez Béatrice, Jacquouille se met à terre pour manger et Godefroy lui jette son repas, ils ne répondent pas aux questions de Jean-Pierre, ils parlent tandis qu'ils mangent, ils chantent à table, ils rotent et pètent etc. Evidemment, ce genre de comportement est très impoli au 20ᵉ siècle !

6. Imaginez la famille de Béatrice transportée en 1123. Comment est-ce que *les visiteurs* trouvent le comportement de leurs «*visiteurs*» ?

    C'est évident que les gens du 12ᵉ siècle trouvent le comportement de Béatrice et de sa famille bizarre. Ils ne mangent pas beaucoup, ils sont maniaques avec l'hygiène, et ils portent des vêtements bizarres. Ils ne savent pas se protéger, se nourrir, respecter la hiérarchie sociale, ... bref, se comporter comme il faut pour survivre au 12ᵉ siècle.

7. Pensez à la hiérarchie des classes sociales au Moyen Age et expliquez pourquoi Jacquouille ne se met pas à table pendant le dîner chez Béatrice.

    Jacquouille ne se met pas à table pendant le dîner chez Béatrice parce que les domestiques n'avaient pas le même statut social que les chevaliers (l'aristocratie). Ils n'avaient aucun droit et ils étaient maltraités. Alors, c'est évident que Jacquouille respecte les codes et les lois du Moyen Age. Il apprend plus tard que tout le monde a les mêmes droits au 20ᵉ siècle grâce à la Révolution française.

8. Pourquoi est-ce que Godefroy n'est pas content quand il lit l'encyclopédie *Larousse* avec Béatrice ? Qu'est-ce qu'il n'aime pas en particulier ?

    Quand Godefroy lit l'encyclopédie avec Béatrice, il apprend qu'il ne joue aucun rôle dans l'histoire. Son nom n'est même pas écrit dans l'encyclopédie. Il apprend que la Révolution française donne des droits et l'égalité aux domestiques. Il n'aime pas que son descendant *Gonzague de Montmirail* participe à la Révolution et qu'il se batte pour l'égalité des hommes. Il est donc content que *Gonzague de Montmirail* soit guillotiné par Robespierre.

9. Pensez aux rôles et aux droits des domestiques au Moyen Age et expliquez pourquoi Jacquouille ne veut pas retourner avec Godefroy.

    Il trouve la liberté, la richesse et l'amour au 20ᵉ siècle. Il n'est plus domestique. Il est propriétaire, ce qui est impossible au 12ᵉ siècle. Il aime aussi le confort moderne (les divertissements, l'hygiène, les transports, etc.). Il est aussi amoureux de Ginette et il ne veut pas la quitter.

10. Jacquart retourne en 1123 avec le comte. Qu'est-ce qui va se passer ? Est-ce que le 12ᵉ siècle provoque des problèmes pour lui ? Expliquez.

    Bien sûr ! Le 12ᵉ siècle va être hyper dur pour Jacquart. Comme il est superficiel, nouveau riche et matérialiste, il s'attache à son confort moderne, à ses vêtements chics, à son château et à son statut social (nouveau riche). Les gens du 12ᵉ siècle vont se moquer de ses vêtements, de la façon dont il parle et de sa manie pour la propreté. Il est snob et tendu et il ne va pas aimer la nourriture, la brutalité, la violence et la vie du 12ᵉ siècle.

11. Est-ce que vous pensez que le titre est un bon titre pour le film ? Pourquoi ou pourquoi pas ?

    « *Les Visiteurs* » est en gros un bon titre. Le titre correspond au fait que les personnages principaux viennent chez Béatrice et au 20ᵉ siècle pour une durée limitée. Ils visitent le 20ᵉ siècle : les changements de la ville, de la technologie et du confort. Ils rendent visite à leurs descendants (Béatrice et ses enfants et Jacquart). Mais à la fin du film, ils retournent au 12ᵉ siècle après une bonne balade (visite) !

12. Qui est votre personnage préféré ? Pourquoi ?

    Je préfère Jacquouille. Il est très amusant et très drôle. Bien entendu, c'est le personnage comique du film, mais c'est aussi un personnage complexe. Au cours du film, il évolue. Au début du film, il n'est pas courageux (il a peur de traverser la forêt). Mais petit à petit, il trouve du courage et il s'adapte et fait face au 20ᵉ siècle. Il a l'esprit ouvert et embrasse cette nouvelle vie. Finalement, il suit son cœur et reste au 20ᵉ siècle avec sa fiancée (Ginette).

13. Vous êtes le réalisateur et vous pensez qu'il faut éliminer une scène. Quelle scène est-ce que vous éliminez ? Pourquoi ?

    La scène où l'infirmière fait une piqûre à Jean-Pierre peut être éliminée. La scène ne contribue rien à l'intrigue du film. Elle ne contribue pas grand-chose au développement des caractères des personnages non plus.

14. Vous êtes le réalisateur et vous pensez qu'il faut ajouter une scène. Décrivez la scène. Où est-ce que vous ajoutez la scène ? Pourquoi ?

    Les *visiteurs* regardent la télé. Ils sont très confus parce qu'ils voient des gens à l'intérieur de la télé. Jacquouille regarde attentivement les gens, il les appelle et il essaie de les toucher. Il ne comprend pas pourquoi les gens sont si petits et pourquoi les gens ne l'entendent pas et ne le regardent pas. Quand les gens ne réagissent pas, il donne des coups de pied au téléviseur. Puis le téléviseur explose et Jacquouille se cache derrière Godefroy. La scène se situe au début du film, après le dîner chez Béatrice et Jean-Pierre. Il faut ajouter cette scène parce qu'il n'y a aucune scène qui montre l'obsession actuelle pour la télé. En plus, la télé est une avancée technologique typique qui se trouve dans les maisons du 20ᵉ siècle.

15. Est-ce que vous êtes content/e de la conclusion du film ? Expliquez pourquoi ou pourquoi pas.

    En général, la conclusion est bonne. Godefroy réussit à trouver la potion magique et à retourner au 12ᵉ siècle. Son avenir (les descendants) ne change pas. Il pense que tout va bien parce qu'il ne sait pas que Jacquouille reste au 20ᵉ siècle. Le fait que Jacquouille est toujours au 20ᵉ siècle est amusant. On sait que les scénaristes peuvent créer facilement une suite au film. Il faut aller chercher Jacquouille au 20ᵉ siècle et Jacquart doit retourner au 20ᵉ siècle. A la fin, tout le monde est content sauf Jacquart. Il est méchant et superficiel alors il va peut-être apprendre des choses sur lui ou être puni. Cette conclusion est aussi bonne parce que Jacquouille trouve la liberté et l'amour au 20ᵉ siècle.

Vrai ou Faux ? Déterminez si les phrases sont vraies ou fausses.

1. vrai **faux** Jean-Baptiste aime beaucoup le film *Les Visiteurs*.
2. **vrai** faux Il trouve que les caricatures sont très méchantes.
3. vrai **faux** Il aime beaucoup les scènes comiques du film.
4. **vrai** faux Il fait référence aux films de Monty Python.
5. **vrai** faux Il pense que les acteurs du film ont du talent.

B **En général.** Répondez aux questions suivantes. Ecrivez deux ou trois phrases.

1. Qu'est-ce que Jean-Baptiste pense du scénario ? Pourquoi ?
   Jean-Baptiste n'aime pas le scénario. Il pense que le scénario n'est ni créatif ni original. Il ressemble trop aux films de Monty Python et *Les Visiteurs* est moins bon que les films de Monty Python.

2. Pourquoi est-ce qu'il n'aime pas les personnages du film ?
   Jean-Baptiste n'aime pas les personnages parce qu'il pense que le scénariste se moque de tout le monde. Les personnages sont des caricatures qui sont exagérées et méchantes. En plus, les caricatures sont de mauvais goût.

3. Est-ce qu'il a toujours du respect pour ses acteurs préférés ? Expliquez.
   Jean-Baptiste avait du respect pour ses acteurs préférés avant de voir le film. Il ne sait pas pourquoi Jean Reno joue ce rôle, il trouve que Christian Clavier joue mal le clown et Valérie Lemercier agace Jean-Baptiste (il ne peut plus la supporter).

4. Comment est-ce qu'il explique la réussite du film ?
   Jean-Baptiste pense que nous sommes une société de consommation et que ce genre de film se vend bien. On n'est pas obligé de penser, de réfléchir. Le film ne demande pas d'effort et on peut passer deux heures au cinéma sans rien faire.

5. Est-ce qu'il va voir *Les Visiteurs 2* ? Pourquoi ou pourquoi pas ?
   Jean-Baptiste ne va pas aller voir la suite au film. Il n'aime pas ce film. Il pense que ce film est déjà idiot et que la suite va être même plus débile.

 Aller plus loin. Ecrivez un paragraphe pour répondre aux questions suivantes.

1. Quel est le rôle des critiques ? Est-ce que les critiques des films influencent vos opinions ? Est-ce que vous aimez les critiques ? Expliquez.
   Le rôle des critiques est de juger la qualité des films. (Ils n'ont pas toujours l'esprit ouvert quand même !) Si j'ai du respect pour le critique, son opinion m'influence. Par contre, si je ne connais pas le critique, son opinion ne change pas la mienne. En général, les critiques sont sévères et un peu bornés. Je n'aime pas lire les critiques des films parce qu'elles m'influencent trop avant de voir un film. Je préfère voir un film, puis lire les critiques.

2. Faites une liste de points forts et de points faibles du film. Est-ce que vous avez plus de points forts ou plus de points faibles ? Comment est-ce que vous expliquez vos résultats ?

Points forts : Les acteurs sont doués ; ils jouent bien les rôles ; l'histoire est engageante et amusante ; l'humour est drôle ; les caricatures sont justes et amusantes.

Points faibles : L'histoire est un peu idiote ; l'humour est vulgaire ; l'intrigue n'est pas trop intéressante ; les personnages ne sont pas très bien développés et les caricatures sont un peu exagérées.

Le film est, en général, un film comique qui ne prétend pas être intello. Malgré l'humour vulgaire, les scènes restent très comiques, ce qui explique la réussite du film.

3. Dialogue. Développez des arguments pour et contre le film. Puis écrivez un dialogue entre les gens qui adorent le film et les gens qui détestent le film. Qui gagne ?

1 : Je n'aime pas le film. Il est débile !

2 : Tu ne l'aimes pas parce que l'humour est vulgaire. Mais c'est un film comique ! Il faut avoir de l'humour un peu débile ! Ça fait rire !

1 : Oui, mais, il n'y a pas d'intrigue !

2 : Si, c'est une histoire d'amour, d'aventure et de découverte. L'intrigue est bien développée et engageante.

1 : Mais les personnages sont des caricatures méchantes et exagérées.

2 : Pas du tout. Les caricatures servent à nous montrer comment on est au 20ᵉ siècle ! Elles sont justes et amusantes !!

1 : Bref, je n'aime pas le film et tu ne vas pas changer mon avis.

2 : Et moi, je trouve que c'est un bon film comique avec une valeur culturelle !

4. Faites votre propre critique du film. Est-ce que vous aimez ou détestez le film ? Pourquoi ?

Le film *Les Visiteurs* est un bon film et je vous le recommande ! C'est l'histoire d'un homme du 12ᵉ siècle qui fait une gaffe et se trouve au 20ᵉ siècle. L'homme et son domestique se débrouillent au 20ᵉ siècle. On voit leurs problèmes et leurs angoisses tandis qu'ils cherchent un moyen de retourner au 12ᵉ siècle. L'humour du film est génial ! Les acteurs sont doués et jouent bien leurs rôles. Il n'y a pas beaucoup d'effets spéciaux, mais ça ne change rien. Bref, c'est un bon film comique qui nous montrent les faiblesses de notre société moderne.

5. Vous êtes chargé/e de créer la publicité pour *Les Visiteurs*. Qu'est-ce que vous choisissez pour attirer votre public ? (les acteurs, l'intrigue, les scènes comiques, quelque chose d'autre ?) Ecrivez (dessinez !) votre pub !

Les étudiants pourraient se servir des sites Web pour trouver des images du film et pour étudier les affiches et les publicités du film. A partir de ces modèles, les étudiants pourraient développer une affiche pour créer la publicité.

Une affiche comprend :

- **Le titre du film : Les Visiteurs**
- **Les acteurs principaux : Jean Reno, Christian Clavier, Valérie Lemercier,**

Marie-Anne Chazel

- **Le réalisateur : Jean-Marie Poiré**
- **Photos : www.corbis.com**
- **Une phrase clé : Ils ne sont pas nés d'hier !**

Sites Web utiles :

www.allocine.com
www.cinemovie.fr
www.ecrannoir.fr
www.monsieurcinema.com

B **Langage.** Reliez les phrases suivantes avec les équivalents en langage familier.

__J__	1. Est-ce que tu as un polaroid ?	A.	C'est okay !
__D__	2. C'est drôle !	B.	Ça puire !
__H__	3. C'est étrange !	C.	Ça fait hyper mal !
__F__	4. J'ai très peur !	D.	C'est dingue !
__A__	5. Il n'y a pas de problème.	E.	Au dodo !
__I__	6. Tu es un peu hystérique.	F.	J'ai la trouille !
__C__	7. Ça fait très mal !	G.	Le proprio adore sa bagnole.
__B__	8. Ça sent mauvais.	H.	C'est bizarre !
__G__	9. Le propriétaire adore sa voiture.	I.	T'es un peu hystéro !
__E__	10. Couchez-vous !	J.	T'as un pola ?

C **Culture populaire.** Cochez les noms qui correspondent aux éléments culturels du film.

__x__ la musique	____ l'éducation	____ la politique
__x__ la religion	__x__ les transports	__x__ la technologie
__x__ le langage	__x__ la nourriture	__x__ le confort moderne
__x__ les loisirs	____ les sports	____ la télévision
____ le cinéma	____ les voyages	__x__ la mode
__x__ le comportement	__x__ les classes sociales	__x__ les métiers
__x__ la famille	__x__ l'environnement	

D **D'accord ou pas d'accord ?** Indiquez si vous êtes d'accord ou si vous n'êtes pas d'accord avec les phrases suivantes. Expliquez votre choix.

1. *Les Visiteurs* est un film qui représente bien la culture française contemporaine.
   d'accord **En général, le film représente les classes sociales dominantes du 20ᵉ siècle (les pauvres, la classe moyenne et le nouveau riche). Pour chaque classe sociale, il y a des éléments typiques (la mode, le langage, la profession, les repas, etc.).**

2. Le film représente bien la culture française du Moyen Age.

pas d'accord   **Le film montre plusieurs aspects culturels du Moyen Age : la mode et le langage (le vieux français) ; la façon dont on s'habille, on se comporte et on vit ; les batailles et la hiérarchie sociale ; etc. Mais, en gros, le Moyen Age tel qu'il est représenté dans le film n'est qu'une caricature qui correspond mal à la culture et à l'histoire réelle de cette époque.**

3. Le film est fidèle à l'histoire de France.

pas d'accord   **Dans le film, le scénariste essaie de rester fidèle à l'histoire. Il y a la Révolution française, l'évolution des droits de l'homme, l'évolution de la technologie, etc. Mais, l'histoire est invraisemblable et les personnages sont inventés (fictifs).**

4. Les personnages représentent bien certaines classes sociales françaises.

d'accord   **Les personnages sont des caricatures (stéréotypes), mais le film nous montrent de grosses caractéristiques des classes sociales. Par exemple, Jacquart, un nouveau riche, habite un beau château, conduit une belle Range, s'habille très à la mode. Il est riche, matérialiste, superficiel, tendu, etc.**

5. Les personnages sont trop stéréotypés.

d'accord   **Comme c'est un film comique, le spectateur comprend que le film se moque de tout. L'humour est l'exagération des traits de caractère des gens. Sans cette exagération le film n'est pas du tout humoristique.**

6. Le film utilise un langage contemporain et à la mode.

d'accord   **Il y a toutes sortes d'expressions contemporaines dans le film : « okay ! dingue ! hyper... ! hystéro ! etc. » Ce film a même influencé le langage contemporain. Après la sortie du film, les Français ont commencé à faire référence aux expressions du film (« C'est dingue ! »).**

7. Les modes des années 90 et du Moyen Age sont mal représentées dans le film.

pas d'accord   **On peut dire que la façon dont on s'habille dans le film correspond assez bien à la mode des années 90. Quant à la mode du Moyen Age, elle est assez bien représentée, surtout la distinction des classes sociales : Godefroy est bien habillé tandis que Jacquouille est habillé en serviteur. Il est intéressant que Ginette s'habille un peu comme une gueuse du 12ᵉ siècle !**

E **En général.** Répondez aux questions suivantes. Ecrivez deux ou trois phrases.

1. Quelles classes sociales sont représentées dans le film ? Citez un personnage qui correspond à chaque classe sociale.

   La bourgeoisie (BCBG) : Béatrice, Jean-Pierre, le banquier, la secrétaire
   Le nouveau riche : Jacquart
   Les pauvres (SDF) : Ginette
   Les domestiques : Jacquouille, Freddy
   Les nobles (l'aristocratie) : Louis VI le gros, le Duc de Pouille, Godefroy, Frénégonde

2. Est-ce qu'il est possible de classer les gens selon les vêtements qu'ils portent ? Justifiez votre réponse avec des exemples du film.

   Oui, dans le film, il est tout à fait possible de classer des gens selon leur mode. Par exemple, Béatrice porte « l'uniforme » BCBG des années 1990 (une chemise Lacoste et un short). Ginette fait clocharde parce qu'elle porte des guenilles. Godefroy porte son armure de guerrier. Mais, dans le film, on stéréotype des gens alors que dans la vie réelle on peut se tromper : l'habit ne fait pas le moine !

3. Est-ce qu'il est possible de classer les gens selon où ils habitent ? Expliquez et citez des exemples du film.

   Oui, dans le film, les gens habitent dans des quartiers qui correspondent à leurs revenus et à leurs goûts. Par exemple, Jacquart, un snob nouveau riche, habite le château de Montmirail. Mais la clocharde, Ginette, habite une caravane. Béatrice et Jean-Pierre habitent une belle et grande maison. Mais on ne voit que des stéréotypes dans le film. Dans la vie réelle, les gens peuvent surprendre. On trouve des riches qui habitent des maisons toutes simples et des petits bourgeois qui habitent des maisons luxueuses.

4. Est-ce qu'il est possible de classer les gens selon leurs métiers ? Justifiez votre réponse avec des exemples du film.

   Oui, dans le film, on peut classer les personnages selon leurs métiers. Par exemple, Godefroy est le chevalier courageux et agressif tandis que Jacquouille est le domestique débile et lâche. Il y a aussi Ginette la clocharde bizarre et Béatrice la BCBG très PC (politiquement correcte). Mais, dans la vie réelle, on ne peut pas toujours stéréotyper les gens : ce n'est pas toujours à l'œil qu'on connaît l'ouvrier !

5. Est-ce que le film a une valeur culturelle ? Expliquez.

   A première vue, le film est très comique et très amusant, mais pas un chef d'œuvre artistique. En revanche, quand on analyse les aspects culturels du film, on voit qu'il y a une richesse culturelle. Le film traite les avancées technologiques et pose la question : on a du confort mais à quel prix ? Par exemple, les *visiteurs* démontrent que « ça puire ! » (la pollution). Le film fait référence aussi à l'évolution des droits de l'homme (la Révolution française). Il documente aussi la mode, le langage, la musique contemporains. Bref, il faut dire que le film a une valeur culturelle.

F **Aller plus loin.** Ecrivez un paragraphe pour répondre aux questions suivantes.

1. Décrivez le dîner en famille chez Béatrice. Est-ce que le dîner est un dîner typiquement français ? Comment est un dîner typique chez vous ? Comparez le dîner chez Béatrice avec un dîner chez vous.

   Le dîner chez Béatrice est un dîner typiquement français. C'est un repas assez simple avec un peu de viande, de la soupe, des pommes de terre, du vin, etc. Les adultes dînent ensemble (les enfants se couchent tôt) et ils discutent de choses et d'autres. On mange dans le salon et tout le monde est poli. Ma famille et moi dînons comme chez Béatrice. Tout le monde dîne ensemble et on discute de nos journées.

2. Comment est-ce que la vie du 12ᵉ siècle se différencie de la vie du 20ᵉ siècle ?

   La vie du 12ᵉ siècle est beaucoup plus dure que la vie du 20ᵉ siècle. Tout d'abord, au 12ᵉ siècle, on vit une vie brutale. Il y a aussi un manque de confort, de transports, de technologie au 12ᵉ siècle. Si l'on est pauvre, il faut beaucoup travailler pour survivre. Par contre, si l'on est de la noblesse, la vie est très facile. L'écart entre les riches et les pauvres est plus évident qu'au 20ᵉ siècle. Les pauvres n'ont rien (pas de domicile, d'argent, de droits, etc.) tandis que la noblesse a tout.

3. Décrivez un Preppie. Qu'est-ce qu'il porte ? Qu'est-ce qu'il fait comme métier ? Qu'est-ce qu'il trouve important dans la vie ? Est-ce que vous connaissez des gens Preppie ? Comment sont-ils ?

   Un Preppie porte toujours des marques chics à la mode (Lacoste, Ralph Lauren, etc.). Le Preppie est dentiste, banquier, homme d'affaires, etc. Il trouve la famille, l'argent, le travail et le comportement importants. Je ne connais pas de Preppie puisque ce n'est plus à la mode aux Etats-Unis. C'était plutôt une vague des années 1980.

4. Les films ont une influence importante sur la culture et sur le langage contemporains. Pensez aux films qui ont une influence sur la culture. Quelles sortes d'influences est-ce qu'on voit ? Est-ce que cette influence est toujours positive ? Expliquez.

   Un film comique qui a influencé le langage contemporain était *Bill & Ted's Excellent Adventure*. Tout le monde disait « *excellent* » après la sortie du film. Cette influence n'est ni positive ni négative. De même, après la sortie du film *Clueless* on disait « *As if !* ». Par contre le film, *Natural Born Killers*, a eu une influence négative sur les gens, surtout les jeunes. Tandis que ce genre de film est une critique de la société, il faut poser la question : Est-ce que tout le monde qui voit ce film comprend cette critique ou est-ce que ce genre de film établit un modèle de violence ?

5. Pensez aux années 1990. Qu'est-ce qui est à la mode ? Comment est-ce qu'on s'habille, quelles expressions est-ce qu'on utilise, qu'est-ce qu'on écoute comme musique, de quels films est-ce qu'on parle ? Est-ce qu'il y a toujours des restes de ces influences ? Expliquez.

   Les années 1990 sont une réaction des années 1980 (le matérialisme, l'excès, le gaspillage, etc.). Pendant les années 1980, les gens étaient très habillés, alors au début des années 1990 on remarque la mode détendue même minimaliste. On fait du shopping aux marchés aux puces ou on porte des vêtements sportifs de Nike et de Levis. Il y a aussi ceux qui portent la mode de Gucci, Ralph Lauren, Tommy Hillfiger, Guess, etc. Mais même ces marques sont en rébellion contre la mode habillée des années 1980.

   Quelques expressions : All, All that, Awesome, 'Sup? (What's Up), As if !, chillin', dawg, deal, don't go there, dork, dude, excellent, geek, get over it, gnarly, like, my bad, ommigod, Preppie, shady, what up, etc.

   Quelques chansons des années 1990 : *Vogue* (Madonna), *Ice Ice Baby* (Vanilla Ice), *Black & White* (Michael Jackson), *Wannbe* (Spice Girls), *Achy Breaky Heart* (Billy Ray Cyrus), *Smells like Teen Spirit* (Nirvana), etc.

   Quelques films du début des années 1990 : *Dances with Wolves, Ghost, Pretty Woman, Good Fellas*, etc.

   Quelques feuilletons du début des années 1990 : *Cheers, The Cosby Show, Northern Exposure, 60 Minutes*, etc.

   Il y a des restes de la culture pop de cette époque. Bien sûr, la mode évolue et les films et les expressions disparaissent, mais on voit toujours une influence actuelle. On dit que, tous les trente ans, la mode revient. Par conséquent, les films, les chansons, etc. reviennent aussi.

6. Est-ce que l'histoire de France joue un rôle dans le film ? Quels événements historiques sont essentiels à l'intrigue ? Est-ce qu'on pourrait ajouter d'autres faits historiques ? Lesquels ? Expliquez.

L'histoire de France joue un rôle très important dans le film. A partir de Jacquart, on voit l'évolution des droits de l'homme obtenus pendant la Révolution. Ses ancêtres étaient gueux et aujourd'hui Jacquart profite de sa liberté et de ses droits. C'est le propriétaire du château qui appartenait aux maîtres de son arrière-arrière-arrière-arrière-grand-père. On pourrait ajouter l'évolution des droits des femmes pour montrer ce même genre d'évolution. Au Moyen Age, les femmes avaient très peu de droits. Au fur et à mesure, elles ont lutté pour et gagné des droits : le droit d'avoir un compte en banque (1881) ; le droit de voter (1946) ; l'égalité entre conjoints (mari et femme sont égaux devant la loi) (1965) ; le droit d'avorter (1974) ; l'établissement de l'égalité professionnelle entre hommes et femmes (1983). Alors, le développement de ce genre d'évolution dans le film serait très intéressant et même comique !

7. Les magiciens et les sorcières jouent un rôle important dans le film. Comment est-ce qu'ils sont perçus au 12e siècle ? Est-ce qu'ils existent au 21e siècle ? Comment est-ce qu'ils sont perçus au 21e siècle ?

Au 12e siècle, on croyait en Dieu et aux forces de la nature. Tandis que les sorcières sont des filles du diable, les magiciens étaient respectés pour leurs pouvoirs magiques et leur intelligence (Merlin). On peut dire que les magiciens et les sorcières existent au 21e siècle. Mais, ils ne sont pas respectés comme ils l'étaient au 12e siècle. On les trouve bizarres et ils sont souvent en marge de la société.

Chapitre 6
Sur mes lèvres

Exercices de vocabulaire

A la Sédim. Complétez le paragraphe suivant avec *le vocabulaire* qui convient.

Carla travaille dans une société de **promotion immobilière**. Elle est **secrétaire**. Le secrétariat n'est pas **un métier** facile parce qu'il faut s'occuper des problèmes des autres et parce qu'on reçoit **un salaire** de misère par rapport au travail qu'on fait. Il y a trois ans que Carla y travaille et elle mérite **une promotion** et **une augmentation** de salaire. Elle ne reçoit rien, mais **son patron** lui propose de chercher **un assistant**. Elle va donc à l'ANPE pour soumettre **une offre d'emploi**.

Paul va aussi à l'ANPE. Il remplit **une demande d'emploi**. Il réussit à avoir **un entretien d'embauche** avec Carla. Il est clair qu'il n'a aucune **formation** et qu'il n'a jamais fait de **stage** dans un bureau. Mais Carla trouve que c'est un bon **candidat** pour le poste et elle l'**embauche**.

Activité de vocabulaire

A. Choisissez la bonne traduction.

1. réussi :   **a. successful**   b. rewarding
2. attentes :   a. waiting   **b. expectations**
3. convient :   **a. suits**   b. admits
4. visé :   **a. target**   b. marked
5. postulé :   a. posted   **b. applied**
6. face à :   a. in front of   **b. concerning**
7. évoquerez :   **a. bring up**   b. evoke
8. axez :   **a. center**   b. rotate
9. le trac :   a. the track   **b. nerves (afraid)**
10. habillement :   **a. clothing**   b. ability

Pratiquez !

 Au travail. Complétez le passage suivant avec *les prépositions* qui conviennent (si cela est nécessaire).

Bien que Carla soit malentendante, elle réussit **à** travailler dans une société de promotion immobilière. Elle peut Ø assister aux réunions et Ø parler avec ses collègues parce qu'elle sait Ø lire sur les lèvres. Elle arrive **à** répondre au téléphone grâce aux prothèses auditives. Elle essaie **de** cacher son handicap des autres et elle refuse **de** demander de l'aide. Malheureusement, ses collègues ne sont pas très sympathiques et Carla doit Ø s'efforcer **de** travailler dans cet environnement difficile. Elle persiste **à** faire tout ce qu'elle peut Ø faire et elle apprend **à** profiter de son handicap.

 A la cantine. Complétez le dialogue entre Carla et Paul. Utilisez *les pronoms disjoints* qui conviennent.

Paul :   Ça va **toi** ? Qu'est-ce qu'il y a ?
Carla :   **Moi** ? Oh oui… ça va. Tu vois les hommes là-bas ?
Paul :   Oui… ils travaillent à la Sédim avec **nous**.
Carla :   Oui… ce sont **eux**… Ils parlent de **moi**.
Paul :   Ils parlent de **toi** ? Comment est-ce que tu le sais ?
Carla :   Je lis sur les lèvres. Ils se moquent de **moi** et de **toi** aussi.
Paul :   Ils se moquent de **nous** ? Pourquoi ?
Carla :   Tu vois celui qui porte la cravate violette ? **Lui**, il est plus méchant que les autres. Mais il est aussi idiot qu'**eux**.
Paul :   Qu'est-ce qu'on peut faire ?
Carla :   Tu ne peux rien faire **toi**-même. Il faut simplement que tu fasses attention à **eux** et que tu m'aides.
Paul :   D'accord. Pas de problème. Allons-y.

Pratiquez !

A   **Le travail.** Carla donne des ordres à Paul. Remplacez les objets par *les pronoms multiples.*

1. Ne me parle pas de tes problèmes personnels.   **Ne m'en parle pas.**
2. Occupe-toi de tes affaires.   **Occupe-t'en.**
3. Apporte ton dossier à la secrétaire.   **Apporte-le-lui.**
4. Donne tes coordonnées au contrôleur judiciaire.   **Donne-les-lui.**
5. Ne t'inquiète pas des machines de bureau.   **Ne t'en inquiète pas.**
6. Montre-moi les fichiers que tu as préparés.   **Montre-les-moi.**
7. Envoie ces fichiers aux clients tout de suite.   **Envoie-les-leur.**
8. Donne ce document au chef de l'entreprise.   **Donne-le-lui.**
9. Ne laisse pas tes affaires dans le placard.   **Ne les y laisse pas.**
10. Rends-moi les clés du bureau avant de partir.   **Rends-les-moi.**

B   **Paul et Carla.** Identifiez les pronoms qu'il faut utiliser pour répondre à chaque question ci-dessous. Puis, répondez aux questions suivantes avec *les pronoms multiples* dans votre réponse.

1. Est-ce que Paul s'est habitué facilement au travail de bureau ?
   se, y   →   **Paul s'y est habitué facilement.**
2. Est-ce que Carla a trouvé les affaires de Paul dans le placard ?
   les, y   →   **Carla les y a trouvées.**
3. Est-ce que Paul avait une bonne raison pour dormir dans le placard ?
   en, y   →   **Paul en avait une pour y dormir.**
4. Est-ce que Carla a emmené Paul à l'appartement de l'entreprise ?
   le, y   →   **Carla l'y a emmené.**
5. Est-ce que Carla a donné les clés de l'appartement à Paul ?
   les, lui   →   **Carla les lui a données.**
6. Est-ce que Paul demande un service à Carla ?
   en, lui   →   **Paul lui en demande un.**
7. Est-ce que Carla s'adapte facilement à la vie nocturne ?
   se, y   →   **Carla ne s'y adapte pas facilement.**
8. Est-ce que Paul sait que Marchand a caché l'argent dans le frigo ?
   le, y   →   **Paul ne sait pas que Marchand l'y a caché.**
9. Est-ce que Carla a montré l'argent à Paul ?
   le, lui   →   **Carla le lui a montré.**
10. Est-ce que Paul va donner l'argent aux Carambo ?
    le, leur   →   **Paul ne va pas le leur donner.**

Après avoir regardé

Compréhension générale

 Vrai ou faux ? Indiquez si les phrases suivantes sont vraies ou fausses.

1. vrai **faux** Carla aime beaucoup la Sédim et ses collègues.
2. vrai **faux** Les collègues de Carla savent qu'elle est malentendante.
3. **vrai** faux Carla s'évanouit et son patron pense qu'elle a besoin d'un assistant.
4. **vrai** faux Carla va à l'ANPE pour chercher un assistant.
5. vrai **faux** Paul est le candidat idéal pour le poste d'assistant.
6. vrai **faux** Paul propose d'aider Carla. Il veut voler le dossier des Flérets.
7. **vrai** faux Paul a besoin de Carla parce qu'elle sait lire sur les lèvres.
8. **vrai** faux Carla a de plus en plus confiance en elle et elle s'adapte au monde des criminels.
9. vrai **faux** Paul va chez Marchand et il trouve l'argent, mais il ne dit rien à Carla.
10. **vrai** faux A la fin du film, Carla et Paul réussissent à voler l'argent.

Photo

 Détails. Regardez l'image et choisissez les bonnes réponses.

1. Où est-ce que ces deux scènes ont lieu ?
   a. dans les toilettes du bureau
   b. dans les toilettes de la boîte de nuit
   c. dans la salle de bain du studio de Paul
2. Quand est-ce que la 1re scène a lieu ?
   a. Elle a lieu vers début du film.
   b. Elle a lieu au milieu du film.
   c. Elle a lieu à la fin du film.
3. Quand est-ce que la 2e scène a lieu ?
   a. Elle a lieu au début du film.
   b. Elle a lieu au milieu du film.
   c. Elle a lieu à la fin du film.
4. Sur la 1re photo, les personnages sont…
   a. en train de se parler.
   b. en train de se cacher.
   c. en train de se préparer pour le travail.
5. Sur la 2e photo, les personnages sont…
   a. en train de se parler.
   b. en train de se cacher.
   c. en train de se préparer pour le travail.

B **Chronologie.** Mettez les phrases suivantes en ordre chronologique.

1re photo

_5_   A la fin de la scène, Paul explique à Carla qu'il doit 70.000 francs à un homme qui s'appelle Marchand.

_3_   Après la bagarre, Carla cherche une chemise propre pour Paul.

_1_   D'abord, Carla va aux toilettes.

_2_   Ensuite, Paul et un autre homme y entrent et ils se bagarrent.

_4_   Quelqu'un entre dans les toilettes et Paul et Carla se cachent.

2e photo

_3_   Après avoir fait leur toilette, ils quittent les toilettes.

_1_   Au début de la scène, Carla et Paul arrivent au bureau après voir passé la nuit à la boîte de nuit.

_5_   Paul va à son bureau pour travailler.

_2_   Ils font leur toilette dans les toilettes du bureau et ils parlent du travail.

_4_   Carla répond au téléphone.

C **En général.** Répondez aux questions suivantes. Ecrivez deux ou trois phrases.

1. Donnez un titre à la 1re photo. Justifiez votre réponse.

   « Le début ». Cette photo marque le début de l'aventure de Carla et de Paul. Paul explique à Carla qu'il doit 70.000 francs à Marchand et qu'il doit travailler dans sa boîte de nuit. Paul y découvre le complot de Marchand et des Carambo. Il demande à Carla de l'aider à déchiffrer leur complot.

2. Donnez un titre à la 2e photo. Justifiez votre réponse.

   « La routine ». Bien que Carla et Paul passent la nuit dans la boîte de nuit et qu'ils travaillent au bureau pendant la journée, ils établissent leur routine : ils travaillent à la boîte de nuit pendant la nuit et ils vont tout de suite au bureau le matin où ils font leur toilette ensemble. La photo montre qu'ils sont à l'aise l'un avec l'autre et qu'ils deviennent un couple.

D **Aller plus loin.** Ecrivez un paragraphe pour répondre aux questions suivantes.

1. Parlez de l'importance du fait que ces deux scènes ont lieu dans les toilettes.

   Les toilettes sont un endroit très privé et très intime. Le fait que ces scènes ont lieu dans les toilettes souligne l'intimité de Carla et de Paul. Pendant la première scène, Paul révèle son secret (il doit l'argent à Marchand). La deuxième scène ressemble à une scène de la vie quotidienne où le couple se prépare pour aller au travail. Carla et Paul ont une intimité qui dépasse la routine quotidienne : ils comprennent la détresse de l'autre personne et ils cherchent la même chose dans la vie (être accepté / aimé).

2. Comment est-ce que les deux personnages changent entre les deux photos ?

   La première photo représente une scène vers le début du film. Les deux personnages sont mal à l'aise. Carla n'a pas confiance en elle (ses collègues ne l'apprécient pas et ils se moquent d'elle) et Paul n'a pas confiance en lui (il ne connaît pas le monde des affaires). La deuxième photo représente une scène vers la fin du film. Ils deviennent de plus en plus à l'aise au bureau et à la boîte de nuit. Tous les deux ont confiance en eux et ils se sentent moins isolés et moins seuls.

Mise en pratique

 En général. Répondez aux questions suivantes. Ecrivez deux ou trois phrases.

1. Comment est-ce que le film commence ? Comment est Carla ? De quoi rêve-t-elle ?

   Au début du film, Carla est dans les toilettes de la Sédim. Elle met ses appareils auditifs et elle fait sa toilette. A part son handicap, Carla est une femme ordinaire d'un physique moyen. Elle ne se maquille pas et elle porte des vêtements stricts de couleurs ternes. Elle est renfermée, réservée et timide. Elle arrive à faire un travail efficace bien qu'elle soit malentendante. Carla rêve d'être comme les autres femmes et elle est jalouse de la femme qui embrasse son copain à la cantine, de son amie Annie qui a un mari et un amant, des femmes dans les magazines, etc. Elle rêve d'être voulue.

2. Où est-ce que Carla travaille ? Décrivez les relations entre Carla et son patron et entre Carla et ses collègues. Est-ce qu'elle est contente ?

   Carla est secrétaire dans une société de promotion immobilière (la Sédim) depuis trois ans. Elle est débordée de travail et mal payée. Son patron veut l'aider et il suggère qu'elle engage un assistant. Ses collègues ne sont pas gentils, ils se moquent d'elle et ils profitent de sa timidité. Carla n'est pas contente du tout, elle n'a aucun ami au travail et elle s'isole.

3. Pourquoi est-ce que Carla cache son handicap ? Quelles difficultés est-ce qu'elle rencontre au travail ? Pourquoi est-ce que Morel ne fait rien pour améliorer ses conditions de travail ?

   Carla cache son handicap parce qu'elle veut être comme les autres. Elle a quelquefois du mal à entendre son interlocuteur au téléphone et ses collègues pendant les réunions. Morel ne fait rien pour améliorer son environnement parce que Carla lit sur les lèvres et il ne sait pas qu'elle est sourde. Il pense qu'elle est débordée de travail et qu'elle a besoin d'un assistant. Selon la loi française, l'employé n'est pas obligé d'identifier un handicap et un employeur ne peut pas demander si l'employé a un handicap.

4. Est-ce que le comportement des collègues de Carla est typique du comportement des employés d'un bureau ? Expliquez.

   Un bureau peut être un milieu difficile où on trouve une hiérarchie, des cliques et des exclus. Certains employés travaillent beaucoup alors que d'autres travaillent trop peu. Il y a des employés très bien payés (comme Keller) et ceux qui sont mal payés (comme Carla). Il y a aussi des employés qui se moquent de quelqu'un qui est différent ou timide (comme les collègues de Carla). Les collègues de Carla ne savent pas qu'elle est sourde. S'ils le savaient, ils l'admireraient peut-être.

5. Décrivez la scène où Carla décrit son assistant idéal à l'employée de l'ANPE. Que recherche-t-elle ?

   Bien que l'employée de l'ANPE lui pose des questions sur le genre d'assistant que Carla cherche, Carla répond comme si elle cherchait un compagnon dans une agence de rencontres. Elle préfère un homme de 25 ans qui est gentil, qui n'est pas trop grand et qui a de belles mains. L'employée précise : Carla veut quelqu'un qui présente bien. La scène est amusante.

6. Comment est Paul ? Est-ce un bon candidat pour le poste d'assistant ? Expliquez.

   Récemment sorti de prison, Paul a l'air minable, ses cheveux sont longs et gras. Il est mince mais très musclé. Ses vêtements sont usés et démodés. Il ressemble à un voyou italien avec ses cheveux, sa moustache, etc. Il n'est pas du tout qualifié pour le poste et il ne sait même pas se servir d'un ordinateur. Il essaiera pourtant d'être honnête et respectueux et de faire un travail efficace.

7. Pourquoi est-ce que Paul dort dans le placard du bureau ? Pourquoi est-ce que Carla se fâche contre lui ?

   Paul vient de sortir de prison et il n'a ni logement ni argent. Il ne veut pas dormir au foyer parce que c'est aussi strict que la prison. Carla se fâche contre lui parce qu'elle aura des problèmes si un employé du bureau découvre que Paul y dort et que c'est un ancien détenu sans expérience professionnelle. Carla a déjà des difficultés au travail et elle ne veut pas en avoir d'autres.

8. Pourquoi est-ce que Carla donne les clés du studio à Paul ? Qu'en pense-t-il ?

   Carla les lui donne pour qu'il ne dorme pas au bureau. Elle ne veut pas qu'un autre employé découvre que Paul est SDF et que c'est un ancien détenu parce qu'elle l'a embauché et la situation risque de mal tourner pour elle. Paul ne comprend pas bien la situation et après avoir accepté l'avance sur son salaire, il pense que Carla achète son amitié, qu'elle veut un amant et qu'il lui doit quelque chose. Il essaie de payer avec ce qu'il a (le sexe).

9. Est-ce que Carla change après avoir embauché Paul ? Expliquez.

   Après avoir embauché Paul, Carla découvre qu'elle peut avoir confiance en elle. Elle porte des vêtements plus attirants, elle se maquille, elle se coiffe, etc. Elle est moins timide et moins renfermée. Elle ne veut plus être dupée et elle devient manipulatrice. Elle dit à Paul qu'il lui doit quelque chose. Il faut qu'il vole le dossier des Flérets. Sa transformation continue au cours du film. A la fin du film elle n'est plus la petite secrétaire sage, elle est criminelle.

10. Comment est-ce que Carla manipule Paul ? Pourquoi ? Est-ce que Paul veut l'aider ?

    Carla demande à Paul de voler le dossier des Flérets (le dossier que Carla a préparé et que Keller présente à Morel). Elle dit à Paul qu'il lui doit quelque chose (puisqu'elle lui a donné un emploi et un appartement). Pour respecter les règles de sa liberté conditionnelle, Paul doit exercer une activité professionnelle. Il ne veut pas l'aider mais comme Carla peut le virer, il ne peut pas refuser de voler le dossier.

11. Comment est-ce que Paul manipule Carla ? Pourquoi ? Est-ce que Carla veut aider Paul ?

    Paul passe par le bureau pour demander à Carla de venir à la boîte de nuit. Elle est ravie et elle se prépare avec soin parce qu'elle croit qu'il l'invite à sortir. Elle arrive et il l'emmène sur le toit. Comme elle peut lire sur les lèvres, il lui demande d'observer Marchand et les Carambo pour déchiffrer leur complot. Comme Paul a volé le dossier des Flérets, elle ne peut refuser de l'aider. Au début, elle ne veut pas espionner mais elle accepte de l'aider à condition que Paul travaille à la Sédim. Elle s'adapte à la vie criminelle (comme Paul s'adapte à la vie de bureau).

12. Pourquoi est-ce que Carla va chez Paul ? Qu'est-ce qu'elle y découvre ? Comment réagit-elle ?

Carla va chez Paul pour chercher des vêtements propres pour lui. Elle fouille le tiroir de son bureau où elle trouve un passeport et un billet d'avion pour Johannesburg. Elle croyait qu'ils allaient rester ensemble après avoir trouvé l'argent chez Marchand. Elle est déçue et furieuse mais elle continue à chercher l'argent. Cette découverte lui donne du courage.

13. Qu'est-ce qui arrive quand Carla fouille l'appartement de Marchand ?

Marchand entre dans l'appartement pour cacher les sacs d'argent. Carla l'entend et elle se cache dans un placard. Quand il quitte l'appartement, Carla trouve l'argent dans le congélateur. Elle prend l'argent et elle va à la boîte de nuit pour dire à Paul qu'elle l'a trouvé et qu'il faut partir. Elle lui montre le passeport et le billet d'avion qu'elle a trouvés chez lui. Paul les prend et les met dans la poche de son blouson. Cette scène est importante parce que le passeport et le billet d'avion l'aide à s'échapper plus tard dans le film.

14. Qui est Masson ? Quel est son rôle dans le film ? Est-ce clair ?

Au début du film, Masson est juste le contrôleur judiciaire de Paul, mais son histoire se distingue très vite de l'histoire de Paul et de Carla. Les scènes avec Masson sont brèves mais nombreuses : il va chez la voisine pour lui demander si elle a vu sa femme, il écoute son baladeur, il rend visite à la sœur de sa femme pour lui dire qu'elle a disparu, la police vient chercher sa maison, il essaie de se suicider, etc. A la fin du film, Carla et Paul voient Masson entouré des agents de police. Carla lit sur ses lèvres : il aimait sa femme et c'est fini. L'histoire de Masson et de sa femme est bizarre et elle n'est pas très développée. On ne voit jamais la femme et son histoire est énigmatique.

15. Quel rôle est-ce que la femme de Marchand joue dans le film ? Est-ce un personnage important ?

Au début du film, on apprend que sa femme n'est pas contente, qu'elle boit trop et qu'elle prend des somnifères. Selon Josie, la boîte de nuit a changé Marchand et il ne l'aime plus. Elle pense qu'il a des maîtresses et un appartement où il passe tout son temps. Josie veut son amour et cherche à se venger de son infidélité. Elle joue un rôle très important à la fin du film. Carla va chez elle pour lui dire qu'elle est la maîtresse de Marchand. Josie appelle Marchand et elle révèle aux Carambo que Marchand va partir avec l'argent (ils voient le passeport et le billet d'avion de Paul et ils croient qu'ils sont à Marchand). Cette découverte mène aux meurtres de Marchand et des Carambo.

16. Décrivez la fin du film. Qu'est-ce qui arrive à Marchand, aux frères Carambo, à Paul et à Carla ?

A la fin du film, les frères Carambo emmènent Paul et Marchand chez Josie. Carla se cache dans le placard avec Josie qui dort. Carla entend une bagarre et trois coups de feu. Paul ouvre la porte du placard et on voit les corps de Marchand et des Carambo. Paul et Carla quittent l'appartement pour aller voir Masson avec qui Paul a rendez-vous. Ils voient Masson les menottes aux mains. Le film se termine par plusieurs énigmes. Qui a tué Marchand ? Qui a tué les Carambo ? Pourquoi Masson est-il menotté ? A-t-il tué sa femme ? Où vont Carla et Paul ? Vont-ils rester ensemble ?

B **Aller plus loin.** Écrivez un paragraphe pour répondre aux questions suivantes.

1. Est-ce qu'il y a un rapport entre les noms et le caractère des personnages du film (Carla Behm, Paul Angelini, Marchand, Carambo) ? Expliquez.
Oui, il y a un rapport entre quelques personnages et leur nom. Le nom Angelini a « ange » comme racine. Paul est le contraire d'un ange. Marchand se rapporte au commerce. Le nom Carambo fait penser à la mafia et aux voyous.

2. Parlez des thèmes principaux du film : le travail, le logement, l'argent, l'amitié / l'amour.
Le travail : Carla a un travail légitime à la Sédim. Elle travaille beaucoup mais elle est mal payée. Paul doit avoir un travail légitime pour être en liberté conditionnelle. Il travaille aussi au noir pour Marchand.

Le logement : La Sédim est une société de promotion immobilière. On voit et on entend parler de plusieurs types de logements : les chantiers de la Sédim, l'appartement de Carla, le foyer rejeté par Paul, le placard du bureau, le studio de Paul, les deux appartements de Marchand, la maison de Masson et celle de Lehaleur. Paul n'a pas de logement parce qu'il ne veut pas dormir au foyer. Marchand a deux appartements, un pour Josie et un pour son travail. Annie veut utiliser l'appartement de Carla pour son aventure avec son amant.

L'argent : Au cours du film, on donne, reçoit, cherche et vole de l'argent. Keller donne de l'argent à Lehaleur pour que le projet des Flérets se déroule bien. Carla donne une avance sur le salaire à Paul. Marchand et les Carambo volent de l'argent. Carla et Paul volent aussi cet argent. Marchand et les Carambo cherchent l'argent. Carla « donne » l'argent à Josie. Les Carambo cherchent de nouveau l'argent. Paul et Carla partent avec l'argent.

L'amitié / l'amour : Carla n'a pas d'amis au bureau. Elle cherche l'amitié et l'amour. Carla ment pour les employés du bureau qui trompent leur femme. Son amie Annie trompe son mari. Marchand trompe sa femme qui cherche l'amour. Paul n'a plus d'amis quand il sort de prison. Carla embauche Paul qui devient son ami / son amant.

3. Le spectateur est plongé dans la vie actuelle de Carla et de Paul. Qu'est-ce que le spectateur sait sur le passé de Carla et sur le passé de Paul ?
Carla et Paul sont isolés dans le temps et l'espace et le spectateur a très peu de renseignements sur leur passé. On sait que Carla travaille à la Sédim depuis trois ans, qu'elle est mal payée et dupée, qu'elle a très peu d'amis et qu'elle veut être comme les autres. On sait que Paul a passé deux ans en prison pour un vol aggravé, qu'il n'a aucune expérience et qu'il n'a pas de logement, pas d'argent, pas de vêtements et pas d'amis.

4. Les toilettes, les placards et les voitures sont des décors principaux dans le film. Décrivez quelques scènes qui ont lieu dans ces endroits.
La première scène du film montre Carla dans les toilettes du bureau. Les toilettes deviennent un des décors principaux du film : Paul y a une bagarre, Carla et Paul y font leur toilette, Carla s'y réfugie chez Paul, Marchand y met Paul quand les Carambo arrivent chez lui, Marchand et les Carambo y sont tués chez Josie, etc. Il y a aussi beaucoup de scènes qui ont lieu dans le placard : Paul dort dans le placard du bureau, Carla montre à Paul que le placard du studio est grand (mais elle sait qu'il n'a pas de vêtements), Carla s'y cache chez Marchand et Carla et Josie s'y cachent chez Josie. Il y a aussi des scènes qui se passent dans

la voiture. Carla va au chantier des Flérets dans la voiture de la Sédim, Carla et Paul y ont rendez-vous, les Carmabo mettent Marchand et Paul dans le coffre, Carla et Paul échappent dans la voiture, etc.

5. Comment est-ce qu'Audiard montre l'isolement dans les scènes qui ont lieu dans les endroits publics (la cantine de la Sédim, la soirée de Boubou, la boîte de nuit, le train, etc.) ?

   Avant d'embaucher Paul, Carla mange à la cantine toute seule. Quand Carla et Paul y mangent ensemble, ils sont toujours seuls. Quand Paul arrive à la soirée de Boubou, Carla et Paul sont parmi les invités qu'ils observent mais avec qui ils ne parlent pas. Quand Carla et Paul sont dans la boîte de nuit, ils observent les autres mais ils ne leur parlent pas. La seule scène où Carla parle avec les hommes, Paul s'angoisse et se fâche contre Carla. La situation tourne mal et les hommes agressent Carla. Quand Carla et Paul prennent le métro, ils regardent les autres, Carla lit sur leurs lèvres, mais ils ne parlent à personne. Carla et Paul s'isolent même dans les endroits publics.

6. Parlez de la perspective du film. Comment est-ce qu'Audiard montre la perspective de Carla ? Quel est l'effet ? Comment est-ce que la perspective montre son isolement ?

   Le placement de la caméra permet au spectateur de voir ce que Carla voit. Il y a des zooms sur les lèvres ou sur une partie du corps des personnages. Le spectateur suit surtout les mouvements des lèvres des acteurs avec Carla. On a l'impression de vivre dans la peau de Carla. Cette perspective met l'accent sur les angoisses, la détresse et la peur de Carla et comme elle, le spectateur est toujours instable et incertain de ce qui va se passer.

7. Parlez des bruits au cours du film. Comment est-ce que ces bruits contribuent à l'état d'esprit de Carla ? Comment est-ce qu'ils montrent son isolement ?

   Le spectateur est très conscient de tous les bruits du film et il entend souvent ce que Carla entend. Carla contrôle ce qu'elle entend et elle éteint souvent ses appareils pour échapper à la vie. Il y a de longs silences interrompus par des bruits troublants. Au début du film, Carla est dans les toilettes où elle met ses appareils auditifs. On entend le bruit de l'eau qui coule du robinet, la sonnerie du téléphone, les bruits des machines de bureau, etc. Le contraste entre le silence et le bruit est frappant. L'absence de sons et l'éclat des bruits (les cris du bébé, la musique de la soirée chez Boubou et dans la boîte de nuit, les coups de poings, les coups de feu etc.) sont perturbants. Ce contraste développe la tension du film.

8. Parlez des couleurs et de la lumière du film. Comment est-ce qu'elles contribuent au ton du film ?

   Dès le début du film, les couleurs et la lumière sont pales ou très foncées. Les vêtements de Carla sont fades et la lumière est faible. Il y a des scènes très sombres et très peu de scènes qui sont bien éclairées (l'appartement de Paul, le chantier, le jour où Carla et Paul trouvent l'argent, etc.). Les couleurs et la lumière contribuent au ton noir et effrayant du film.

9. Est-ce que le film est une histoire d'amour ? Pourquoi ou pourquoi pas ?

   Le film est un thriller et l'intérêt principal du film est de créer le suspens. Un aspect du suspens est la relation entre Carla et Paul qui se développe au cours du film. Au début du film Carla cherche un assistant qui sera son compagnon et elle devient patronne. Puis, Paul devient patron quand elle l'aide à déchiffrer le complot de Marchand. Au fur et à mesure, la hiérarchie disparaît, leur amour se développe et ils comprennent qu'ils cherchent la même chose (l'amour).

10. Est-ce que vous aimez le film ? Pourquoi ou pourquoi pas ? Avez-vous un personnage préféré ?

Le film est angoissant et le suspens est bien développé. C'est un film long mais le temps passe très vite comme on ne sait jamais ce qui va se passer. Mon personnage préféré est Paul. Malgré sa vie criminelle, son apparence physique minable et son caractère dur, il est aimable. C'est le talent de Vincent Cassel qui rend ce personnage aimable.

248   Sur mes lèvres

A **Autrement dit.** Reliez les mots et les expressions ci-dessous avec ceux de l'interview. Utilisez le vocabulaire ci-dessous pour vous aider.

Vocabulaire

beaucoup de gens	extraordinaire	passe beaucoup de temps / s'arrête longtemps
ce personnage (cet homme)	jouer	ses premières suggestions
choisir	l'aspect physique du personnage	une chose / quelque chose de
développer mon personnage		

1. interpréter **jouer**
2. sacrée **extraordinaire**
3. cette gueule **l'aspect physique du personnage**
4. composer mon personnage **développer mon personnage**
5. ses premières indications **ses premières suggestions**
6. ce type **ce personnage**
7. un truc **une chose / qqch. de**
8. s'attarde à **s'arrête long temps**
9. faire le tri **choisir**
10. pas mal de gens **beaucoup de gens**

B **Selon Cassel.** Complétez les phrases suivantes avec le vocabulaire de l'interview.

1. Cassel s'est inspiré d'**un de ses voisons** qu'il avait quand il était petit. Cet homme était **plombier**.
2. On lui a dit qu'il avait **un air** à la Dewaere (un acteur français né le 26/1/47, mort le 16/7/82) et à la Depardieu (né le 27/12/48) pour **la moustache et le nez**.
3. Cassel veut bien **répéter** parce que ça lui permet **de connaître** les gens.
4. Selon Cassel, Paul est un homme qui n'a plus les moyens de **réagir face à** ce que la vie lui impose.
5. Il aime ce film parce qu'il a été **pris par** les personnages quand il l'a vu pour la première fois.
6. Selon Cassel, il ne faut pas trop **réfléchir** pour être un bon acteur.
7. Cassel dit qu'il dort mal la nuit quand il prépare **un rôle**.
8. Il dit aussi que **faire du cinéma** l'intéresse beaucoup et cela l'empêche **de dormir**.

C **Paul.** Déterminez si les phrases suivantes sont vraies ou fausses.

1. vrai **faux** Audiard a bien décrit le personnage de Paul pour Cassel.
2. vrai **faux** Audiard voulait surtout un loser qui n'a pas pu réussir à quitter le monde criminel.
3. **vrai** faux Cassel a passé beaucoup de temps à réfléchir au caractère et à l'aspect physique de Paul.
4. **vrai** faux Selon Cassel, Paul a du mal à réagir à ce que la vie lui impose.
5. vrai **faux** Selon Cassel, Carla et Paul sont des personnages qui n'ont rien en commun.

D **En général.** Répondez aux questions suivantes. Ecrivez deux ou trois phrases.

1. Faites le portrait de Paul d'après Cassel.
Paul ressemble un peu à un SDF et un peu à son ancien voisin (un plombier). Il n'a pas les moyens de réagir face à sa vie et il est mal dans sa peau. Au début, il est incapable d'aimer (mais au cours du film il arrive à aimer Carla).

2. Pourquoi Cassel pense-t-il que le costume est vraiment important ?
Il dit que le costume altère la manière d'être et de se présenter ou l'assurance que l'on peut avoir. Il explique que si l'on se retrouve dans une boîte de nuit chic en short, on va comprendre (on sera mal à l'aise parce que les autres gens seront bien habillés).

3. Pourquoi Cassel veut-il répéter et pourquoi n'aime-t-il pas répéter ?
Les répétitions lui permettent de connaître les gens mais il préfère que cela lui « prenne la gorge » et qu'il se sente « en danger ». Il aime le moment où on invente des choses et on n'invente rien quand on répète une scène « 30 fois d'affilée ». Il dit que « c'est les choses que l'on n'a pas prévues qui sont intéressantes ».

4. Cassel compare l'acteur aux tennismen. Expliquez cette analogie.
Il dit que les tennismen n'ont pas le temps de réfléchir avant de faire un coup et qu'il faut qu'ils s'adaptent à ce qu'ils ont en face. Ils ont une aptitude à se fier à leurs sensations et à leur instinct. Cassel veut être comme un tennisman qui réagit à ce qu'il a en face parce que c'est ça qui est excitant.

5. Qu'est-ce qui fait un bon acteur selon Cassel ?
Selon Cassel, il faut que les choses soient simples et que l'acteur ne réfléchisse pas trop. Il dit que les enfants qui jouent la comédie sont incroyables. Il faut s'amuser et il ne faut pas être trop sérieux pour être un bon acteur.

E **Aller plus loin.** Ecrivez un paragraphe pour répondre aux questions suivantes.

1. Est-ce que Cassel respecte Audiard à votre avis ? Expliquez.
Oui, il a beaucoup de respect pour Audiard. Il raconte qu'Audiard l'a laissé développer son personnage avec très peu de suggestions. Il croit qu'Audiard a une écriture cinématographique très particulière et très personnelle. Il explique qu'Audiard passe du temps à montrer des choses moins futiles et moins spectaculaires mais plus vraies dans ses films. Audiard fait partie aussi d'un petit groupe de réalisateurs avec qui Cassel pense qu'il faut travailler.

2. Comment est Cassel dans cette interview ? Trouvez-vous qu'il est égoïste ?
On voit deux « Cassel ». Le premier n'est pas trop sérieux, il s'amuse, il rigole et il se moque de lui-même. L'autre est très sérieux. Il aime beaucoup le cinéma et il comprend ce qu'il faut faire pour être un bon acteur. Quand il est en train de préparer un rôle, il a du mal à dormir et il cherche toute la journée ce qu'il va faire. Il n'est pas du tout égoïste et on dirait qu'il est plutôt humble.

3. Est-ce que Vincent Cassel est un bon acteur à votre avis ? Est-ce qu'Emmanuelle Devos est une bonne actrice ? Expliquez.
Oui, Cassel est un très bon acteur. Il interprète bien son rôle de Paul et on croit que c'est vraiment un ancien détenu qui essaie de se réinsérer dans la société. Devos est aussi une très bonne actrice. On sent le malheur, le malaise et le besoin d'être aimée de Carla. On croit qu'elle est malentendante et on croit aussi en sa transformation de petite secrétaire timide en criminelle sans conscience. Le spectateur est facilement plongé dans leur histoire.

Culture

Le monde du travail

 A **Diplômé !** Qu'est-ce qu'il faut qu'un nouveau diplômé fasse pour commencer sa vie professionnelle ? Mettez les étapes suivantes en ordre d'importance.

- **12** trouver un logement
- **10** faire un stage
- **1** préparer un CV
- **3** chercher un emploi
- **5** trouver des offres d'emploi intéressantes
- **8** acheter une garde-robe professionnelle
- **11** ouvrir un compte bancaire
- **7** envoyer son CV aux employeurs potentiels
- **2** écrire une lettre de motivation
- **9** avoir un entretien d'embauche
- **4** lire les petites annonces
- **6** poster son CV sur Internet

B **CV.** Le CV donne des renseignements sur les activités d'un demandeur d'emploi à un futur employeur. Etudiez le CV ci-dessous et répondez aux questions à gauche.

1. Quelles sont les rubriques principales du CV français ?
   -- Nom, adresse, téléphone, e-mail

   -- Le titre du CV

   -- La liste des études ou des formations

   -- La liste des expériences professionnelles

   -- La liste des compétences (langues et informatique)

   -- Les centres d'intérêts

2. Quelles différences y a-t-il entre un CV français et un CV américain en ce qui concerne :
   a. le nom : **en majuscules**
   b. l'âge : **On ne met ni l'âge ni la date de naissance sur un CV américain.**
   c. la situation familiale : **On n'indique pas la situation familiale sur un CV américain.**
   d. la photo : **On ne met jamais de photo sur un CV américain.**
3. Remarquez-vous d'autres différences entre un CV français et un CV américain ?
   Non, le CV est en général un bilan des études, de la formation, des expériences professionnelles et d'autres renseignements qui résument les compétences du demandeur d'emploi.

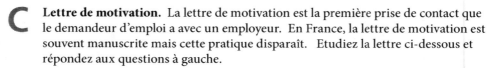

250 Sur mes lèvres

C **Lettre de motivation.** La lettre de motivation est la première prise de contact que le demandeur d'emploi a avec un employeur. En France, la lettre de motivation est souvent manuscrite mais cette pratique disparaît. Etudiez la lettre ci-dessous et répondez aux questions à gauche.

1. Quels sont les éléments principaux d'une lettre de motivation ?
   -- **Le nom et l'adresse de l'expéditeur et du destinateur.**
   -- **La ville et la date**
   -- **L'objet**
   -- **La formule d'appel, monsieur…**
   -- **Le but de la lettre**
   -- **La formule finale**

2. Quelles différences y a-t-il entre une lettre française et une lettre américaine en ce qui concerne :
   a. La place des adresses : **L'adresse de l'expéditeur est en haut à gauche et celle du destinateur est à droite au-dessus de la date.**
   b. l'adresse : **Le code postal précède la ville.**
   c. la date : **La date commence par le jour qui est introduit par le. On indique la ville.**
   d. La formule d'appel : **On n'écrit pas le nom de la personne à qui l'expéditeur écrit.**

3. Remarquez-vous d'autres différences entre une lettre de motivation française et une lettre de motivation américaine ?
   On écrit « RE » au lieu de « objet » et « ENC » au lieu de « PJ » (pièce jointe).

D **Conseils.** Vous écrivez votre lettre de motivation. Décidez si les conseils suivants sont bons ou mauvais.

1. bon **mauvais** La lettre doit faire au moins trois pages.
2. **bon** mauvais Elle est quelquefois manuscrite (alors qu'aux Etats-Unis elle est dactylographiée).
3. bon **mauvais** Elle doit mentionner le salaire, les congés payés, les vacances, etc. que vous souhaitez.
4. **bon** mauvais Elle doit montrer que vous êtes motivé/e et capable mais humble.
5. **bon** mauvais C'est la première prise de contact avec le recruteur.

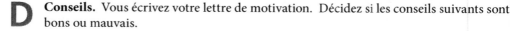

6. **bon** mauvais Elle répond aux questions : Qui suis-je ? Qu'est-ce que je veux faire ?

7. bon **mauvais** Elle ne répond pas à la question : Qu'est-ce que j'ai fait ?

8. bon **mauvais** Elle doit montrer vos atouts et vos faiblesses.

9. bon **mauvais** Elle est facultative (optionnelle).

10. **bon** mauvais Il faut passer beaucoup de temps à l'écrire parce qu'elle peut déterminer votre avenir.

E **Définitions.** Reliez les définitions suivantes avec le vocabulaire ci-dessous.

Définitions

A. C'est un groupe énergétique qui produit et distribue l'électricité en France (et en Europe).

B. C'est un contrat de travail entre un employeur et un employé d'une durée indéterminée mais pas infinie.

C. C'est le salaire minimum légal en France.

D. C'est le minimum de ressources nécessaires pour vivre en France. C'est aussi le nom de l'allocation donnée aux personnes défavorisées pour leur permettre de s'insérer dans la société.

E. C'est une personne qui n'a pas de logement.

F. C'est un organisme de l'état qui centralise les offres et les demandes d'emploi et qui aide les gens à se préparer pour un emploi et à chercher un emploi.

G. C'est un document qui sert à présenter la formation, les connaissances et les expériences d'un individu.

H. C'est un contrat de travail entre un employeur et un employé d'une durée de 18 mois maximum pour accomplir une tâche précise et temporaire.

I. C'est un groupe énergétique qui fournit le gaz naturel en France (et en Europe).

J. C'est un contrat de travail à durée indéterminée entre en employeur et un employé qui a moins de 26 ans.

__F__   1. Agence nationale pour l'emploi

__H__   2. Contrat à durée déterminé

__B__   3. Contrat à durée indéterminé

__J__   4. Contrat première embauche

__G__   5. Curriculum vitae

__A__   6. Electricité de France

__I__   7. Gaz de France

__D__   8. Revenu minimum d'insertion

__C__   9. Salaire minimum interprofessionnel de croissance

__E__ 10. Sans domicile fixe

F **Sigles.** Complétez les phrases suivantes avec les sigles qui conviennent.

1. Paul s'inscrit à l'**ANPE** pour trouver un emploi. Carla y va aussi pour trouver un assistant.

2. Comme Paul vient de sortir de prison, il n'a pas de **CV** à donner à Carla.

3. Carla trouve les affaires de Paul dans le placard. Il n'a pas de logement, il est **SDF**.

4. Carl montre le studio à Paul. Comme c'est un chantier, on a déjà contacté **EDF** pour avoir de l'électricité et **GDF** pour avoir du gaz pour faire les travaux.

5. Ça fait longtemps que Carla travaille à la Sédim. Elle gagne plus du **SMIC**. Paul vient d'être embauché et il n'a plus droit au **RMI**.

L'argent

A **Les contraires.** Ecrivez le contraire des mots suivants.

__D__	1. ouvrir un compte bancaire	A.	les billets
__H__	2. retirer de l'argent de votre compte	B.	un chèque
__C__	3. économiser / épargner	C.	dépenser
__G__	4. faire un chèque	D.	fermer un compte bancaire
__F__	5. emprunter de l'argent	E.	payer par carte de crédit
__A__	6. les pièces	F.	prêter de l'argent
__B__	7. l'argent liquide	G.	toucher un chèque
__E__	8. payer en espèces	H.	verser de l'argent sur votre compte

253 Sur mes lèvres

B **Salaires.** Etudiez les tableaux ci-dessous et répondez aux questions qui suivent.

1. Combien d'argent est-ce que l'ensemble des femmes a gagné en 2008 ?
   21.358 €
2. Combien d'argent est-ce que l'ensemble des hommes a gagné en 2008 ?
   26.126 €
3. Combien d'argent est-ce que le Smicard a gagné en 2008 et en 2009 ?
   1.321,02 € et 1.343,77 €/mois
4. **vrai** ou faux : En général, les hommes gagnent plus d'argent que les femmes.
5. **vrai** ou faux : Les cadres gagnent le plus d'argent de tous les actifs.
6. **vrai** ou faux : Les ouvriers sont les plus mal payés de tous les actifs.
7. vrai ou **faux** : Le SMIC ne change jamais.
8. vrai ou **faux** : On peut vivre avec le SMIC.
9. **vrai** ou faux : Le SMIC correspond au «minimum wage» aux Etats-Unis.
10. **vrai** ou faux : La disparité entre les salaires disparaître un jour.

Le logement

A **Le logement.** Reliez les définitions à droite avec le vocabulaire à gauche.

__H__	1. la résidence principale	A.	la superficie d'un logement (entre 20 et 150 m² en moyenne)
__D__	2. la résidence secondaire	B.	la somme d'argent donnée au propriétaire avant de louer un logement, c'est une garantie
__A__	3. la surface	C.	la personne qui loue le logement
__G__	4. le/la propriétaire	D.	un logement destiné aux périodes de courtes durées (week-ends, vacances, etc.).
__C__	5. le/la locataire	E.	la somme d'argent donnée au propriétaire (chaque mois) pour louer un logement
__I__	6. le contrat de location (le bail)	F.	les frais d'eau et de chauffage
__E__	7. le loyer	G.	la personne qui possède un logement
__B__	8. la caution	H.	un logement destiné à la résidence pendant plus de 9 mois de l'année
__F__	9. les charges	I.	le contrat entre le propriétaire et le locataire

B **Votre appart.** Complétez le paragraphe suivant avec le vocabulaire qui convient.

Quand vous louez un appartement, vous êtes **locataire**. Vous louez l'appartement
d'**un propriétaire**. Avant de signer **le contrat de location (le bail)**, il faut savoir
si **les charges** sont comprises ou si vous devez payer les frais d'eau et de chauffage.
Avant d'emménager, il faut payer **la caution** qui protège le propriétaire. Il faut être
raisonnable et payer **le loyer** chaque mois.

C **Le contrat de location.** Lisez les phrases suivantes et déterminez s'il s'agit des
obligations/devoirs du locataire, des obligations/devoirs du propriétaire ou d'un contrat
de location en général.

> **A. Obligations / devoirs d'un locataire**
> **B. Obligations / devoirs d'un propriétaire**
> **C. Contrat de location (Bail)**

__B__ 1. Il doit laisser le locataire libre et tranquille.
__C__ 2. Il indique les droits et devoirs du locataire et du propriétaire.
__A__ 3. Il ne peut pas faire de travaux.
__C__ 4. Il permet d'éviter les abus du locataire et du propriétaire.
__C__ 5. Il définit la durée du contrat.
__A__ 6. Il doit entretenir les locaux pour le propriétaire.
__B__ 7. Il doit maintenir les locaux en bon état pour le locataire.
__A__ 8. Il ne doit pas déranger les voisins.
__C__ 9. Il définit les locaux.
__A__ 10. Il doit payer le loyer à la date convenue.
__C__ 11. Il définit le montant du loyer.
__A__ 12. Il doit assurer les locaux et leur contenu.

D **Aller plus loin.** Ecrivez un paragraphe pour répondre aux questions suivantes.

1. Le film a lieu dans plusieurs logements. Pour chaque logement ci-dessous indiquez
de quel type de logement il s'agit (un studio, un F2, etc.), et les pièces qui se
trouvent dans le logement et faites une petite description du logement.
*L'appartement de Carla, celui de Paul, ceux de Marchand, le duplex de Masson, la
maison de Lehaleur*
**L'appartement de Paul : Paul habite un studio avec un coin cuisine et une salle
de bains. L'appartement est neuf (on est toujours en train de le construire) et il a
très peu de meubles (un futon, une table/un bureau, une chaise, etc.).**

**Les appartements de Marchand : Marchand a deux appartements. Celui de sa
femme est un F2 ou un F3 avec une grande cuisine séparée, une salle de bains,
un salon, des chambres, etc.). Il est très moderne, bien meublé et assez chic.
Cet appartement est leur résidence principale. Son deuxième appartement est
un F2. Il y a une cuisine séparée, une salle de bains, un salon et une chambre.
L'appartement est assez bien équipé et bien entretenu.**

Le duplex de Masson : Masson habite un assez grand duplex. Il y a deux étages (le rez-de-chaussée, le premier étage, un grenier et une cave) et plusieurs pièces (une cuisine, un salon, etc.). Il est assez démodé mais assez confortable. C'est un logement typique d'un homme marié avec un assez bon travail.

La maison de Lehaleur : Lehaleur habite une grande maison qui a l'air très moderne et très bien équipée avec de beaux meubles modernes.

2. Quelle est l'importance d'un bon CV et d'une bonne lettre de motivation ?
   Le CV donne des renseignements sur le demandeur d'emploi à l'employeur éventuel. Il saura si le demandeur d'emploi a la formation et l'expérience professionnelle qui correspondent au poste. Le CV et la lettre de motivation doivent être bien écrits puisque ces renseignements et leur présentation sont la première prise de contact que le candidat au poste a avec l'employeur.

3. Pourquoi est-ce que le CV et la lettre de motivation sont surtout importants pour les jeunes Français ?
   Il faut qu'un jeune Français fasse très attention à la préparation de ces documents parce qu'il n'est pas facile de trouver un travail en France. Le taux de chômage est très élevé parmi les jeunes (22% pour les moins de 25 ans). Il est encore plus difficile de trouver un emploi qui correspond à la formation et aux intérêts du demandeur d'emploi. Aujourd'hui plus de jeunes réussissent le bac et plus de jeunes font des études supérieures. Il y a plus de candidats qualifiés pour chaque poste. Il faut donc se distinguer des autres pour réussir à avoir un entretien avec l'employeur éventuel.

4. Paul a de la chance parce que Carla l'embauche malgré son manque de compétence et d'expérience. Est-ce que c'est juste à votre avis ?
   Non. Paul n'a aucune formation et aucune expérience de bureau. Bien qu'il ait besoin d'un travail et que Carla lui donne l'occasion de se réinsérer dans la société, ce n'est pas juste qu'elle l'embauche. Il y a beaucoup de gens qui cherchent du travail et beaucoup de gens qui sont qualifiés pour ce poste. Ce n'est pas juste non plus parce que les autres employés ont besoin d'un assistant compétent qui peut les aider. Quand Carla embauche Paul, elle fait son travail à elle ainsi que le travail de Paul. Elle est plus débordée qu'avant l'arrivée de Paul.

5. Quelles études et quelle formation Carla a-t-elle à votre avis ?
   Elle a peut-être fait des études de secrétariat. Elle a fait des stages pendant et après ses études parce que la Sédim est une entreprise avec beaucoup d'employés et elle a beaucoup de responsabilités.

Chapitre 7
Comme une image

Activité de vocabulaire

A   Complétez le phrases suivant.

1. En 1993, les musiciens français ont vendu **4** millions d'albums à l'étranger. En 2000, ils en ont vendu **40** millions.

2. «Aujourd'hui, on parle en unités: quelques **28** millions» ce qui comptent les singles et les albums ainsi que **les ventes sur internet** et **la téléphonie mobile.**

3. La musique **électronique** a ouvert la voie aux jeunes artistes français. Les artistes comme: **Justice**, **Laurent Wolf** et **David Guetta** son très appréciés au-delà des frontières.

4. Quelques représentants français du «métal» avec des résultats prometteurs sont: **Inspector Cluzo**, **Treponem Pal** at **Pleymo.**

5. Il y a beaucoup de femmes ambassadrices de la chanson française, comme **Camille**, **Coralie Clément** et **Olivia Ruiz**, qui font des parcours remarquables à l'étranger.

6. Les chanteurs confirmés, comme **Francis Cabrel**, **Mylène Farmer** et **Alizée**, sont «des valeurs sûres» et les plus anciens comme **Jane Birkin** et **Charles Aznavour** ne se démodent pas.

7. **50%** des ventes ont lieu en Europe et c'est **l'Allemagne** quui appreécie le plus la chanson française et **le Japon** progresse très fort actuellement. **Les Américains** sont devenus le second territoire d'exportation pour des musiciens français.

8. Au Royaume-Uni, le marché commence à s'ouvrir et les artistes comme **Camille**, **Sébastien Tellier** et **Manu Chao** y sont respectés.

9. Cette internationalisation est due au **talent des artistes** at à **une stratégie des maison de disques.**

10. **Le Bureau export** aide les maisons de disques d'exporter la musique française).

Pratiquez !

 Sébastien. Complétez le paragraphe suivant avec *le pronom relatif qui* ou *que* selon le contexte.

Au début du film, il y a un jeune homme **qui** s'évanouit dans la rue. Comme il grelotte, Lolita le couvre avec la veste **qu'** elle porte. Lolita reçoit le coup de fil **qu'** elle attend et elle part sans lui parler. Le jeune homme se réveille et il trouve la veste **que** Lolita a oubliée. Dans la poche, il trouve une photo **qui** l'aide à trouver la propriétaire de la veste. Il veut vraiment rencontrer la jeune femme **qui** lui a montré de la gentillesse. Il aime beaucoup la jeune femme **qu'**il rencontre au café. Ils deviennent amis. Lolita a pourtant un petit ami **qui** l'aime parce que son père est célèbre. Au contraire, Sébastien est un jeune homme **qui** est intègre. Il veut rendre l'argent **que** le père de Lolita lui a prêté et il rejette l'aide **qu'** Etienne lui a proposée. A la fin du film, Lolita apprend que Sébastien est un vrai ami **qui** l'aime pour elle-même.

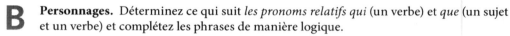 **Personnages.** Déterminez ce qui suit *les pronoms relatifs qui* (un verbe) et *que* (un sujet et un verbe) et complétez les phrases de manière logique.

Modèle : Un des personnages principaux qui + **verbe** est Lolita.
Un des personnages principaux qui **a beaucoup de soucis** est Lolita.

1. Lolita qui + **verbe** veut monter un concert.
2. Le concert que + **sujet** + **verbe** aura lieu dans six mois.
3. Lolita veut l'aide de Sylvia qui + **verbe**.
4. Sylvia dit qu'elle ne peut pas aider tous les étudiants qui + **verbe**.
5. Après le cours de chant, Lolita lui donne la carte de visite de son père qui + **verbe**.
6. Son père a beaucoup aimé le livre que + **sujet** + **verbe**.
7. Son père est un écrivain qui + **verbe**.
8. Il a aussi une maison d'édition que + **sujet** + **verbe**.
9. Il sait que Pierre écrira d'autres livres qui + **verbe**.
10. A la fin du film, l'amitié que + **sujet** + **verbe** se détériore.

 Personnages. Complétez le passage suivant avec *les pronoms relatifs qui, lequel, où* et *dont* selon le contexte.

«Comme une image» est un film **dont** tous les personnages sont touchés par la célébrité. Par exemple, Lolita **dont** le père est un écrivain célèbre essaie d'entrer dans la boîte de nuit **où** il y a une soirée pour fêter l'avant-première de l'adaptation cinématographique du livre de son père. Le videur ne lui permet pas d'entrer dans la boîte de nuit devant **laquelle** il y a une grande queue. C'est une situation à **laquelle** Lolita est habituée. En face de la boîte de nuit, un jeune homme qui a trop bu s'évanouit. Quelques jours après la soirée, Lolita rencontre ce jeune homme avec **qui** elle s'entend bien. Mais elle pense que la raison pour **laquelle** il veut sortir avec elle est que son père est célèbre. Sébastien est intègre et c'est une personne pour **qui** Karine a du respect. Le moment **où** Etienne dit à Lolita que Sébastien a rejeté son aide, Lolita comprend que c'est une personne pour **qui** la célébrité n'est pas importante. Le film, au cours **duquel** la vie des autres personnages est détruite par la célébrité, montre que la célébrité n'est pas toujours une bonne chose.

B   **Révélations.** Lolita et Etienne se parlent. Complétez leur conversation avec *les pronoms relatifs sans antécédent ou avec antécédent proposition* selon le contexte.

«Lolita, qu'est-ce que tu as ? Tu m'en veux ? Je ne comprends pas **ce que** *tu veux !»*

«Non, **ce à quoi** je pense, ce n'est pas que tu ne me comprends pas ! **Ce qui** est important, c'est que je sais **ce dont** j'ai besoin. Je sais **ce que** je peux faire pour avoir **ce qui** me plairait.»

«Hein ? Je ne sais pas de **quoi** *tu parles !»*

«Il n'est pas important que tu me comprennes. Dis à Karine que je comprends **ce dont** elle avait envie, que j'apprécie **ce qu'**elle a dit et que j'espère qu'elle trouvera **ce qu'**elle cherche ! Je file – j'ai un rendez-vous très important, **ce que** tu comprendras !»

«Attends ! Je ne comprends rien !»

Après avoir regardé

Compréhension générale

   Vrai ou faux ? Indiquez si les phrases suivantes sont vraies ou fausses.

1. **vrai** faux   Au début du film, Sylvia est très contente de rencontrer un écrivain qu'elle admire.
2. **vrai** faux   Sylvia veut aider Lolita parce que son père est célèbre.
3. vrai **faux**   Sylvia soutient Pierre parce qu'elle sait qu'il deviendra célèbre un jour.
4. vrai **faux**   Sylvia n'est pas contente que le livre de Pierre ait du succès.
5. vrai **faux**   Sylvia est fière de l'interview de Pierre à l'émission de François Galland.
6. **vrai** faux   Sylvia est triste d'avoir perdu l'amitié d'Edith.
7. **vrai** faux   Sylvia est fière de Lolita et elle pense que son concert est une
      grande   réussite.
8. vrai **faux**   Sylvia apprend qu'Etienne n'a pas vu le concert mais elle a peur de lui dire ce qu'elle pense de son absence.
9. **vrai** faux   A la fin du film, Sylvia ne peut plus supporter le comportement de Pierre.
10. vrai **faux**   Pourtant Sylvia ne quitte pas Pierre parce qu'il est riche et célèbre
      et   elle a toujours rêvé d'être mariée avec un homme célèbre.

Photo

Détails. Regardez l'image et choisissez les bonnes réponses.

1. Où est-ce que cette scène a lieu ?
   a. chez Etienne
   b. dans le café préféré d'Etienne
   c. dans le café préféré de Lolita
2. Quand est-ce que cette scène a lieu ?
   a. Elle a lieu au début du film.
   b. Elle a lieu au milieu du film.
   c. Elle a lieu à la fin du film.
3. Sur cette photo, Etienne...
   a. parle sur son portable pendant que Lolita s'ennuie.
   b. est en train de finir son repas quand Lolita arrive.
   c. est sur le point de partir quand Lolita arrive.
4. Cette photo montre :
   a. l'importance d'Etienne.
   b. l'égocentrisme de Lolita.
   c. l'égocentrisme d'Etienne.
5. Cette photo montre aussi :
   a. une scène typique dans un café.
   b. une scène typique dans une boîte de nuit.
   c. les relations intimes entre un père et sa fille.

Chronologie. Mettez les phrases suivantes en ordre chronologique.

3 Il continue à se plaindre quand son portable sonne.

1 Lolita attend Etienne à «sa» table dans son café préféré.

5 La scène change et Lolita est dans un café avec Sébastien. Elle se plaint du fait que son père l'ignore.

2 Etienne arrive, Lolita lui demande s'il va bien, il répond que non et il se met à se plaindre de sa vie.

4 Il raconte à son interlocuteur que sa fille est la joie de sa vie. Lolita pense qu'il parle d'elle mais elle se trompe.

En général. Répondez aux questions suivantes. Ecrivez deux ou trois phrases.

1. Donnez un titre à la photo. Justifiez votre réponse.
   « Technologie et célébrité ». Cette photo montre une journée typique dans la vie d'Etienne. En tant que célébrité, il a toujours beaucoup de choses à faire et, comme beaucoup de célébrités, il parle souvent sur son portable (n'importe où et n'importe quand). Cette technologie et son égocentrisme font de lui un homme avec qui il est presque impossible de communiquer (à moins qu'on n'appelle son portable !). Le portable (la technologie) et sa célébrité sont parmi les raisons pour lesquelles Lolita a du mal à communiquer avec son père.

2. Décrivez les émotions d'Etienne et de Lolita sur cette photo.
   Etienne qui parle au téléphone est animé parce qu'il parle de sa vie (ce qui lui plaît beaucoup). Il ne se soucie pas de Lolita qui s'ennuie. Elle n'est plus gênée par ce genre d'interruption parce qu'elle a l'habitude d'être ignorée et oubliée

par son père. Elle est pourtant déçue quand il dit à son interlocuteur que sa fille va bien, que c'est la joie de sa vie et qu'elle va avoir 5 ans. Lolita pense qu'il parle d'elle et elle est déçue et blessée d'apprendre qu'il parle de Louna.

D **Aller plus loin.** Ecrivez un paragraphe pour répondre aux questions suivantes.

1. Cette scène est une des scènes qui ont lieu dans ce café. Quel rôle le café joue-t-il dans la vie d'Etienne ?

   Ce café est le café préféré d'Etienne. Il a des rendez-vous professionnels dans ce café (par exemple, il y rencontre Pierre pour parler de son livre). Etienne y voit aussi d'autres gens qui sont dans la littérature (il y voit un autre éditeur). Il fréquente peut-être ce café pour être « vu ». (La France a la tradition du café littéraire – les écrivains fréquentaient les cafés pour parler de littérature, d'arts, de politique, etc.) Etienne déjeune aussi dans ce café avec Lolita. A cause des interruptions multiples, il n'est pas obligé d'avoir une vraie conversation avec Lolita. Il la rencontre peut-être là pour éviter de lui parler.

2. Est-ce que les cafés jouent le même rôle dans la vie de Lolita que dans la vie d'Etienne à votre avis ?

   Alors que le café est un endroit où Etienne rencontre des collègues et où il peut être vu, les cafés sont pour Lolita des endroits où elle peut rencontrer des amis et passer du temps avec eux. Au contraire de son père, elle a de vraies conversations avec eux dans les cafés.

Mise en pratique

A **En général.** Répondez aux questions suivantes. Ecrivez deux ou trois phrases.

1. Décrivez le début du film. Pourquoi est-ce que le chauffeur de taxi gêne Lolita ? Pourquoi est-ce qu'elle le gêne ? Pourquoi est-ce qu'il gêne Etienne ? Quelle est l'ironie de cette scène ?

   Au début du film, Lolita est dans un taxi où elle essaie de parler au téléphone. Elle entend mal et elle demande au chauffeur de taxi de baisser le son de la radio. Il fait semblant de ne pas l'entendre, mais il éteint finalement la radio. Lolita le gêne parce qu'il doit attendre ses copains et il perd de l'argent. Quand Etienne monte dans le taxi, le chauffeur lui demande de refermer la porte. Etienne n'aime pas la façon dont il lui parle et il lui dit qu'il manque de politesse. L'ironie de la situation est qu'Etienne accuse le chauffeur de taxi d'être impoli bien qu'il le soit aussi !

2. Pourquoi est-ce que le videur ne permet pas à Lolita d'entrer dans la boîte de nuit ? Qu'est-ce qui arrive à Lolita dans la rue ?

   Il y a une grande queue devant la boîte de nuit et Etienne et Karine y entrent sans Lolita qui parle au téléphone. Lolita essaie d'y entrer mais le videur ne la reconnaît pas et, comme elle n'a pas de carton d'invitation, il ne lui permet pas d'entrer. Lolita appelle Karine pour lui dire qu'elle n'a pas pu entrer. Pendant qu'elle attend Karine, un jeune homme s'évanouit et Lolita le couvre avec sa veste. Elle l'oublie quand Karine vient la chercher et quelques jours plus tard, Sébastien l'appelle pour lui rendre sa veste.

3. Pierre, Sylvia, Edith et Félix font la queue devant la boîte de nuit. De quoi est-ce qu'ils se plaignent ? De quoi est-ce que Pierre accuse Sylvia ? Pourquoi est-ce que cette scène est ironique ?

   Ils se plaignent du fait que certaines personnes ne sont pas obligées de faire la queue. Pierre dit sarcastiquement qu'il y a des gens qu'on traite mieux que les autres. Pierre accuse Sylvia d'être en transe quand elle voit Etienne Cassard. La scène est ironique parce que petit à petit, Pierre traite Etienne mieux que Sylvia, Edith et Félix. Elle est aussi ironique parce que Sylvia perd son admiration pour Etienne et c'est plutôt Pierre qui est « en transe » quand il est auprès d'Etienne.

4. Après la soirée, Sylvia et Pierre rentrent chez eux. Pourquoi est-ce que Pierre est déprimé ? Est-ce qu'il a une bonne raison d'être déprimé ?

   Après avoir vu l'adaptation cinématographique du livre d'Etienne ainsi que son pouvoir en tant que célébrité, Pierre réfléchit à son insignifiance artistique. Il déprime parce que personne ne s'intéresse à ses livres. A son avis, « écrivain » n'est pas une profession pour lui, c'est plutôt un loisir et, comme Sylvia le soutient financièrement, il a honte d'être un homme « entretenu ». Il a une bonne raison d'être déprimé parce qu'il a écrit deux livres qui ont reçu de bonnes critiques mais qui ne se vendent pas bien.

5. Après le cours de chant, Lolita rappelle à Sylvia qu'elles se verront mardi pour la répétition de son groupe. Est-ce que Sylvia veut assister à la répétition de Lolita ? Expliquez.

   Sylvia n'a pas vraiment envie d'aider Lolita et elle n'a pas le temps d'assister aux répétitions de son groupe. Elle a le sentiment qu'elle n'est pas capable de dire « non » et, par conséquent, elle travaille cinquante heures par semaine. Elle décide de lui dire qu'elle ne pourra pas l'aider.

6. Qui est-ce que Lolita rencontre au café ? Pourquoi ? Par quoi est-ce qu'il est impressionné ? Comment est-ce que Lolita réagit ?

   Lolita rencontre Sébastien au café parce qu'il veut lui rendre sa veste. Il est très impressionné par le geste de Lolita. Il a du mal à croire que quelqu'un aurait la gentillesse de s'occuper de quelqu'un d'autre sans le connaître. Lolita répond qu'elle était obligée de l'aider puisqu'il s'est évanoui devant elle. Il trouve quand même que ce qu'elle a fait est important mais elle a l'air d'être embarrassée et elle lui dit qu'elle attend son petit ami.

7. Qu'est-ce que Karine explique à Lolita quand elles font du shopping ? Pourquoi est-ce que Lolita n'est pas convaincue ?

   Karine dit à Lolita qu'elle aime sortir avec elle et qu'elle aimerait lui demander de faire d'autres choses. Elle explique qu'elle ne lui demande jamais parce qu'elle pense que Lolita n'aime pas sortir avec elle. Lolita ne pense pas que Karine soit sincère parce que Karine est sa belle-mère. Elle se sent donc obligée d'être gentille et de lui demander de faire des choses ensemble.

8. Sylvia allait dire à Lolita qu'elle ne pourrait pas assister à ses répétitions. Pourquoi est-ce qu'elle change d'avis ?

   Après le cours de chant, Lolita donne la carte de visite de son père à Sylvia parce qu'Etienne aime le nouveau livre de Pierre et il veut que Pierre l'appelle. Après avoir appris qu'Etienne est le père de Lolita, Sylvia change d'avis. Comme Etienne est un écrivain qu'elle admire depuis longtemps et c'est un homme qui pourrait aider Pierre, elle décide qu'elle pourra aider Lolita.

9. Qu'est-ce qu'on fête chez Sylvia et Pierre ? Qu'est-ce qu'Edith conseille à Pierre ?

   Une critique d'une page entière sur le nouveau livre de Pierre apparaît dans *Le*

Monde. On fête ce succès. Selon Edith, les éditeurs commenceront à appeler Pierre et il aura des dizaines de sollicitations parce qu'on sent le succès. Cette scène annonce la future célébrité de Pierre ainsi que la future déception d'Edith.

10. Sébastien a quelques problèmes d'argent. Qu'est-ce que Lolita lui propose de faire ? Qu'est-ce qui est sous-entendu ?
    Lolita propose de demander à son père de lui prêter de l'argent. Elle explique qu'il est facile pour son père de donner de l'argent. Ce qui est sous-entendu est le fait qu'Etienne peut facilement prêter de l'argent parce qu'il est riche mais son amour n'est pas facile à donner parce qu'il est égocentrique.

11. Pourquoi est-ce que Lolita est déçue quand elle va à la maison de campagne ? Pourquoi est-ce que Sébastien est déçu ?
    Lolita est déçue que Mathieu (son petit ami) n'aille pas à la campagne. Comme elle ne veut pas aller à la campagne toute seule, elle invite Sébastien à l'accompagner. Mathieu appelle Lolita pour l'inviter à une soirée pendant laquelle il embrasse une autre jeune femme. Elle se rend compte du fait que Mathieu veut être avec elle seulement parce que son père peut l'aider. Sébastien est déçu parce qu'il aime beaucoup Lolita mais elle ne pense qu'à Mathieu.

12. Qu'est-ce que Lolita confie à Sylvia quand elles rentrent de la soirée ? Qu'est-ce que Sylvia répond ? Pourquoi est-ce que cette scène est importante ?
    Lolita dit à Sylvia que les gens veulent être amis avec elle parce que son père est célèbre. Comme Sylvia a décidé de répéter avec Lolita pour cultiver une relation avec son père, elle ne peut rien dire. Elle voit pourtant combien la célébrité d'Etienne blesse Lolita. C'est la première fois que Sylvia prend conscience des ravages de la célébrité.

13. Qu'est-ce que Pierre doit faire pour Félix ? Pourquoi est-ce qu'il ne le fait pas ? Expliquez.
    Pierre et Félix font un livre ensemble. Félix s'occupe des photos et Pierre doit écrire le texte. Pierre ne l'écrit pas parce qu'il a trop d'autres choses à faire. Il passe tout son temps avec Etienne et il abandonne ses amis. Cet abandon annonce la détérioration des relations entre Pierre et ses amis.

14. Pourquoi est-ce que Karine quitte Etienne ? Comment est-ce qu'il réagit ? Comment est-ce que Lolita réagit ? Expliquez.
    Karine quitte Etienne « parce qu'il crie et parce que sa tête la terrorise ». D'après Karine, Etienne ne l'écoute pas, il se moque d'elle, elle ne compte pas, elle n'existe pas, etc. Elle ne peut plus supporter son comportement. Etienne est désespéré parce que Karine est la seule femme qui l'aime. Lolita console son père et elle essaie de le convaincre qu'il y a d'autres personnes qui l'aiment (par exemple, sa mère). Il répond que la mère de Lolita ne l'a jamais aimé. Lolita est très déçue parce qu'elle l'aime et elle veut qu'il le comprenne et qu'il rende son amour.

15. Comment est l'émission de François Galland ? Pourquoi est-ce que Pierre décide de participer à l'émission ?
    L'émission est ringarde. Selon Sylvia, quand Pierre parle de son livre, l'interview n'est pas mal. Il parle malheureusement de sa vie privée, il dit des choses indiscrètes et il blesse Sylvia. Pierre devient de plus en plus égocentrique et il ne pense plus au fait que ce qu'il fait et ce qu'il dit touche les autres. Il décide de participer à l'émission après avoir fait la connaissance de Français Galland et de Stella (une très belle femme) qui l'a impressionné. Il n'a pas pu résister à l'occasion de la revoir et de profiter de sa propre célébrité.

16. Qu'est-ce qui arrive pendant le concert de Lolita ? Qui remarque l'absence d'Etienne ?

Etienne est « inspiré » pendant le concert de Lolita et après avoir entendu quelques notes, il sort de l'église pour aller écrire. Lolita ne sait pas qu'il part mais Sébastien, qui est très fier de Lolita, remarque son absence. Après le concert, Sébastien critique Etienne. C'est la première personne à critiquer Etienne au cours du film.

17. Pourquoi est-ce qu'Etienne, Lolita, Karine et Sylvia se disputent ? Quel est le résultat de cette dispute ?

Après la soirée, Etienne dit qu'Aurèle est sublime et qu'elle va aller loin. Lolita se fâche. Elle dit qu'Aurèle est chanteuse et que le chant n'a rien à faire avec le physique. Elle est blessée parce que son père ne la trouve pas belle, parce qu'il ne lui a pas parlé de son concert et parce qu'elle découvre qu'il n'a jamais écouté sa cassette. Sébastien révèle qu'Etienne n'a pas vu le concert et Sylvia se fâche aussi contre Etienne. Etienne dit que c'est vrai que Sylvia culpabilise tout le monde. Quand Pierre ne fait aucun effort pour la défendre, Sylvia décide de le quitter.

18. De quoi est-ce que Lolita accuse Sébastien ? Qu'est-ce qu'elle apprend à la fin du film ?

Lolita accuse Sébastien d'être ami avec elle parce que son père l'a aidé à avoir un entretien « de rêve ». Sébastien se fâche contre Lolita et il s'en va. Lolita parle avec son père qui lui dit que Sébastien est bizarre parce qu'il a rejeté sa proposition de l'aide. Lolita apprend que Sébastien l'aime pour elle-même et qu'il ne veut que son amour.

B **Aller plus loin.** Écrivez un paragraphe pour répondre aux questions suivantes.

1. Quel rôle est-ce que l'image de soi joue dans la vie d'Etienne, de Karine et de Lolita ?

Etienne semble avoir beaucoup de confiance en lui mais il critique peut-être les autres pour se rassurer. Il pourrait avoir une mauvaise opinion de lui-même pour plusieurs raisons : sa première femme l'a quitté et elle ne l'a jamais aimé, sa deuxième femme est terrorisée par sa tête, sa fille cadette pense qu'il ressemble à un monstre et il a des relations difficiles avec Lolita. En outre, il a du mal à écrire depuis six mois et les carrières de la nouvelle génération d'écrivains commencent à éclipser sa carrière.

Karine a une mauvaise opinion d'elle-même. Malgré sa beauté, elle trouve qu'elle a toujours 10 kilos en trop. Etienne la critique et il se moque d'elle. Elle a peur de demander à Lolita de sortir avec elle et elle pense que Lolita ne l'aimera jamais. La dynamique familiale la rend peu sûre d'elle-même.

Lolita a très peu de confiance en elle. Le comportement de son père est la cause de ce manque de confiance. Comme il fait toujours des commentaires sur la beauté des jeunes femmes, elle ne se sent pas belle. Comme il l'oublie à la boîte de nuit, qu'il parle au téléphone pendant qu'ils déjeunent, qu'il n'écoute pas sa cassette, qu'il quitte son concert, etc., Lolita se sent aussi invisible. De plus, les gens essaient d'être amis avec elle pour connaître son père. Sébastien est la seule personne qui l'accepte comme elle est.

2. Quel rôle est-ce que l'amour joue dans la vie d'Etienne, de Karine et de Lolita ?

Quand Lolita dit à Sébastien que son père peut facilement donner de l'argent aux autres, elle veut dire qu'il ne peut pas donner son amour. Il est égocentrique et il ne voit pas qu'il blesse Karine avec ses critiques et sa moquerie. Il insulte Lolita

et il l'ignore. Il traite ses amis avec ce même mépris. Quand Karine le quitte, il est désespéré mais il ne voit pas que la personne qui l'aime le plus (Lolita) est là pour le consoler.

Karine est tout à fait le contraire d'Etienne. Elle aime Etienne malgré son égocentrisme et elle fait tout ce qu'elle peut pour qu'il s'intéresse à elle. Elle voudrait aussi avoir une bonne relation avec Lolita. Elle est beaucoup trop généreuse et indulgente.

Lolita cherche aussi l'amour de son père mais elle n'accepte pas l'amitié de Karine qui représente tout ce qu'elle n'est pas (mince et belle). Elle cherche aussi l'amour de Mathieu qui l'aime seulement parce que son père peut l'aider. Lolita ne voit qu'à la fin du film que Sébastien l'aime. Elle est cynique et elle a du mal à accepter l'amour des autres

3. Quel rôle est-ce que la célébrité joue dans la vie d'Etienne, de Lolita, de Sylvia et de Pierre ?

Au cours du film, la célébrité détruit les relations entre les personnages. La célébrité mène à l'égocentrisme d'Etienne et très peu de gens ont le courage de critiquer son comportement. Cette célébrité gouverne la vie de Karine qui a des troubles alimentaires et la vie de Lolita qui est mal dans sa peau et qui ne sait plus qui l'aime et qui aime son père. Par exemple, Mathieu sort avec elle pour être auprès de son père et Sylvia accepte d'assister à ses répétitions pour connaître Etienne. A la fin du film, Pierre abandonne ses anciens amis. La célébrité dégoûte Sylvia qui le quitte parce qu'il se comporte comme Etienne.

4. Comment est-ce que la célébrité met fin à l'amitié entre Pierre et Edith et entre Pierre et Félix ? Comment est-ce que Sylvia réagit ?

Quand Pierre devient célèbre, plusieurs éditeurs veulent travailler avec lui, notamment Etienne. Pierre pense qu'Edith n'est plus une bonne éditrice, il se plaint d'elle et il convainc Sylvia qu'Edith est incompétente et difficile. Il abandonne Edith ainsi que Félix avec qui il devait faire un livre. Au début, Sylvia est d'accord avec Pierre, mais après sa dispute avec Edith, Sylvia commence à réfléchir à son comportement. Quand Félix vient chez elle pour regarder l'émission de télé, elle lui dit qu'Edith a changé et il répond qu'Edith pense que c'est eux qui ont changé. Elle continue à réfléchir à son comportement et quand elle évite Edith dans la rue, elle est troublée. Elle commence à comprendre les limites de la célébrité.

5. Quels personnages du film sont intègres et droits ? Expliquez.

Sébastien est intègre. Il rend la veste à Lolita, il veut payer la dette à son père, il choisit de ne pas se disputer avec le serveur raciste dans le café, il remercie le père de Lolita d'avoir organisé un entretien « de rêve » mais il rejette sa proposition, etc. De plus, il aime Lolita malgré ses faiblesses. Karine est aussi intègre. Elle veut que les autres (Lolita et Etienne) soient contents malgré leur comportement envers elle. Sylvia le devient au cours du film. Au début, elle admire beaucoup Etienne, mais elle voit que son égocentrisme blesse les autres et elle quitte Pierre quand il perd son intégrité.

6. Certains personnages manquent de bonnes manières. Expliquez.

Au début du film, Etienne critique le chauffeur de taxi parce qu'il le trouve impoli alors qu'Etienne est impoli. Il parle toujours au téléphone devant les autres, il coupe la parole, il ne prête pas attention à ce que les autres lui disent, il critique tout le monde et il est insulté quand on le critique. Pierre imite le comportement d'Etienne. Par exemple, Sylvia rentre avec Lolita après la soirée et elle essaie d'engager la conservation avec Pierre qui joue aux échecs mais, comme Etienne, il délaisse sa femme.

7. Le nouvel appartement de Pierre et de Sylvia est représentatif de leur nouvelle vie. Expliquez.

Comme Pierre gagne de l'argent, il peut acheter un appartement qui est meilleur (plus grand, plus beau, etc.) que l'ancien. Il monte dans l'échelle sociale. Il a aussi des amis qui sont « meilleurs » que ses anciens amis (plus prestigieux, plus riches, etc.). Quand il devient célèbre, il abandonne complètement son ancienne vie.

8. Quelle est l'importance de la nourriture (les fêtes, les repas, les cafés, etc.) dans le film ?

Les grands événements (l'avant-première de l'adaptation cinématographique du livre d'Etienne, la critique du nouveau livre de Pierre dans *Le Monde*, la fusion des maisons d'édition d'Etienne et de Tessier, le concert de Lolita, etc.) sont fêtés avec des soirées où il y a toujours un grand buffet (du champagne, des hors d'œuvres, etc.). Il y a aussi le dîner traditionnel à la campagne (une entrée, un plat principal, un dessert, etc.). Les cafés sont des lieux de travail et de rencontres. La nourriture joue un rôle important dans la vie de Lolita qui est mal dans sa peau. Karine est obsédée par la nourriture et elle interdit à Louna de manger entre les repas parce qu'elle a peur qu'elle ne devienne boulimique. Louna commence à avoir des troubles alimentaires (elle dit qu'elle a faim même si elle vient de manger, elle a des crises de larmes quand elle ne peut pas manger de glace, etc.).

9. Comment est-ce qu'on communique dans le film ? Quel rôle est-ce que le portable joue dans le film ?

Il y a un grand manque de communication entre les personnages du film. Etienne est surtout représentatif de ce manque puisqu'il n'arrive jamais à communiquer avec les autres ; il n'écoute personne et il ne peut pas s'exprimer. Il utilise le portable pour éviter la communication (par exemple, pendant la soirée pour fêter la fusion des maisons d'édition, Etienne fait semblant de recevoir un coup de fil pour terminer sa conversation avec Tessier). Bien qu'Etienne (et Pierre) soit écrivain, il n'arrive jamais à s'exprimer et cette incapacité touche profondément toute sa famille.

10. Est-ce que le film est cynique ? Expliquez.

Le film montre un côté négatif de la célébrité à travers la détérioration des relations entre Pierre et sa femme et leurs amis. En revanche, le film parle aussi de la beauté intérieure. Jaoui met l'accent sur le fait que Sébastien pense que Lolita est une belle femme bien qu'elle ne soit ni mince ni jolie comme les mannequins. La beauté extérieure, la célébrité, la richesse, etc. ne comptent pas. Bien que le message soit un cliché, Jaoui le transmet avec une subtilité émouvante.

A **Au cours des siècles.** Complétez le tableau suivant avec les noms des cafés qui correspondent aux époques ci-dessous.

Cafés au cours des siècles		
Epoque	**Situation**	**Cafés**
XVIIᵉ siècle	la foire Saint-Germain (*rive gauche*)	**le Procope**
XVIIIᵉ siècle Siècle des Lumières	Palais Royal (*rive droite*)	**le Café des Arts, le Café des Aveugles (le Sauvage), le Café de la Régence, le Café de Foy, le Café du Caveau, le Café Corazza**
XVIIIᵉ siècle Le Directoire (1795-1799)	le boulevard du Temple (*rive droite*)	**le Café Godet, le Café Turc**
XIXᵉ siècle (après 1815)	Palais Royal (*rive droite*)	**Lemblin**
La Restauration (1814 – 1830) et au cours du XIXe siècle	les Grands Boulevards (*rive droite*)	**Tortoni, le Café de Paris, le Café Riche, le Café du Divan**
XIXe siècle	Butte Montmartre (*rive droite*)	**le Café Guerbois, la Nouvelle Athènes, le Lapin Agile, le Chat noir**
XXe siècle après la Grande Guerre (1918)	le quartier Montparnasse (*rive gauche*)	**La Coupole**
XXe siècle l'Entre-deux-Guerres (1919 – 1939)	Boulevard Saint-Germain (*rive gauche*)	**le Flore, les Deux Magots, la Brasserie Lipp**

B **Habitués.** Complétez le tableau suivant avec les noms des personnes qui fréquentaient les cafés ci-dessous.

Habitués célèbres des cafés		
Café	**Situation**	**Habitués**
le Procope	la foire Saint-Germain (*rive gauche*)	**Rousseau, Voltaire, d'Alembert, Fontenelle, Beaumarchais, Marmontel, Crébillon, Balzac, Verlaine, Anatole France**
le Café du Divan	les Grands Boulevards (*rive droite*)	**Théophile Gautier, Balzac, Nerval, Berlioz**
le Café Guerbois	Butte Montmartre (*rive droite*)	**Auguste Renoir, Claude Monet, Camille Pissarro**
la Nouvelle Athènes	Butte Montmartre (*rive droite*)	**Cézanne, Van Gogh, Toulouse-Lautrec**
la Coupole	le quartier Montparnasse (*rive gauche*)	**Picasso, De Chirico, Foujita, Man Ray**

C **Vrai ou faux ?** Déterminez si les phrases suivantes sont vraies ou fausses.

1. **vrai** faux   Il est difficile d'imaginer Paris sans ses cafés.
2. **vrai** faux   Le «noir breuvage» correspond à la nouvelle boisson consommée dans les cafés.
3. vrai **faux**   Au début du XVIIIᵉ siècle, il y a eu un déclin de la popularité des cafés.
4. **vrai** faux   Au XVIIIᵉ siècle, les écrivains et les dramaturges, les philosophes et les critiques fréquentaient les cafés.
5. vrai **faux**   Au milieu du XIXᵉ siècle, les artistes en ont eu assez des cafés et ils ont arrêté de les fréquenter.

D   **Cafés célèbres.** Trouvez le café qui correspond aux descriptions suivantes.

1. Premier véritable café et premier café littéraire.   **le Procope**
2. Réputé pour son orchestre de non-voyants et «ses nymphes».   **le Café des Aveugles (le Sauvage)**
3. Rendez-vous incontournable des joueurs d'échecs.   **le Café de la Régence**
4. Lieu de réunion des Fédérés.   **le Café du Caveau**
5. Lieu de fréquentation des principaux chefs de la Montagne.   **le Café Corazza**
6. Lieu de rencontre des demi-soldes (clientèle d'outragés prompts à engager des duels).   **le café Lemblin**
7. Célébré pour ses glaces.   **le café Tortoni**
8. Immortalisé dans *Bel-Ami* de Maupassant.   **le Café Riche**
9. Lieu de débats dessinant les grands axes de l'impressionnisme.   **le Café Guerbois**
10. Lieu de naissance du mouvement cubiste.   **La Nouvelle Athènes**

E   **Cafés de Paris.** Complétez les phrases suivantes avec le vocabulaire du texte.

1. Les cafés sont des endroits pleins de moments forts de la vie **politique, littéraire** et **artistique.**
2. Au milieu du XVIIe siècle, les cafés remplacent **les tavernes** et **les cabarets.**
3. Au XVIIIe siècle, Paris compte **6 à 700** cafés.
4. Dès sa naissance, le café, la boisson comme le lieu, conserve la marque et la saveur : à travers les siècles, il reste attaché à l'univers **des lettres.**
5. Les cafés, fréquentés par les nouvellistes ainsi que les espions, deviennent des foyers **d'opposition.**
6. Montesquieu dit dans ses *Lettres persanes* que les cafés sont «des **endroits dangereux** pour l'avenir du pays».
7. Les cafés sont des lieux de **création** et d'**agitation** ainsi que des lieux de rêverie et de paresse.
8. Les cafés sont des lieux d'expérimentation pour de **jeunes architectes** et des **décorateurs.**
9. Les cafés de Paris sont à la fois de l'histoire et **de la légende.**
10. En somme, les cafés sont des témoignages des plus vivants du patrimoine **culturel** de la France.

F   **En général.** Répondez aux questions suivantes. Ecrivez deux ou trois phrases.

1. Pourquoi est-ce que l'auteur dit que les cafés de Paris sont de l'histoire et de la légende ?
   Au cours de l'histoire, les grands penseurs et artistes fréquentaient les cafés qui sont devenus les lieux de naissance des mouvements artistiques et politiques. Les cafés permettent de saisir des moments forts de la vie politique, littéraire et artistique ainsi que la grande histoire du pays.

2. Pourquoi est-ce que Montesquieu décrit les cafés comme «des endroits dangereux pour l'avenir du pays» ?
   Les cafés étaient fréquentés par les grands penseurs, écrivains et artistiques qui ont influencé certains grands mouvements politiques (par exemple, la Révolution française). C'est dans les cafés où les idées révolutionnaires sont nées et se sont développées.

3. Pourquoi est-ce que l'auteur dit que les cafés sont «des lieux d'expérimentation» ?
   Les cafés sont aussi des lieux d'expérimentation de jeunes architectes qui dessinent les cafés et des décorateurs qui décorent les cafés. Ils essaient de nouvelles

techniques et de nouvelles modes (par exemple, le café Militaire de Claude-Nicolas Ledoux et Café des Mille Colonnes, célèbre pour sa fameuse caissière).

G **Aller plus loin.** Ecrivez un paragraphe pour répondre aux questions suivantes.

1. Est-ce que les cafés sont toujours des lieux de rencontres de grands penseurs et artistes ?
Les cafés sont toujours extrêmement populaires et toujours des endroits idéaux pour rencontrer des gens. Il y a toujours des penseurs, des écrivains, des artistes, etc. qui fréquentent les cafés mais il est difficile de savoir si les mouvements politique et artistique seront nés dans les cafés.

2. Quel rôle est-ce que le café joue dans le film *Comme une image* ?
Le film montre la tradition du café littéraire puisque le café est, pour Etienne, un lieu de rendez-vous professionnel. Il y est pour parler travail et pour être « vu ». (Etienne rencontre Pierre dans son café préféré pour parler de son livre. Etienne y voit aussi d'autres personnes du monde littéraire.) Le café est aussi un endroit où il peut voir Lolita et éviter une conversation profonde. Pour Lolita, le café est un lieu de rencontres. Elle y voit ses amis et elle a de vraies conversations avec eux. Pour Sébastien et Karine, le café est un lieu d'attente parce qu'ils attendent Vincent au café.

296 Comme une image

Culture

Le cinéma

 Cinéma. Barrez le mot en italique qui n'est pas logique.

Le Cinéma

La première projection cinématographique payante a eu lieu le 28 décembre **1895** / ~~*1995*~~ au Salon Indien du Grand Café à Paris et le film des frères **Lumière** / ~~*Spectacle*~~, *la Sortie de l'usine Lumière à Lyon*, a donné naissance au ~~*5ᵉ*~~ / *7ᵉ* art. Les premiers films étaient muets et l'accompagnement musical est très vite devenu une norme dans les salles de cinéma. En **1927** / ~~*1977*~~, le premier long-métrage parlant, *Le Chanteur du jazz*, a été projeté dans les salles de cinéma. En ~~*1902*~~ / **1932**, les spectateurs ont vu les premiers films **en couleur** / ~~*en 3D*~~ grâce au Technicolor. Au fil des années, les techniques cinématographiques n'ont jamais cessé d'évoluer et, aujourd'hui c'est l'un des **divertissements** / ~~*diversifications*~~ principaux des Français. Des millions de spectateurs vont au cinéma chaque année pour se perdre dans la magie **du cinéma** / ~~*de la télévision*~~.

Aujourd'hui, les cinéphiles attendent avec impatience deux grands événements cinématographiques chaque année. Le Festival de **Cannes** / ~~*Saint-Tropez*~~, qui a eu lieu pour la première fois du 20 septembre au 5 octobre **1946** / ~~*1996*~~, est un événement international et l'un des festivals les plus prestigieux du monde. L'autre grand événement cinématographique, les **César** / ~~*Napoléon*~~, a été créé en 1975. Cet événement, équivalent en France des Oscars, a peu changé au cours des années (à l'origine il y avait 13 catégories et aujourd'hui il y en a 19) et il reste l'un des événements cinématographiques qui peuvent influencer la réussite des films, des cinéastes, des acteurs, etc. en France.

B **César.** Imaginez que tous les gens ci-dessous ont reçu tous les César possibles pour leur contribution au film *Comme une image*. Quel(s) César(s) ont-ils reçu(s) ?

1. Marilou Berry   **Meilleure espoir féminin / meilleure actrice**
2. Jean-Pierre Bacri   **Meilleur acteur / Meilleur scénario original**
3. Agnès Jaoui   **Meilleure actrice dans un second rôle / Meilleur réalisatrice / Meilleur scénario original**
4. Laurent Grévill   **Meilleur acteur dans un second rôle**
5. Philippe Rombi   **Meilleure musique écrite pour un film**
6. Stéphane Fontaine (directeur de la photographie)   **Meilleure photo**
7. Olivier Jacquet (chef décorateur)   **Meilleurs décors**
8. Jackie Budin (costumier)   **Meilleurs costumes**
9. François Gédigier (monteur)   **Meilleur montage**
10. Jean-Pierre Duret (ingénieur du son)   **Meilleur son**

C **Gens du cinéma.** Reliez le vocabulaire à droite avec la phrase qui décrit le travail des gens du cinéma.

1. **Le scénariste** écrit le scénario du film.
2. **Le producteur** s'occupe du financement, du personnel et d'autres moyens nécessaires à la réalisation d'un film.
3. **Le réalisateur** s'occupe de la préparation et de la réalisation du film et dirige les acteurs et les techniciens.
4. **L'assistant réalisateur** aide le réalisateur à préparer le tournage du film et s'occupe du déroulement du tournage.
5. **Le coiffeur-maquilleur** coiffe et maquille les acteurs afin de «créer» les personnages.
6. **Le directeur de la photographie** dirige la qualité technique et artistique du film.
7. **Le cadreur** s'occupe du maniement de la caméra et des angles de prises de vues pour composer l'image.
8. **L'ingénieur du son** s'occupe du son du tournage avec des micros, des casques et des magnétophones.
9. **Le monteur** s'occupe du montage des images et du son du film selon les instructions du réalisateur.
10. **Le projectionniste** s'occupe de la projection du film dans les salles de cinéma.

vocabulaire

l'assistant réalisateur
le cadreur
le coiffeur-maquilleur
le directeur de la photographie
l'ingénieur du son
le monteur
le producteur
le projectionniste
le réalisateur
le scénariste

Styles. Reliez le genre de musique avec la définition qui correspond.

styles de musique

A. la chanson française   D. l'opéra   F. le rap
B. le jazz   E. le raï   G. le rock
C. la musique classique

__G__ 1. Un style de musique souvent vocal qui mêle des éléments de jazz, de blues et de folklore et qui se caractérise par l'utilisation de la guitare électrique et de la batterie.

__D__ 2. Une composition musicale dramatique dont les chanteurs sont accompagnés d'un orchestre.

__E__ 3. Un style de musique chantée algérienne qui mêle le rock, le punk, le reggae et le disco et qui est fondé sur l'improvisation en arabe.

__C__ 4. Un style de musique occidentale composée qui est très diverse en techniques et en styles et qui se caractérise par une séparation des rôles (le compositeur, les musiciens et le public).

__B__ 5. Un style de musique développé aux Etats-Unis qui est très divers en techniques et en styles et qui se caractérise par l'improvisation et par l'importance du rythme (le swing).

__F__ 6. Un style de musique qui fait partie du mouvement «hip-hop» et qui est fondé sur la récitation chantée de textes accompagnée par un rythme répétitif ou par le «scratching» de disques vinyles.

__A__ 7. Un style de musique vocale française qui prend des multitudes de formes et qui se caractérise par l'importance des paroles.

B **Artistes.** Barrez l'artiste dans chaque groupe qui n'est pas logique.

Style	Artistes		
1. **Chanson française**	Georges Brassens	Jacques Brel	Johnny Hallyday
2. **Jazz**	Stéphane Grappelli	Michel Petrucciani	Jean-Luc Ponty
3. **Musique classique**	Berlioz	Chopin	Debussy
4. **Opéra**	Bizet	Jean-Baptiste Lully	Jean-Philippe Rameau
5. **Raï**	Cheb Khaled	Cheb Mami	Les Boukakes
6. **Rap**	IAM	MC Solaar	NTM
7. **Rock**	Louise Attaque	M	Mickey 3D

A **Genres littéraires.** Barrez le nom dans chaque groupe qui n'est pas logique.

1. **Poésie**   ~~Aventure~~   Ballade   Calligramme   Haïku   Ode   Sonnet
2. **Roman**   D'anticipation   Epistolaire   Histoire   Policier   Social   ~~Slasher~~
3. **Théâtre**   Comédie   Drame   ~~Documentaire~~   Farce   Mystère   Tragédie
4. **Autre**   Dictionnaire   Essai   Encyclopédie   Etude   Lettre   Comédie musicale

B **Ecrivains au fil de siècles.** Connaissez-vous des écrivains français? Barrez le nom dans chaque groupe qui n'est pas logique.

1. **17ᵉ siècle** Descartes   La Fontaine   Molière   Pascal   ~~Pompidou~~   Racine
2. **18ᵉ siècle** Beaumarchais   ~~de Gaulle~~   Montesquieu   Diderot   Rousseau   Voltaire
3. **19ᵉ siècle** Balzac   Baudelaire   Flaubert   Hugo   ~~Mitterrand~~   Stendhal
4. **20ᵉ siècle** Apollinaire   ~~Chirac~~   Gide   Ionesco   Proust   Sartre

C **Citations.** Qui l'a dit ? Lisez les citations ci-dessous et barrez le nom qui n'est pas correct.

1. Il n'y a qu'un devoir, c'est d'être heureux.
   Denis Diderot   ~~Romain Duris~~
2. Je pense, donc je suis.
   René Descartes   ~~Michel Serrault~~
3. Il est si doux d'être aimé pour soi-même.
   ~~Audrey Tautou~~   Pierre-Augustin de Beaumarchais
4. La médiocrité ne s'imite pas.
   Jean-Paul Sartre   ~~Gérard Depardieu~~
5. Egoïsme : Se plaindre de celui des autres, et ne pas s'apercevoir du sien.
   ~~Christian Clavier~~   Gustave Flaubert
6. La mélancolie, c'est le bonheur d'être triste.
   ~~Vincent Cassel~~   Victor Hugo
7. (Cela est bien dit, répondit Candide, mais) il faut cultiver notre jardin.
   ~~Georges Lopez~~   Voltaire
8. La parole a été donnée à l'homme pour cacher sa pensée.
   Stendhal   ~~Emmanuelle Devos~~
9. Ce sont les grandes occasions qui font les grands hommes.
   ~~Jean Reno~~   Jean-Jacques Rousseau
10. L'amour n'est pas seulement un sentiment, il est un art aussi.
    ~~Cécile de France~~   Honoré de Balzac

A **L'art au fil de siècles.** Connaissez-vous des artistes français? Barrez le nom dans chaque groupe qui n'est pas logique.

1. **17ᵉ siècle** De Champaigne	La Tour	Lorrain	Poussin	Vouet	~~Warhol~~
2. **18ᵉ siècle** Chardin	David	Drouais	Fragonard	~~Pollack~~	Watteau
3. **19ᵉ siècle** Caillebotte	Cézanne	~~Michel-Ange~~	Manet	Pissarro	Toulouse-Lautrec
4. **20ᵉ siècle** Braque	~~De Vinci~~	Duchamp	Magritte	Matisse	Mondrian

B **19ᵉ siècle.** Lisez le texte sur l'art du 19ᵉ siècle et barrez le mot en italique qui n'est pas logique.

J'adore l'art du 19ᵉ siècle et je pense que **l'impressionnisme** / ~~le classicisme~~ est un mouvement artistique très intéressant. Ce mouvement a eu lieu entre 1874 et ~~1996~~ / **1886**. Les artistes de ce mouvement peignaient des scènes de la vie ~~ancienne~~ / **contemporaine** et quotidienne. Ils peignaient **en plein air** / ~~dans les usines~~, mettaient en valeur la qualité de la lumière et peignaient par petites touches. Mes artistes préférés de ce mouvement sont : **Degas** / ~~Delacroix~~, Monet, Berthe Morisot et Renoir. Les artistes ~~romantiques~~ / **néo-impressionnistes et post-impressionistes** se sont inspirés des tableaux impressionnistes et ils ont continué à privilégier leur impression du sujet peint, plutôt que la réalité. **La couleur** / ~~la réalité~~ était importante pour ces artistes et on peut le voir dans les tableaux d'artistes comme Gauguin, **Toulouse-Lautrec** / ~~Toulouse-La Tour~~ et Van Gogh. Ces artistes ont bousculé les idées reçues sur l'art et leurs peintures ont été le point de départ pour les mouvements du 20ᵉ siècle comme ~~le cerclage~~ / **le cubisme**, l'expressionnisme, le surréalisme, etc. !

D **Musées de Paris.** Complétez la brochure sur les musées de Paris avec le nom du musée qui correspond à chaque description.

Musées de Paris

1. Musée du Louvre

Ancien palais royal, ce musée est aujourd'hui l'un des plus grands musées du monde. La collection de ce musée compte 300.000 œuvres d'art : civilisations antiques, arts de l'Islam et œuvres d'art du Moyen Age à 1848.

Entrée principale la Pyramide (1er) M° Palais-Royal

2. Musée d'Orsay

Ce musée, l'ancienne gare d'Orsay, a une collection d'art français (de tableaux, de sculptures, de meubles, etc.) de 1848 à 1914. Ce musée est surtout connu pour sa grande collection de tableaux impressionnistes.

1, rue de la Légion-d'Honneur (7e) M° Solférino

3. Centre Pompidou

Ce musée a été construit de 1971 à 1977 et il doit son nom à un ancien président français. On y trouve une bibliothèque, le musée national d'Art moderne, des galeries d'expositions et des salles de cinéma, de spectacles et de concerts.

Place George Pompidou (4e) M° Hôtel de Ville

4. Musée Picasso

«L'hôtel Salé» est le musée qui contient la plus grande collection d'œuvres de Picasso avec une grande variété d'œuvres de toutes ses périodes.

Hôtel Salé 5, rue de Thorigny (3e) M° Saint-Paul

5. Musée Rodin

Ce musée, l'ancien hôtel Biron, présente les œuvres et les collections d'Auguste Rodin ainsi que celles de Camille Claudel.

77, rue de Varenne (7e) M° Varenne

Les repas

A **Repas.** Reliez les repas avec les descriptions qui conviennent.

repas
le déjeuner
le dîner
le goûter
le petit déjeuner

1. C'est le premier repas de la journée. Les Français prennent en général : une boisson chaude (café, thé, chocolat), du pain grillé, des viennoiseries, des céréales, etc.
le petit déjeuner

2. C'est le deuxième repas de la journée (entre 12h et 14h). Les Français prennent un repas traditionnel (une boisson, une entrée, un plat principal, du fromage et/ou un dessert) ou un repas plus léger (une boisson, une salade, un sandwich).
le déjeuner

3. C'est un casse-croûte que les enfants français prennent dans l'après-midi.
le goûter

4. C'est le dernier repas de la journée (entre 20h et 20h30). Quand les Français font la fête ou dînent au restaurant, ce repas peut comprendre : un apéritif, un hors-d'œuvre, une entrée, un plat principal, du fromage ou un dessert, du café, etc. mais le plus souvent, ils mangent un repas assez léger.
le dîner

C **Types de restaurants.** Reliez le type de restaurant avec la description qui convient.

types de restaurants
Bistrot
Brasserie
Café
Restaurant
Restaurant rapide

1. Café
Ce genre d'établissement est l'ancien lieu de rencontres et de discussions artistiques ou intellectuelles où l'on buvait du café et prenait des repas légers.

2. Bistrot
Ce genre d'établissement est en général assez petit. On peut y prendre des repas simples à des prix raisonnables.

3. Brasserie
Ce genre d'établissement sert surtout des boissons (surtout de la bière) et des repas simples. Cet établissement est souvent plus grand qu'un café ou qu'un bistrot et il est souvent ouvert très tard.

4. Restaurant rapide
Ce genre d'établissement s'appelle aussi un fast-food. Les grandes chaînes de restaurants comme La Brioche Dorée, Pomme de Pain, etc. servent des repas divers à toutes heures.

5. Restaurant
Ce genre d'établissement sert des repas traditionnels avec une entrée, un plat principal, du fromage, un dessert, du café. La qualité des repas servis ainsi que le prix des repas varie.

D **Aller plus loin.** Ecrivez un paragraphe pour répondre aux questions suivantes.

1. Qu'est-ce que la musique représente pour Lolita ?
Lolita se passionne pour la musique qui est une échappatoire à la vie quotidienne et un moyen de s'exprimer. Selon Lolita, la seule chose qui compte est le talent du chanteur et le physique ne devrait jouer aucun rôle. La musique est aussi une déception pour Lolita parce qu'Etienne n'écoute pas sa cassette, il quitte son concert et il ne parle pas de sa performance. Au contraire, il fait des commentaires sur Aurèle qui ira loin (parce qu'elle est belle).

2. Qu'est-ce que la musique représente pour Sylvia ?
Sylvia aime aussi la musique mais, pour elle, la musique est un moyen de gagner sa vie (et celle de Pierre). Lolita (et Etienne) lui demandent si elle veut faire carrière puisqu'elle a une belle voix mais elle dit qu'il y a des centaines de belles voix. On sent qu'elle est un peu déçue de ne pas avoir pu faire carrière mais elle n'explique pas pourquoi elle a changé de voie. Est-ce qu'elle a sacrifié sa carrière pour aider Pierre ? N'a-t-elle pas assez de talent ? de confiance ?

3. Expliquez le rapport entre les citations des écrivains célèbres et les personnages du film :
   Lolita : «Il est si doux d'être aimé pour soi-même».
Sébastien ne veut pas profiter de Lolita pour bénéficier de la célébrité d'Etienne. Il aime Lolita pour elle-même et elle est très heureuse.

   Etienne : «La parole a été donnée à l'homme pour cacher sa pensée.»
Etienne est un écrivain qui ne peut pas communiquer. Il parle beaucoup (au téléphone, il domine les conversations, etc.) mais il ne dit rien.

   Pierre : «La mélancolie, c'est le bonheur d'être triste.»
Au début du film, Pierre est déprimé parce que ses livres n'ont pas eu de succès. Sylvia n'est pas d'accord parce qu'il a eu de bonnes critiques. Pierre aime peut-être être triste.

   Sylvia : «Il n'y a qu'un devoir, c'est d'être heureux.»
Sylvia soutient Pierre quand il n'est pas célèbre parce qu'elle est heureuse de l'aider et parce qu'elle l'aime. Mais quand il devient célèbre, elle n'est pas contente. Au lieu de supporter son comportement (comme Karine) elle le quitte.

   Sébastien : «La médiocrité ne s'imite pas.»
Sébastien comprend qu'Etienne n'est pas un homme heureux et il ne veut pas être comme lui. Il n'accepte pas son aide et il ne veut pas suivre son modèle.

4. Qu'est-ce que la littérature représente pour Etienne ? Expliquez.
La littérature est, pour Etienne, un moyen de cacher ses sentiments et c'est aussi la raison pour laquelle il est célèbre. Il a obtenu l'admiration et le respect des lecteurs et des gens de lettres. En revanche, il a perdu sa première femme, et sa deuxième femme et sa fille aînée souffrent de sa célébrité. Au cours du film, la littérature ne lui plaît plus parce qu'il a du mal à écrire (jusqu'à la fin du film quand il est inspiré pendant le concert de Lolita).

5. Qu'est-ce que la littérature représente pour Pierre ? Expliquez.
Au début du film, la littérature est une déception puisque Pierre n'a pas de succès. Mais au cours du film, Pierre est « découvert » et son amitié avec Etienne se développe. Il a beaucoup de succès mais la littérature détériore les relations entre Pierre et sa femme et ses amis.

Chapitre 8
Métisse

Exercices de vocabulaire

 Métisse. Complétez le paragraphe suivant avec *le vocabulaire* qui convient.

Lola est une jeune femme **métisse** d'origine **antillaise**. Elle aime deux hommes. L'un est un jeune **coursier** juif. Il habite **la banlieue** avec sa famille. Il n'a pas beaucoup d'argent et il revend **de la drogue** de temps en temps. Il porte **du streetwear** et il écoute **du rap**. L'autre habite **en centre-ville** dans un bel appartement. Ses parents sont et comme sa famille est riche il n'a pas besoin de travailler. Il fait des études **de droit**. Il soigne son habillement et il porte toujours **un costume**. Il n'aime ni le rap ni le rock, il préfère **le jazz**.

Malgré leurs différences, Lola les aime tous les deux. Un soir, elle les invite à dîner chez elle pour leur dire qu'elle est **enceinte**. Qui est le père ? Elle ne sait pas…

Vocabulaire

antillaise
la banlieue
coursier
un costume
de droit
de la drogue
diplomates
en centre-ville
enceinte
le jazz
métisse
du rap
du streetwear

Pratiquez !

 Avant la réunion. Félix ira chez Lola ce soir. Racontez ce qu'il fera avant d'arriver. Utilisez *le futur simple*.

Félix **sera** (être) très content d'aller voir Lola. Il **partira** (partir) tôt parce qu'il **ira** (aller) chez Lola à vélo et parce qu'il y **aura** (avoir) beaucoup de circulation. Avant de partir, il **parlera** (parler) avec ses grands-parents qui **seront** (être) contents que Félix aille chez Lola parce qu'ils l'aiment. Après avoir parlé avec eux, Félix **devra** (devoir) voir Maurice. Félix lui **demandera** (demander) de lui prêter de l'argent parce qu'il **voudra** (vouloir) acheter des fleurs pour Lola. Maurice **refusera** (refuser). Quand Félix **arrivera** (arriver) chez Lola, il y **rencontrera** (rencontrer) Jamal. Il **sera** (être) un peu confus mais il **sera** (être) content de voir sa jolie copine !

B **Projets de Jamal.** Jamal est très responsable et il est prêt à aider Lola. Décrivez ce qu'il fera. Mettez les verbes entre parenthèses *au futur antérieur.*

Dès que Jamal **aura appris** (apprendre) que Lola est enceinte, il commencera à organiser son emploi du temps pour être sûr d'avoir assez de temps pour l'aider. Quand il **aura écrit** (écrire) une liste de ses obligations, il parlera avec Lola. Il est sûr que Lola sera contente après qu'il lui **aura montré** (montrer) leur emploi du temps. Jamal sait que dès qu'ils **se seront habitués** (s'habituer) à leur vie en couple, Lola sera plus à l'aise et moins stressée.

Chaque matin, Jamal expliquera à Lola ce qu'ils feront pendant la journée. Il dira par exemple : Ce matin, j'irai à l'université et tu feras de la gymnastique. Tu rentreras et tu feras la sieste. Ce soir je rentrerai vers 6 heures. Aussitôt que je **serai rentré** (rentrer), je te préparerai un bon repas. On mangera vers 8 heures. Dès que tu **auras mangé** (manger), tu te reposeras et je ferai la vaisselle. Quand tu **te seras couchée** (se coucher), je ferai le ménage. Lorsque tu **te seras endormie** (s'endormir), je réviserai pour mes examens. Tu verras… tu seras super contente !!!

C **Regrets.** Max veut que Félix réussisse à changer de vie. Il lui raconte ce qu'il aurait pu faire s'il n'avait pas quitté le lycée. Mettez les verbes entre parenthèses *au conditionnel passé.*

Si je n'avais pas quitté le lycée…

J'**aurais passé** (passer) mon bac et j'**aurais réussi** (réussir) ! J'**aurais pu** (pouvoir) trouver un emploi. Je **me serais marié** (se marier) avec une jolie femme. Nous **aurions acheté** (acheter) un appartement au centre-ville de Paris. Nous **aurions eu** (avoir) notre premier enfant. Il **se serait appelé** (appeler) Maxim.

Tu **aurais été** (être) content d'avoir un neveu ! De plus, je **n'aurais pas revendu** (ne… pas / revendre) de drogue et je **n'aurais pas été** (ne…pas / être) arrêté. Tu comprends, Félix ? Réfléchis bien à ton avenir et assume tes responsabilités !

Pratiquez !

A **Lola.** Complétez l'histoire de Lola avec la forme du verbe *devoir* qui convient.

Au début de l'année scolaire, Lola avait peu de responsabilités, elle **devait** (used to have to) aller à la fac et réviser pour ses examens. Elle **devait** (was supposed to) aussi passer du temps avec sa grand-mère chaque semaine (ce qu'elle faisait avec plaisir). Un jour, elle **a dû** (had to) aller à une soirée à la fac. Elle **aurait dû** (should have) rester chez elle ce soir-là parce que c'était à cette soirée qu'elle a rencontré Félix et Jamal. Après ce jour-là, sa vie a commencé à changer. Maintenant, elle est enceinte et elle **doit** (has to) penser à l'avenir de son enfant. Elle **devra** (will have to) faire attention à ce qu'elle mange et elle **devrait** (should) faire de la gymnastique ! Grâce à l'aide de Jamal et de Félix, elle arrivera à s'adapter à sa nouvelle vie !

Pratiquez !

 Phrases conditionnelles. Complétez les phrases conditionnelles suivantes avec *les temps et les modes* indiqués.

1. **Si + le présent :** *Lola parle à Félix...*
   a. présent : Si tu veux être plus responsable, tu **ne dois pas** (ne...pas/devoir) sortir ce soir !
   b. impératif : Si tu veux être plus responsable, **ne sors pas** (ne...pas / sortir) en boîte de nuit !
   c. futur : Si tu veux être plus responsable, tu **rentreras** (rentrer) tôt ce soir !
2. **Si + le passé composé :** *Lola parle à Jamal...*
   a. présent : Si tu as fait le ménage, tu **peux** (pouvoir) préparer le dîner !
   b. impératif : Si tu as fait le ménage, **prépare** (préparer) le dîner !
3. **Si + imparfait :** *Jamal parle à Lola...*
   a. conditionnel présent : Si j'étais toi, je **me coucherais** (se coucher) tôt ce soir !
4. **Si + plus-que-parfait :** *Félix parle de Max...*
   a. conditionnel passé : S'il n'avait pas quitté le lycée, il **aurait pu** (pouvoir) trouver un emploi.

Pratiquez !

Test. Avant de vivre avec Jamal et Félix, Lola décide de les tester. Racontez leur histoire. La proposition principale est *au passé*. Mettez la proposition subordonnée *au plus-que-parfait, au passé composé, à l'imparfait, au subjonctif, au conditionnel présent* ou *au conditionnel passé*.

1. Lola a appris que Jamal et Félix **avaient rendu** (rendre – antériorité) visite à sa grand-mère.
2. Sa grand-mère savait qu'ils **étaient** (être – simultanéité) amoureux de Lola et elle a profité de leur situation.
3. Jamal a fait le ménage pendant que Félix **faisait** *ou* **a fait** (faire – simultanéité) les courses pour sa grand-mère.
4. Lola doutait qu'ils **puissent** (pouvoir – postériorité) se débrouiller sans elle.
5. Cependant elle était sûre qu'ils **arriveraient** (arriver – postériorité) à bien s'entendre un jour.

B **Chez Jamal.** Lola arrive chez Jamal. Racontez son histoire. La proposition principale est *au présent.* Mettez la proposition subordonnée *au passé composé, à l'imparfait, au présent, au subjonctif,* ou *au futur simple.*

1. Jamal et Félix sont sûrs que Lola **sera** (être – postériorité) triste qu'ils ne se voient plus.
2. Ils sont contents que Lola **se sente** (se sentir – postériorité) seule.
3. Ils ouvrent la porte en rigolant quand Lola **arrive** (arriver- simultanéité) chez Jamal.
4. Lola veut que Jamal et Félix **comprennent** (comprendre – simultanéité) qu'elle est triste.
5. Ils savent que Lola **a commencé** (commencer – antériorité) à se sentir seule.
6. Ils savent aussi qu'ils **étaient** *ou* **ont été** (être – antériorité) un peu méchants avec elle.
7. Ils croient qu'elle **a déjà parlé** (parler – antériorité) avec sa grand-mère avant de leur rendre visite –elle lui donne toujours de bons conseils !

C **Disputes.** Quand Lola rentre de Martinique, Jamal et Félix essaient de ne pas se disputer. Racontez leur histoire. La proposition principale est *au futur.* Mettez la proposition subordonnée *au passé composé, à l'imparfait, au présent, au subjonctif, au futur simple* ou *au futur antérieur.*

1. Félix et Jamal seront à l'aéroport quand Lola **arrivera** (arriver – simultanéité) de Martinique.
2. Ils seront très contents que Lola **vienne** (venir – simultanéité) vivre avec eux.
3. Lorsqu'ils seront ensemble, ils **établiront** (établir – simultanéité) une routine quotidienne.
4. Lola voudra que les hommes **essaient** (essayer – simultanéité/postériorité) de ne pas se disputer.
5. Elle ne saura pas qu'ils l'**ont réveillée** (réveiller – antériorité) parce qu'ils se disputaient.
6. Elle pensera qu'ils **rigolaient** (rigoler – antériorité) ensemble.
7. Ils lui diront qu'ils **ont nettoyé** (nettoyer – antériorité) la cuisine. Après, ils **avaient** (avoir – antériorité) envie de regarder la télé.
8. Malgré leur bonne volonté, ils se disputeront de nouveau après que Lola **se sera couchée** (se coucher – antériorité).

Après avoir regardé

Compréhension générale

Vrai ou faux ? Indiquez si les phrases suivantes sont vraies ou fausses.

1. vrai   **faux**   Jamal et Félix arrivent chez Lola et ils sont contents de se voir parce qu'ils sont amis.
2. vrai   **faux**   Lola les invite chez elle pour leur dire qu'elle va à la Martinique pour vivre avec sa mère.
3. vrai   **faux**   Félix a une vie facile parce qu'il travaille pour sa famille.
4. **vrai**   faux   Jamal a une vie facile parce que sa famille est riche.
5. vrai   **faux**   Lola ne veut pas que Jamal et Félix l'aident.
6. **vrai**   faux   Jamal veut aider Lola. Il quitte l'université et il cherche un emploi.
7. **vrai**   faux   Tout le monde sait que Félix va être père. Il ne sait pas ce qu'il va faire et il a peur.
8. vrai   **faux**   Jamal et Félix se disputent beaucoup et Lola s'inquiète pour son avenir.
9. **vrai**   faux   Jamal, Félix et Lola arrivent à vivre ensemble sans trop de difficultés.
10. vrai   **faux**   Félix décide qu'il est trop jeune pour être père et il ne va pas voir son fils à l'hôpital.

Photo

Détails. Regardez l'image et choisissez les bonnes réponses.

1. Où est-ce que cette scène a lieu ?
    a. chez Lola
    b. chez Félix
    c. chez Jamal
2. Quand est-ce que cette scène a lieu ?
    a. Elle a lieu au début du film.
    b. Elle a lieu au milieu du film.
    c. Elle a lieu vers la fin du film.
3. Qu'est-ce que les personnages font ?
    a. Ils sont en train de manger.
    b. Ils sont en train de se disputer.
    c. Ils préparent un repas.
4. Qui sont les autres personnages dans la scène ?
    a. Lola et les parents de Jamal
    b. Lola et la famille de Félix
    c. Lola et sa famille
5. La grand-mère pose des questions … à Jamal.
    a. indiscrètes
    b. intéressantes
    c. stupides

B **Chronologie.** Mettez les phrases suivantes en ordre chronologique.

_2_ Tout le monde se met à table.

_1_ Lola, Félix et Jamal arrivent chez Félix.

_4_ La grand-mère demande à Lola de l'accompagner à la cuisine.

_3_ La grand-mère de Félix pose des questions à Jamal.

_5_ La grand-mère de Félix dit à Lola qu'elle est contente que Félix soit avec Lola.

C **En général.** Répondez aux questions suivantes. Ecrivez deux ou trois phrases.

1. Donnez un titre à la photo. Justifiez votre réponse.

   « Préjugés ». Lola et Jamal passent le sabbat avec la famille de Félix. Félix est mal à l'aise parce que Jamal est musulman, parce que Lola est chrétienne et parce que sa grand-mère leur pose des questions indiscrètes sur leur race et sur leur religion. Félix ne devrait pas être gêné parce que sa grand-mère est contente que Félix ait Jamal et Lola comme amis.

2. Décrivez les émotions des deux personnages sur la photo.

   Félix est gêné parce que sa grand-mère pose des questions indiscrètes à Jamal. Jamal est moins gêné et sourit poliment (il est bien élevé et intelligent) et il essaie de répondre gentiment à ses questions.

D **Aller plus loin.** Ecrivez un paragraphe pour répondre aux questions suivantes.

1. Pourquoi est-ce que la grand-mère de Félix veut que Lola aille dans la cuisine avec elle ?

   La grand-mère de Félix dit qu'elle veut montrer à Lola comment préparer des poivrons farcis. En réalité, elle veut dire à Lola qu'elle est contente que Félix soit avec elle et que la couleur du bébé (la race et la religion) n'est pas importante. Elle explique que les préjugés sont du folklore et pour les vieux. Elle accepte Lola et Jamal et elle va aussi accepter le bébé de Lola.

2. Comment est-ce que cette scène montre que Félix n'est plus aussi raciste qu'au début du film ?

   Au début du film, Félix est très raciste et il hurle des insultes racistes à n'importe qui (même aux boxeurs plus forts que lui). C'est un jeune homme fâché et intolérant. Au cours du film, Félix voit que Jamal a les mêmes soucis que lui et il devient de plus en plus tolérant. Cette scène met en évidence sa nouvelle tolérance. Il invite un musulman noir et une chrétienne métisse à passer le sabbat avec sa famille. Il est gêné que sa grand-mère pose des questions indiscrètes et il veut qu'elle accepte ses amis malgré leur race et leur religion.

339   Métisse

Mise en pratique

A **En général.** Répondez aux questions suivantes. Ecrivez deux ou trois phrases.

1. Pourquoi est-ce que Jamal et Félix rendent visite à Lola ? Décrivez leur arrivée.

   Lola les invite chez elle pour leur dire qu'elle est enceinte et qu'elle ne sait pas si Jamal ou si Félix est le père de son bébé. Au début du film, la caméra suit le trajet de Félix avec un zoom sur les pneus et sur les pédales de son vélo. Il croise le taxi de Jamal et il arrive à l'immeuble de Lola en même temps que lui. Félix

oublie le code de l'immeuble et Jamal lui rappelle que c'est le jour le plus long (06/06/44). (La date devrait être importante pour Félix en tant que juif.) Ils entrent dans l'immeuble et dans l'ascenseur ensemble où ils sont coincés parce que Félix y entre avec son vélo. Ils sont surpris parce qu'ils vont au même étage et à la même porte.

2. Quelles différences entre les deux hommes est-ce que vous remarquez dans ces premières scènes ?
L'apparence physique, le caractère et même l'arrivée de Félix et de Jamal mettent l'accent sur leurs différences. Félix est un jeune juif blanc qui est mince, petit, chauve et maladroit. Il porte du « streetwear » (un sweat-shirt, un short, des baskets). Il prend des risques quand il fait du vélo : il roule vite, il se faufile entre les voitures, etc. Jamal est le contraire de Félix. C'est un jeune musulman noir qui est grand, musclé et posé. Il porte un costume et une cravate. Il prend moins de risques que Félix et il arrive tranquillement en taxi.

3. Quelle est la situation familiale de Lola, de Jamal et de Félix ?
Lola est enceinte et célibataire. Elle habite seule dans un studio et sa grand-mère habite au-dessous de chez elle. Sa mère est à la Martinique et l'identité de son père est inconnue.

Au début du film, Jamal a une petite amie (Julie) qu'il quitte pour vivre avec Lola. Il habite un grand appartement dans le centre de Paris et il a une bonne, Marilyne, qui s'occupe de l'appartement. Ses parents, des diplomates africains, sont à l'étranger et ils ne savent pas quand ils rentreront.

Félix est célibataire. Il habite un appartement à Saint-Denis (une banlieue de Paris) avec ses grands-parents, sa tante et sa petite sœur. Il a de bonnes relations avec son frère Max et il travaille pour Maurice (une relation). Son père est au chômage mais ni son père ni sa mère ne vivent avec Félix. Malgré l'absence de ses parents, la famille est très importante pour lui.

4. Est-ce que Lola, Jamal et Félix travaillent ? Expliquez.
Lola est étudiante et elle ne travaille pas. Jamal est étudiant en droit. Comme ses parents sont riches, il n'a pas besoin de travailler mais il quitte l'université pour travailler et pour prouver à Lola qu'il est responsable. Vers la fin du film, il reprend ses études. Félix travaille pour Maurice (une relation) comme coursier et il revend de la drogue.

5. Pourquoi est-ce que Jamal quitte l'université ? Quelle est la réaction de Félix ?
Jamal est une personne responsable et il veut prouver à Lola qu'il est prêt à accepter la responsabilité d'un enfant. Il quitte donc l'université ainsi que l'appartement de ses parents. Il trouve un emploi dans un fast-food et il va vivre chez Lola. Félix le rencontre à Free Time et il apprend que Jamal habite avec Lola. Il est jaloux et il se dispute avec Jamal parce que lui aussi aime Lola et parce qu'il veut aussi être avec elle.

6. Qu'est-ce que Lola apprend quand elle va chez le gynécologue ? Est-ce qu'elle raconte à Jamal ou à Félix ce que le gynécologue lui a dit ? Expliquez.
Lola a fait faire un test de paternité et elle apprend que Félix est le père du bébé. Elle ne dit rien à Jamal parce qu'il était sûr qu'il était le père du bébé et elle ne veut ni le décevoir ni perdre son soutien. Elle ne dit rien à Félix parce qu'elle ne sait pas où il est.

7. Qu'est-ce que Jamal apprend quand il rentre du commissariat après avoir été arrêté ? Comment réagit-il ?

   Quand Jamal rentre chez Lola, il trouve les résultats du test de paternité (elle a écrit au verso « c'est mon bébé »). Il apprend que Félix est le père du bébé. Il est déçu, il se fâche, il pense que Lola est chez Félix et il y va pour la chercher. Il ne la trouve pas et il donne les résultats du test de paternité à Félix qui est surpris et qui veut aussi trouver Lola.

8. Pourquoi est-ce que Lola part pour la Martinique sans prévenir Jamal et Félix ? Comment est-ce qu'ils apprennent où elle est allée ?

   Quand Jamal et Félix se disputent, la police arrive et ils sont arrêtés, Lola n'en peut plus. Quand elle part pour la Martinique, elle est frustrée et elle ne leur dit pas qu'elle part. Félix rend visite à la grand-mère de Lola pour lui demander où Lola est allée et quand elle reviendra. La grand-mère marchande avec Félix : il fera un mois de courses pour avoir les renseignements. Félix apprend que Jamal a aussi marchandé avec elle : il fera un mois de ménage pour avoir les renseignements.

9. Pourquoi est-ce que Lola invite Jamal et Félix à dîner au restaurant ? Qu'est-ce qu'elle veut et comment réagissent-ils ?

   Elle les invite à dîner pour leur demander de l'aide mais elle précise qu'elle ne veut pas d'aide morale. Elle veut qu'ils fassent les courses, le ménage, les repas, etc. Jamal et Félix sont d'accord et Lola est surprise. Ils en ont marre d'être manipulés et ils décident d'être manipulateurs à leur tour. Ils font tout pour elle mais ils ne lui donnent aucune aide morale.

10. Pourquoi est-ce que Lola va chez Jamal ? Pourquoi est-ce que Jamal et Félix sont contents ?

    Lola se sent seule parce que Jamal et Félix l'aident mais ils ne font pas attention à elle (elle leur avait dit qu'elle ne voulait pas d'aide morale). Elle veut vivre avec eux. Les hommes sont contents parce qu'ils voulaient qu'elle vive avec eux. Ils l'aiment beaucoup et ils veulent être avec elle.

11. Est-ce que les trois jeunes gens arrivent à vivre ensemble sans problèmes ? Expliquez.

    Ils arrivent à trouver une routine quotidienne grâce à Jamal qui prépare un emploi du temps et les dix commandements. Ils ont quand même de petits accrochages. Félix pense que Jamal et Lola profitent de lui (il doit toujours débarrasser la table, il fait toujours les tâches ménagères pendant que Lola se repose et que Jamal révise pour ses examens, etc.). Mais ils arrivent à vivre ensemble sans trop de problèmes.

12. Est-ce que Jamal et Félix arrivent à bien s'entendre ? Expliquez et donnez des exemples précis pour justifier votre réponse.

    Vers la fin du film, ils arrivent à assez bien s'entendre et à moins se disputer. Bien qu'ils se fâchent toujours, ils deviennent amis. Par exemple, quand ils sortent pour acheter des fraises, ils se disputent et ils s'excusent tout de suite. Pourtant après s'être excusés, ils se disputent pour savoir qui s'est excusé le premier. Le contenu de leurs disputes est moins violent, moins raciste et plus banal.

13. Qu'est-ce qui montre que Jamal et Félix s'acceptent et qu'ils se comprennent ? Donnez des exemples précis pour justifier votre réponse.

    Félix invite Jamal et Lola à passer le sabbat avec sa famille. Félix s'habille comme Jamal (il porte sa veste). Quand Jamal a peur de laisser sa voiture dans

le quartier de Félix, Félix annonce que la voiture est sous sa responsabilité (il comprend les soucis de Jamal). Jamal s'habille aussi comme Félix. Il porte un sweat-shirt Run DMC (un groupe de rappeurs), un pantalon baggy et des baskets. On voit qu'ils sont plus ouverts à la culture de l'autre.

14. Décrivez la fin du film. Est-ce que vous pensez que Félix est mort ? Expliquez.
    A la fin du film, Lola et Jamal vont à l'hôpital et Jamal appelle Félix. Félix est dans une boîte de nuit quand il reçoit le message et il part tout de suite. Il prend le vélo d'un de ses amis mais le vélo n'a pas de freins. Il s'écrase contre un camion. Il y a un changement de scène. On voit Lola, Jamal et le bébé. Il n'y a pas de dialogue et on entend de la musique caraïbe qui donne l'impression que c'est la fin du film. Le spectateur peut croire que Félix est mort et que Lola et Jamal vont élever l'enfant. Mais la musique s'arrête brusquement et Félix arrive à l'hôpital. Il est blessé mais vivant.

15. Qu'est-ce que Félix demande à l'infirmière ? Pourquoi ? Qu'est-ce qu'elle répond ? Pourquoi ?
    Quand il arrive à l'hôpital, Félix demande la couleur du bébé à l'infirmière. Il veut savoir si le bébé est blanc (Félix est le père) ou noir (Jamal est le père). Il a des doutes parce qu'il a entendu que les tests de paternité ne sont pas toujours précis à 100%. Si le bébé est noir, il est possible que Jamal soit le père du bébé. L'infirmière est surprise d'entendre une telle question. Elle rit et répond que le bébé est rose avec des petites étoiles vertes parce que la couleur du bébé n'est pas importante.

B **Aller plus loin.** Écrivez un paragraphe pour répondre aux questions suivantes.

1. Décrivez les origines, les classes sociales et les croyances des trois personnages principaux.
   Lola est une jeune étudiante métisse d'origine martiniquaise. Elle est chrétienne non pratiquante. Elle vient d'un milieu moyen (elle n'est ni riche ni pauvre). Jamal est un jeune étudiant d'origine africaine. Il est musulman mais, comme Lola, il n'est pas pratiquant. Il vient d'un milieu très aisé et sa famille est riche. Félix est un jeune coursier de banlieue. Il est juif et pratiquant.

2. Kassovitz rompt avec certains clichés. Expliquez les paradoxes de Félix et de Jamal en ce qui concerne l'argent, le logement, l'éducation, l'habillement et la musique.
   Métisse est un film qui rompt avec les clichés sur les juifs et sur les noirs / les immigrés. Au lieu de présenter un Juif riche qui habite dans un quartier juif de Paris et qui fait des études à l'université, Kassovitz présente Félix, un jeune coursier pauvre qui revend de la drogue et qui habite Saint-Denis (une banlieue de Paris). Il ne va pas à l'université et il traîne avec sa bande. Il porte du « streetwear » et il parle comme les jeunes de banlieue (l'argot et le verlan). Il aime la musique de la banlieue (le rap / le hip-hop). Au lieu de présenter un jeune noir pauvre de la banlieue qui traîne toute la journée, qui ne va pas à l'université, qui revend de la drogue et qui aime la culture de la banlieue, Kassovitz présente Jamal, un jeune musulman riche, qui habite un appartement luxueux dans le centre de Paris. C'est un étudiant en droit qui soigne son habillement (il porte toujours un costume et une cravate), qui parle bien et qui écoute du jazz.

3. Est-ce que Lola est aussi un paradoxe ? Pourquoi ou pourquoi pas ?
   Lola est aussi un paradoxe. Kassovitz rompt avec le cliché sur les jeunes hommes qui draguent les femmes, qui manipulent les femmes et qui ont plusieurs copines en même temps. Dans *Métisse*, Lola est dragueuse, manipulatrice et trompeuse. Jamal et Félix sont conscients de sa manipulation et de sa tromperie mais ils l'aiment quand même.

4. Quelles religions est-ce que Kassovitz présente dans le film ? Pourquoi est-ce qu'il a choisi ces religions ? Est-ce que les différences de religion sont importantes pour les personnages du film ?
   Kassovitz a choisi de présenter le christianisme, le judaïsme et l'islam parce que ces trois religions sont les religions dominantes en France. Il montre que les Chrétiens, les Juifs et les Musulmans ont les mêmes besoins, soucis, désirs, etc. malgré leurs différences de religion. Kassovitz espère atténuer les préjugés et il veut promouvoir une tolérance chez les Français. Les différences de religion ne sont pas importantes pour les personnages du film. La grand-mère de Félix explique que les préjugés sont du folklore et pour les vieux.

5. Pourquoi est-ce que Kassovitz a choisi trois origines différentes pour les personnages principaux ? Est-ce que les différences d'origine sont importantes pour les personnages du film ? Expliquez.
   Kassovitz rassemble une métisse, un blanc et un noir dans le film parce qu'il veut montrer que les gens d'origines différentes ont les mêmes besoins, soucis, désirs, etc. Il veut rompre avec les clichés sur les races. Au début du film, il y a beaucoup de conflits entre Jamal (noir et musulman) et Félix (blanc et juif) mais au cours du film, ils oublient leurs différences et ils se comprennent au fur et à mesure. Kassovitz veut montrer que des races et des nationalités différentes peuvent vivre en harmonie en France.

6. Expliquez comment la musique caraïbe correspond à Lola, le jazz correspond à Jamal et le rap correspond à Félix.
   Lola est d'origine martiniquaise et comme la musique caraïbe (une musique qui est un métissage de musiques européenne et africaine), elle est métisse. Son caractère et son apparence physique évoquent ce métissage (elle porte des robes avec de grandes fleurs, elle a les cheveux longs et frisés et la peau café au lait). Jamal est intelligent et sophistiqué et son caractère correspond bien au jazz, qui a l'image d'une musique complexe et intelligente. Le rap correspond aussi bien à Félix. Le rap, comme Félix, est né dans la banlieue. Il est un peu chaotique et il exprime les angoisses et le malaise dans les banlieues.

7. Quelle est l'importance de la musique dans le film ? Pourquoi est-ce que la musique remplace des dialogues entre les personnages ?
   La musique est symbolique des personnages du film (Lola – la musique caraïbe, Jamal – le jazz, Félix – le rap). La musique est aussi un moyen de s'exprimer (par exemple, le rap dans la banlieue). Kassovitz utilise la musique pour remplacer les dialogues qui seraient trop évidents ou trop clichés (l'emploi elliptique). Par exemple, au début du film, Lola ne dit pas qu'elle est enceinte. On entend plutôt la musique caraïbe qui représente Lola et qui remplace l'annonce de sa grossesse.

8. Le titre français du film est *Métisse* alors que le titre américain est *Café au lait*. Expliquez la signification de ces deux titres.
   Le titre *Métisse* correspond à Lola qui a un parent noir et un parent blanc. *Métisse* veut dire *half-breed* et, comme c'est un mot péjoratif en anglais, on a choisi le titre *Café au lait* (moitié café moitié lait) comme titre américain. Les deux titres évoquent néanmoins l'image d'un mélange des races (un des thèmes principaux du film).

9. Quel est le but du film ?

Le but du film est de montrer que la race et la religion ne sont pas importantes et que le monde est en train de s'homogénéiser. Kassovitz montre que les personnes d'origines, de races et de religions différentes peuvent vivre en harmonie et qu'il faut se battre contre les xénophobes qui ont peur de cette intégration harmonieuse. Pour montrer l'importance de la lutte contre la xénophobie, Kassovitz termine le film avec une image de la terre et la narration d'un xénophobe qui exprime ses peurs du « melting pot » dans lequel la couleur ne joue aucun rôle.

10. Est-ce que le film est trop idéaliste à votre avis ? Expliquez.

Le film est très idéaliste et il est peu probable que deux hommes consentent à habiter ensemble pour élever un enfant (dont l'un n'est pas le père). Le fait qu'un Juif, un Musulman et une Chrétienne vivent ensemble est aussi improbable. Mais les personnages sont jeunes, ont l'esprit ouvert et il y a des gens qui peuvent mettre de côté les préjugés pour vivre en harmonie.

344   Métisse

A

Verbes. Choisissez les traductions qui correspondent aux verbes qui se trouvent dans l'article.

1. regorger :	**to be abundant in**	to lack
2. débarquer :	to leave from	**to land in**
3. s'émanciper :	**to free oneself**	to free someone else
4. revendiquer :	**to claim / to demand**	to give up
5. puiser :	to exhaust	**to draw from**
6. s'avérer :	**to prove to be**	to swear
7. viser à :	to face	**to aim to**
8. soutenir :	to hold	**to support**
9. souligner :	to undermine	**to emphasize**
10. piocher :	**to pick from**	to steal

B

Culture «banlieue». L'article explique que les jeunes expriment leur individualité à travers une culture «banlieue». Donnez des exemples de cette culture pour chaque rubrique ci-dessous.

Une culture banlieue	
La danse	1. **le smurf**
	2. **le breakdance**
La musique	1. **le rap**
	2. **le hip hop**
	3. **le R&B**
Les arts graphiques	1. **les tags**
	2. **les grafs**
Les vêtements	1. **le streetwear**
	2. **les casquettes**
	3. **les pantalons baggy très larges**
	4. **une avalanche de bijoux**
Le langage	1. **le verlan**
	2. **l'argot**

C   **Rap.** Qu'est-ce que le rap ? Utilisez l'article pour compléter le tableau suivant sur le rap.

Le rap		
Origines	1. **l'art parlé des griots africains**	
	2. **le blues**	
	3. **la musique des esclaves américains**	
But	**contester l'ordre établi**	
Premier tube	Année : **1979**	
	Artiste : **Sugar Hill Gang**	
Artistes commerciaux	Français : **MC Solaar**	
	Français : **IAM**	
	Allemand : **Samy Deluxe**	
	Espagnol : **7 notas 7 colores**	
Public	**l'esnsemble de la jeunesse**	

D   **L'art made in banlieues.** Complétez les phrases suivantes avec le vocabulaire de l'article.

1. L'art peut s'avérer être **une porte de sortie** pour des jeunes ghettoïsés dans leur cité.
2. L'art peut aussi être **un facteur d'intégration** de gens issus de l'immigration et relégués dans **les quartiers défavorisés**.
3. Depuis 1992, le réseau *Banlieue d'Europe* réfléchit aux questions de **l'intervention artistique** dans les banlieues.
4. «L'art récrée les possibles» d'une population **mal intégrée**.
5. La population immigrée mal intégrée a tendance à idéaliser **son passé** et **sa culture traditionnelle**.

E   **En général.** Répondez aux questions suivantes. Ecrivez deux ou trois phrases.

1. Où se trouvent «les ghettos urbains» ? Donnez quelques synonymes de «ghetto urbain».
   Les ghettos urbains se trouvent dans les périphérie des grands métropoles (Paris, Marseille, Lyon, etc.). Le ghetto urbain a plusieurs synonymes : la banlieue, la cité, le quartier défavorisé, etc.

2. A quelles difficultés les jeunes de banlieue sont-ils confrontés ? Quel est le résultat ?
   Les jeunes de banlieue habitent les quartiers défavorisés où ils sont confrontés au chômage de masse, à l'échec scolaire, à la délinquance et à un avenir incertain. Ils sont victimes de la pauvreté, du racisme, de la violence et de l'indifférence de la part des hommes politiques. Il est difficile de s'en sortir et les jeunes perdent espoir.

3. Qu'est-ce qui influence les jeunes de banlieue ?
   Les jeunes de banlieue ont plusieurs influences : les films culte comme *La Haine* (*Kassovitz, 1995*), les idoles comme Eminem ou Fifty Cent, la mode créée par des rappeurs (FU BU de LL Cool J, Com8 de Joey Starr (NTM)).

4. Quelles organisations essaient de promouvoir les arts dans les quartiers défavorisés ?

On trouve des organisations partout en Europe. En Allemagne : le centre de formation de l'International Munich Art Lab ; à Villeurbanne (une banlieue de Lyon) : le CCO (Centre culturel Œcuménique) ; en Roumanie : Banlieues d'Europ'Est.

5. Quels sont les buts de ces organisations ?

Ces organisations apportent, soutiennent et promeuvent les projets artistiques. Elles facilitent les démarches auprès des institutions culturelles officielles. Elles constituent aussi un réservoir d'idées que les politiques devraient étudier.

F **Aller plus loin.** Ecrivez un paragraphe pour répondre aux questions suivantes.

1. Quels personnages du film sont les plus touchés par le malaise des banlieues ?

Dans le film, on voit des bandes de jeunes qui traînent dans le parking ou devant la boîte de nuit. Ce sont des jeunes touchés par l'échec scolaire, par le chômage, par la violence, etc. Comme Félix, ils aiment la « culture banlieue ». Ils écoutent du rap et portent du « streetwear ». Ils revendent de la drogue et ils ne sont pas sûrs de pouvoir s'en sortir. Max (le frère de Félix) est le plus touché par ce malaise. Il passe son temps à faire de la boxe, à jouer au basket et à sortir en boîte de nuit. Il a dû être arrêté pour avoir revendu de la drogue parce qu'il passe en jugement et il est condamné à quatre ans de prison.

2. Pourquoi est-ce qu'il est ironique que Félix habite la banlieue ? Expliquez.

Les immigrés d'origine africaine ou maghrébine (qui sont souvent mal intégrés en France) habitent le plus souvent la banlieue. Félix n'est ni africain ni maghrébin et comme il est juif, il devrait habiter probablement un quartier juif à Paris. Il est aussi ironique que Jamal habite le centre-ville de Paris parce que Jamal est d'origine africaine. D'après le cliché, c'est Jamal (et non pas Félix) qui devrait habiter la cité.

3. Pourquoi est-ce que Félix aime le rap ?

Le rap donne aux jeunes « l'opportunité de revendiquer sa spécificité, d'exprimer ses angoisses et déceptions face à un modèle d'intégration dépassée ». Les jeunes de banlieue sont souvent oubliés par les hommes politiques et ils n'ont pas vraiment d'autres moyens pour s'exprimer. Félix appartient à ce groupe de jeunes qui ne voient pas de moyen pour s'en sortir. Le rap exprime ses peurs, ses frustrations et ses déceptions.

A **La religion en France.** Reliez les religions avec les descriptions adaptées de Panorama religieux de la France.

Religions	
L'agnosticisme	L'islam
Le bouddhisme	Le judaïsm
Le catholicisme	Les mouvements religieux atypiques
Les chrétientés historiques	Le prostestantisme

1. **Le catholicisme**   demeure largement majoritaire, même s'il connaît, en proportion, une baisse sensible depuis les années soixante-dix. En 2006, selon un sondage IFOP-*La Croix*, 65% des Français se déclaraient catholiques, alors qu'ils étaient, au début des années soixante-dix, plus de 80% à le faire et 90% en 1905. Si les pratiquants réguliers sont de moins en moins nombreux, leur identité s'est affermie, grâce notamment aux 'communautés nouvelles' et aux mouvements charismatiques.

2. **L'agnosticisme**   progresse. Le nombre des personnes ne s'identifiant à aucune religion (plus de 25% des Français) augmente, en particulier chez les jeunes. Toutefois, se dire 'sans religion' ne signifie pas nécessairement que l'on se sente athée ou que l'on se désintèresse des questions dites 'spirituelles'. Par ailleurs, cette tendance n'empêche pas la progression parallèle de formes de sacralité diffuses ou sectaires.

3. **L'islam**   est globalement devenu la deuxième religion des France, non sans présenter une grande diversité d'expressions. On estime actuellement à environ 4 millions le nombre de personnes de tradition musulmane, soit 6% de la population (mais 14% des 18-24 ans), liées pour beacoup au Maghreb, mais aussi à l'Afrique noire ou à la Turquie.

4. **Le protestantisme**   demeure stable en nombre, mais varie en composition. Représentant environ 2% de la population (4% des 18-24 ans), soit 1,2 million des personnes, ils ont vu croître le nombre des évangéliques et des pentecôtistes en leur sein: on estimait, en 2005, qu'ils étaient 350 000 (395 000 en comptant les églises évangéliques de diasporas étrangères), soit près de 30%.

5. **Les chrétientés historiques**   (environ 750 000 personnes) connaissant un élargissement notable, tout en gardant une représentation éclatée. à l'Église orthodoxe (estimée à 300 000 membres), et à l'Église apostolique arménienne (même ordre de grandeur), il faut ajouter les fidèles que comptent les diverses Églises orientales indépendantes ou unies à Rome (copte, syriaque, chaldéenne, maronite, etc.)

6. **Le judaïsme**   a traversé une indéniable période d'expansion. Il compte environ 600 000 personnes qui sont, pour une notable majorité, d'origine séfarade à l suite de l'arrivée en métropole des juifs d'Afrique du Nord dans les années soixante. Un fort mouvement de renouveau de l'identité, des études et de la pratique marque cette religion.

7. **Le bouddhisme**   a quitté la marginalité dans laquelle il a longtemps été confiné en France. Il dépasse d'ailleurs en rayonnement sa stricte importance numérique puisque l'on estime le nombre de ses fidèles à 300 000, originaires pour l'essentiel d'Asie, auxquels il faut ajouter un groupe fluctuant de pratiquants venus d'autres horizons, estimé à 100 000 membres, soit un total de 400 000 personnes.

8. **Le mouvements religieux atypiques**   connaissent, en dépit des polémiques qu'ils déclenchent et quel que soit le statut qu'on leur attribue, une certaine vitalité. On le constate, par exemple, chez les témoins de Jéhovah, qui revendiquent près de 140 000 'proclamateurs', dont plus de 20 000 Outre-mer.

B **Foi.** Utilisez le vocabulaire suivant pour compléter les phrases ci-dessous.

La foi				
Quelques lieux de prière	Quelques textes	Quelques services religieux	Quelques signes religieux	Quelques fêtes
l'église	la Bible	la messe	la croix	Hanoukka
la mosquée	le Coran	la prière communautaire / collective	l'étoile de David	Noël
la synagogue	la Torah		la kippa	le Ramadan
			le voile	

1. Certains Catholiques vont à **l'église** pour **la messe** le dimanche. Ils étudient **la Bible**. Quelques Catholiques portent **une croix**. Une fête observée par les Catholiques est **Noël**.
2. Certains Juifs vont à **la synagogue** le vendredi soir et/ou le samedi matin pour **la prière collective**. Ils étudient **la Torah**. Certains Juifs portent **une étoile de David**. Certains hommes juifs portent aussi **une kippa**. Une fête observée par les Juifs est **Hanoukka**.
3. Certains Musulmans vont **à la mosquée** pour **la prière communautaire** le vendredi. Ils étudient **le Coran**. Certaines Musulmanes portent **le voile**. Une fête observée par les Musulmans est **le Ramadan**.

347   Métisse

C **Croyances.** Complétez le tableau ci-dessous pour décrire les croyances des personnages du film.

Réponses possibles		
croyant / e	pratiquant / e	religion pratiquée
oui	oui	christianisme
non	non	islam
peut-être	peut-être	judaïsme
		autre

Croyances			
personnage	croyant / e	pratiquant / e	religion pratiquée
Lola	oui	non / peut-être	christianisme
Jamal	oui	non / peut-être	islam
Félix	oui	oui	judaïsme
Max	peut-être	non	judaïsme
la grand-mère de Lola	peut-être	peut-être	christianisme / autre
les grands-parents de Félix	oui	oui	judaïsme
Marilyne	peut-être	peut-être	islam (?) / autre

L'immigration

 Définitions. Reliez le vocabulaire ci-dessous avec les définitions qui conviennent. Ensuite, utilisez le vocabulaire et les définitions pour parler de l'immigration.

Vocabulaire
clandestin
la frontière
un immigré
légal
une polémique
un débat
l'immigration
l'intégration
la nationalité
la politique

1. Une personne qui vient s'installer dans un pays étranger. **un immigré**
2. L'entrée dans le pays où l'étranger veut s'installer. **l'immigration**
3. Fait en cachette ou dans le secret. **clandestin**
4. Conforme à la loi. **légal**
5. La limite qui sépare deux pays, deux états, etc. **la frontière**
6. La manière d'agir ou l'ensemble des décisions prises par un gouvernement. **la politique**
7. Une controverse publique. **une polémique**
8. Une discussion animée entre personnes d'avis différents. **un débat**
9. Le processus de faire entrer dans un ensemble. **l'intégration**
10. L'appartenance à une nation. **la nationalité**

348 Métisse

 Raisons. Etudiez les raisons d'immigrer. Pour chaque exemple ci-dessous indiquez de quelle raison il s'agit.

Raisons possibles
démographique
économique
éducative
familiale
politique
professionnelle
sentimentale

Pour une personne qui habite un pays étranger, les raisons d'immigrer peuvent être:
1. Il est diplomate. **politique**
2. Il travaille dans une entreprise qui l'envoie à l'étranger. **professionnelle**
3. Il fait ses études et reste dans le pays pour faire des recherches. **éducative**
4. Il est au chômage et il ne peut pas trouver de travail dans son pays. **économique**
5. Un membre de sa famille habite déjà le pays étranger. **familiale**
6. Il aime bien le pays, sa culture, la façon de vivre, etc. **sentimentale**

Pour le pays qui accueille des immigrés, les raisons d'accueillir des immigrés peuvent être:
1. Le pays accueille des réfugiés politiques. **politique**
2. Le pays a besoin de main d'œuvre. **économique**
3. Le taux de natalité est bas - les immigrés peuvent contribuer à son accroissement. **démographique**

Démographie. Révisez la démographie des immigrants en France. De quels pays / continents sont-ils ? Complétez le graphique ci-dessous avec les pays / les continents qui conviennent.

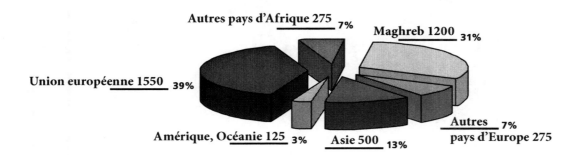

Autres pays d'Afrique 275 — **7%**

Maghreb 1200 — **31%**

Union européenne 1550 — **39%**

Amérique, Océanie 125 — **3%**

Asie 500 — **13%**

Autres pays d'Europe — **7%** 275

Métisse

La banlieue

 Centre-ville et banlieue. Comment sont le centre-ville et la banlieue ? Déterminez si les éléments du tableau se trouvent en centre-ville, en banlieue, dans le quartier de Félix et dans le quartier de Jamal. Utilisez le tableau pour faire une description du quartier de Félix et du quartier de Jamal.

le centre-ville et la banlieue				
	le centre-ville	un quartier défavorisé	le quartier de Félix	le quartier de Jamal
des HLM	non	oui	oui	non
des appartements luxueux	oui	non	non	oui
des parcs / des jardins	oui	peu probable	non	oui
des centres sportifs	probable	probable	non	probable
des terrains de basket	oui	oui	oui	oui
des centres artistiques	oui	peu probable	non	probable
des musées	oui	peu probable	non	probable
des bons transports (lignes de métro ou de bus)	oui	probable	non	probable

B **Problèmes.** A quels problèmes les gens suivants sont-ils confrontés : ceux qui habitent en centre-ville, ceux de la banlieue, ceux du quartier de Félix et ceux du quartier de Jamal ? Complétez le tableau avec les réponses suggérées et faites une description des problèmes des gens qui habitent dans le quartier de Félix.

la banlieue				
	le centre-ville	un quartier défavorisé	le quartier de Félix	le quartier de Jamal
l'échec scolaire	peut-être	oui	oui	peut-être
le chômage	oui / peut-être	oui	oui	oui / peut-être
la discrimination	probable	oui	oui	probable
l'insécurité	non	oui	oui	non
la violence	peu probable	oui	oui	peu probable
la colère	peu probable	oui	oui	peu probable
la déception	non	oui	oui	non
les bandes de jeunes	non	oui	oui	non
les conflits avec des policiers	non	probable	oui	non

C **Portrait d'une banlieue parisienne.** Faites le portrait d'une banlieue parisienne.

1. Où se trouve la banlieue ?
   La banlieue se trouve à la périphérie de Paris.

2. Qui habite la banlieue ?
   La banlieue se compose d'une population diverse : il y a des Français de revenu modeste, des immigrés de nationalités différentes, etc.

3. Comment est la banlieue ?
   a. le logement : **Il y a beaucoup de HLM qui sont surpeuplés.**
   b. les espaces verts : **Il y a très peu de jardins et très peu de parcs.**
   c. les centres sportifs : **Il y a quelques centres sportifs – un gymnase de boxe, des terrains de basket, etc. mais ils ne sont pas bien entretenus.**
   d. les centres artistiques : **Il n'y a pas de centres artistiques.**
4. Quels sont quelques problèmes de cette banlieue ?
   Il y a de l'insécurité, de la violence et du chômage, etc.

D **Aller plus loin.** Ecrivez un paragraphe pour répondre aux questions suivantes.

1. Parlez des religions des personnages du film. De quelle religion sont-ils ? Sont-ils croyants et pratiquants ?

   Le film présente trois religions : le christianisme, l'islam et le judaïsme. Pendant le sabbat chez Félix, Lola dit qu'elle est chrétienne mais elle ne porte pas de signes religieux ostensibles et elle ne va jamais à l'église. Pendant le sabbat chez Félix, Jamal essaie de dire à la grand-mère de Félix qu'il est musulman. Mais comme Lola, il ne porte pas de signes religieux ostensibles, il ne prie pas et il ne va jamais à la mosquée. Il est clair que Félix est juif. Il y a plusieurs indications de sa religion : la vitrine du magasin de Maurice a des étoiles de David, Félix passe le sabbat avec sa famille et il porte une kippa. C'est le seul personnage du film à pratiquer sa religion.

2. Est-ce que Jamal correspond aux clichés sur les immigrés d'Afrique ? Pourquoi ou pourquoi pas ? Pourquoi est-ce qu'il habite en France ?

   Jamal ne correspond pas aux clichés sur les immigrés d'Afrique parce que ses parents sont riches et parce qu'ils habitent un appartement luxueux dans le centre de Paris. Il est en France pour des raisons politiques (ses parents sont diplomates) et professionnelles (ses parents y travaillent) et pour faire ses études.

3. Est-ce que Lola est une immigrée ? Pourquoi ou pourquoi pas ? Pourquoi est-ce qu'elle habite en France ?

   Lola est de la Martinique, un DOM-ROM (Département et Région d'outre-mer) de la France. En effet, la Martinique a les mêmes droits et les mêmes lois que la France métropolitaine. On ne sait pas pourquoi Lola habite à Paris ni pourquoi sa grand-mère y habite.

4. Est-ce que Félix est un jeune de banlieue typique ? Pourquoi ou pourquoi pas ?

   Comme Félix est un jeune homme juif, il n'est pas typique (la plupart des jeunes de banlieue étant d'origine africaine ou maghrébine). Il embrasse pourtant la « culture banlieue ». Il s'habille comme les autres jeunes de banlieue, il parle comme eux, il écoute la même musique qu'eux, etc.

5. Quel personnage souffre du malaise des banlieues ? Pourquoi ?

   Max est une victime de la banlieue et il n'arrive pas à s'en sortir. Il a été arrêté et il doit passer quatre ans en prison. Il sait qu'il ne peut pas changer sa vie et il essaie d'encourager Félix à faire tout ce qu'il peut pour s'en sortir.

Chapitre 9
Bon Voyage

Pratiquez !

 Meurtrière. Viviane est meurtrière. Complétez le paragraphe suivant avec *les adjectifs indéfinis* ci-dessous pour décrire ses actions. Certains adjectifs indéfinis peuvent être employés plusieurs fois.

Viviane n'a **aucune** conscience morale. Dès qu'elle tue un **certain** homme d'affaires connu, elle appelle son ancien ami pour l'aider à résoudre ce problème. Quand Frédéric arrive chez Viviane, il lui pose **plusieurs** questions mais elle ne répond honnêtement à **aucune** de ses questions. **Quelle que** soit la raison pour laquelle elle a tué cet homme, Frédéric doit l'aider. Il met le corps dans le coffre de la voiture et il s'en va. Il rencontre malheureusement **quelques** problèmes. Il pleut beaucoup et il a du mal à voir la rue et les **autres** voitures. Il a un accident de voiture. La police arrive et Frédéric est arrêté. Viviane s'inquiète. **Chaque** matin, elle lit **chaque** page de **tous** les journaux parisiens avec soin pour voir si les journalistes la soupçonnent d'avoir tué l'homme d'affaires.

Pratiquez !

 Evadé. Frédéric s'évade de prison ! Complétez l'histoire de son évasion avec *les pronoms indéfinis* ci-dessous. Certains pronoms indéfinis peuvent être employés plusieurs fois.

pronoms indéfinis							
les autres	certains	chacun	on	personne	quelqu'un	quelque chose	tout

Plusieurs mois après son arrestation, Frédéric est toujours en prison. **Personne** n'a pu l'aider à sortir. **Tout** change pour lui quand les gardes évacuent la prison la veille de l'entrée des Allemands dans Paris. Tous les prisonniers sont menottés. Pendant que **les autres** montent dans l'autobus, Frédéric et Raoul s'enfuient. C'est **chacun** pour soi ! Frédéric se cache dans la cuisine. **On** ne trouve pas Frédéric bien que **quelqu'un** cherche les évadés. Il quitte la prison et les rues sont vides. Alors que la plupart des gens sont partis, **certains** sont toujours à Paris et Frédéric cherche **quelqu'un** qui peut l'aider. Il sait qu'il doit faire **quelque chose**. Son aventure commence…

Pratiquez !

 Exode. Deux jeunes gens parlent de l'exode. Complétez leur dialogue avec *les mots indéfinis* qui conviennent.

--**Chaque** résident de Paris doit quitter la capitale avant que les Allemands n'entrent dans la ville.

--**Chacun** doit quitter la capitale ?

--Oui, mais **quelques** résidents ont peur de faire le voyage.

--**Quelques-uns** ont peur de faire le voyage ? Pourquoi ?

--Le voyage est très difficile et **plusieurs** fuyards sont déjà morts.

--**Plusieurs** sont morts ? **Quelqu'un** devrait faire **quelque chose** !

--C'est vrai ! **On** fait **tout** ce qu'on peut en ce moment.

--Il me semble qu'on ne fait **rien** !

--Il faut y croire ! Une **telle** situation est difficile et il faut du temps ! Il ne faut pas perdre **tout** espoir !

--Oui, c'est vrai. Je ne perdrai pas espoir – quoi qu'il arrive !

Pratiquez !

 L'amour ? Pourquoi est-ce que Jean-Etienne aime Viviane ? Complétez le paragraphe suivant avec *le présent du subjonctif* des verbes entre parenthèses.

Viviane est contente que Jean-Etienne l'**aime** (aimer) parce qu'il peut l'aider. Il est douteux que Viviane **soit** (être) amoureuse de lui et il faut qu'elle **fasse** (faire) semblant de l'aimer. Elle veut surtout que Jean-Etienne **comprenne** (comprendre) qu'il peut utiliser son pouvoir en tant que ministre pour résoudre son problème. A son avis, il est essentiel que la police n'**ait** pas (avoir) envie de l'interroger. Viviane est soulagée que Jean-Etienne **veuille** (vouloir) appeler le Préfet de police. Certains pensent qu'il est impossible que Jean-Etienne ne **voie** (voir) pas que Viviane est mélodramatique. Comme elle est très belle, célèbre et charmante mais égocentrique, il est possible que Jean-Etienne **sache** (savoir) que Viviane n'est pas sincère. Pense-t-il qu'ils **puissent** (pouvoir) être ensemble ? Sait-il qu'elle est manipulatrice et qu'elle profitera de tout le monde pour sauver sa carrière ?

B **Meurtrière.** Qu'est-ce qui s'est passé le soir où Viviane a tué Arpel ? Complétez le passage suivant en conjuguant les verbes entre parenthèses *au passé du subjonctif*.

Ce soir-là, il semble qu'Arpel **se soit caché** (se cacher) et qu'il **soit entré** (entrer) dans son immeuble après que les autres sont partis. Il se peut qu'Arpel **soit venu** (venir) chez Viviane pour lui parler. Mais il est douteux qu'Arpel **ait voulu** (vouloir) la blesser. Il n'est pas clair que Viviane **ait eu** (avoir) peur. Il est pourtant possible qu'elle **ait été** (être) obligée faire quelque chose pour se protéger contre Arpel. Il est douteux qu'elle **ait voulu** (vouloir) le tuer. Elle est soulagée que Frédéric **soit arrivé** (arriver) pour l'aider à se débarrasser de cette affaire. Malheureusement, elle ne regrette pas que Frédéric **ait été** (être) arrêté et elle est contente que la police **n'ait pas eu** (ne…pas / avoir) envie de l'interroger.

Pratiquez !

A   **L'eau lourde.** Pourquoi est-ce que l'eau lourde est si importante ? Complétez le paragraphe ci-dessous avec *les conjonctions* suivantes pour décrire l'importance de l'eau lourde.

conjonctions suivies du subjonctif				
afin que	avant que	bien que	de peur que	pourvu que

Le professeur est un homme courageux qui accomplira sa mission **bien qu'**elle soit difficile. Il veut transporter l'eau lourde en Angleterre **de peur que** les Allemands ne développent une bombe atomique. (L'eau lourde est une eau rare utilisée dans certains réacteurs nucléaires **afin que** les neutrons ralentissent avant de bombarder l'uranium.) Le professeur rencontre quelques difficultés et **avant qu'**il ne réussisse à la transporter, il aura besoin d'aide. **Pourvu qu'**il ait l'aide dont il a besoin, les Alliés empêcheront le développement de la bombe atomique.

Pratiquez !

A   **Espion !** Conjuguez les verbes entre parenthèses *à l'indicatif* ou *au subjonctif* selon le contexte pour parler des espions du film.

Tout le monde pense qu'Alex Winckler **est** (être) journaliste et il est probable que ce/c'**est** (être) un bon journaliste. Il poursuit avidement Viviane. Pense-t-il qu'elle **ait** (avoir) des secrets militaires ? Croit-il qu'elle **soit** (être) espionne ? Evidemment, Viviane n'aime pas qu'Alex la **suive** (suivre) partout. Bien que son comportement **soit** (être) suspicieux, tout le monde sait qu'elle n'**est** pas (être) espionne ! Elle essaie de se déguiser de peur qu'Alex n'**apprenne** (apprendre) qu'elle **a tué** (tuer) André Arpel. Vers la fin du film, on est surpris de découvrir qu'Alex **est** (être) espion et qu'il **envoie** (envoyer) des messages aux Allemands. Quoiqu'Alex **appartienne** (appartenir) à l'armée allemande, Viviane a besoin de son aide et, à la fin du film, ils partent pour Paris ensemble. Est-il possible que Viviane **devienne** espionne ? Tout est possible parce qu'elle veut sauver sa carrière !

Après avoir regardé

Compréhension générale

A **Vrai ou faux ?** Indiquez si les phrases suivantes sont vraies ou fausses.

1. vrai **faux** Au début du film, Viviane a très peur que la France ne déclare la guerre à l'Allemagne.
2. **vrai** faux Viviane appelle Frédéric parce qu'elle sait qu'il l'aidera quoi qu'il arrive.
3. **vrai** faux Viviane va au bureau de Jean-Etienne pour lui demander de l'aide.
4. vrai **faux** Jean-Etienne dit qu'il l'aidera à condition qu'elle se marie avec lui.
5. **vrai** faux Frédéric réussit à s'évader de prison et il part pour Bordeaux.
6. vrai **faux** Frédéric rencontre Camille pendant son voyage à Bordeaux et il ne l'aime pas du tout.
7. vrai **faux** Raoul et Frédéric aident Camille parce qu'ils veulent participer à la Résistance.
8. vrai **faux** Le professeur rejette leur aide parce qu'il pense que Raoul est malhonnête.
9. **vrai** faux A la fin du film, on apprend que Frédéric et Camille sont résistants.
10. **vrai** faux A la fin du film, on apprend aussi que Viviane est toujours une grande vedette.

Photo

 A **Détails.** Regardez l'image et choisissez les bonnes réponses.

1. Où est-ce que cette scène a lieu ?
   a. à Paris
   b. à Bordeaux
   c. à Angoulême
2. Quand est-ce que cette scène a lieu ?
   a. Elle a lieu au début du film.
   b. Elle a lieu au milieu du film.
   c. Elle a lieu à la fin du film.
3. Les personnages sur la photo sont…
   a. le professeur Kopolski, Camille et Monsieur Girard.
   b. le professeur Kopolski, Camille et Raoul.
   c. le professeur Kopolski, Camille et Frédéric.
4. La jeune femme sur la photo…
   a. va partir pour Paris.
   b. vient d'arriver de Paris.
   c. ne veut pas partir avec les hommes sur la photo.
5. Les trois personnes sur la photo sont en train de…
   a. livrer l'eau lourde.
   b. chercher l'eau lourde.
   c. parler de leurs projets pour l'avenir.

B **Chronologie.** Mettez les phrases suivantes en ordre chronologique.

  _2_ Le vieil homme demande à la jeune femme si elle a pu trouver tous ses papiers.

  _4_ Ils arrivent à la voiture où la jeune femme découvre que le vieil homme a toujours l'eau lourde.

  _1_ La jeune femme descend du train où les deux hommes l'attendent.

  _3_ Ils discutent des projets de l'homme qui doit quitter la France.

  _5_ Avant que les trois personnes ne quittent la gare, Raoul et Frédéric leur demandent de les emmener à Bordeaux.

C **En général.** Répondez aux questions suivantes. Ecrivez deux ou trois phrases.

1. Donnez un titre à la photo. Justifiez votre réponse.
   « L'eau lourde ». Camille arrive à Angoulême où elle retrouve le professeur Kopolski et Monsieur Girard. Elle est surprise d'apprendre que le professeur a toujours l'eau lourde. C'est le début de l'aventure de l'eau lourde : la fuite, l'espionnage, l'amour, etc.

2. Décrivez les émotions des gens sur cette photo.
   Comme la situation est grave, tout le monde a l'air sérieux. Camille s'inquiète pour le professeur qui doit quitter la France et qui va aller en Angleterre. Le professeur s'inquiète parce qu'il a toujours l'eau lourde, ce qui présente beaucoup de risques pour tout le monde. On ne voit pas bien le visage de Monsieur Girard mais on sait qu'il attend le coup de fil de sa mère et qu'il s'inquiète aussi pour l'eau lourde.

D **Aller plus loin.** Ecrivez un paragraphe pour répondre aux questions suivantes.

1. Cette scène marque le début de la deuxième partie du film. Expliquez.
   La première partie du film a lieu à Paris où Viviane tue Arpel, où Frédéric est arrêté et où il s'évade de prison. Raoul retrouve Frédéric et ils rencontrent Camille pendant le voyage en train (de Paris à Angoulême) qui sert de transition entre les deux parties du film. Raoul et Camille deviennent deux personnages importants dans cette deuxième partie qui a lieu à Bordeaux. Il y a de nouvelles intrigues (l'eau lourde, l'espionnage, etc.) et de nouvelles amitiés (Raoul, Camille, le professeur, etc.).

2. Le voyage en train montre l'exode des Français du nord. Décrivez la façon dont Rappeneau souligne le chaos de l'exode.
   Rappeneau montre ce chaos à partir de la scène dans le train. Frédéric réussit à prendre le dernier train, comme la plupart des Français du nord. Le voyage en train est pénible. Les voitures du train sont pleines, il y a des gens debout parce qu'il n'y a plus de places. On a chaud et soif et on est fatigué. Le voyage est long parce que le train s'arrête deux heures à Poitiers. Le voyage est aussi dangereux car les passagers doivent descendre du train. En effet, la circulation est interrompue à cause des bombardements. Ce chaos est aussi évident à Bordeaux où les hôtels sont pleins et où les rues sont remplies de gens et de voitures.

3. Pourquoi est-ce que la plupart des voyageurs veulent aller à Bordeaux ?
   Le gouvernement français s'est installé à Bordeaux et tout le « gratin » y est. Les passagers ont sûrement des raisons diverses d'y aller (retrouver de la famille ou des amis, être auprès du gouvernement, etc.). Frédéric y va pour chercher Viviane. Raoul y va parce que c'est là que tout se passe (selon lui). Il y rencontre aussi quelques amis. Camille va à Angoulême pour retrouver le professeur et le professeur, Camille et Monsieur Girard vont à Bordeaux pour demander aux ministres de leur donner les papiers nécessaires pour transporter l'eau lourde et pour procurer un visa au professeur qui est un Juif apatride.

Mise en pratique

 A **En général.** Répondez aux questions suivantes. Ecrivez deux ou trois phrases.

1. Décrivez le début du film. Quelle est l'importance de cette scène ?
   Le film commence dans une salle de cinéma où on assiste à l'avant-première d'un film de Viviane. Cette scène est importante parce qu'elle introduit deux hommes qui sont des catalyseurs des autres événements du film. Le premier est André Arpel qui va être assassiné par Viviane. Le deuxième est le Ministre de l'Intérieur, Jean-Etienne Beaufort, qui va devenir l'amant de Viviane et qui va aller à Bordeaux pour s'installer avec le gouvernement français.

2. Qu'est-ce qui se passe quand Viviane rentre chez elle après l'avant-première ? Qui est André Arpel ?
   Après l'avant-première, Jacqueline et Albert de Lusse emmènent Viviane chez elle. Il pleut et tout est noir. Arpel est dans sa voiture d'où il observe Viviane. Il entre dans l'immeuble et il arrive à la porte juste avant qu'elle ne puisse la fermer. Ils se disputent et Arpel gifle Viviane. Il y a un changement de scène. On apprend plus tard qu'Arpel est mort mais on ne sait pas comment parce que les explications de Viviane ne sont pas claires et parce qu'elle adapte son histoire à la personne avec qui elle parle. Arpel était une sorte d'homme d'affaires qui soutenait des films. C'était aussi un ancien amant de Viviane qui avait une obsession sexuelle (selon Viviane).

3. Pourquoi est-ce que Viviane appelle Frédéric ? Est-ce qu'il sait pourquoi elle l'appelle ?
   Viviane a besoin d'aide et elle l'appelle parce qu'ils se connaissent depuis leur enfance. On ne sait pas s'ils étaient voisins, s'ils étaient amis ou s'ils étaient amants mais Frédéric est ravi que Viviane l'appelle. Elle ne lui dit pas pourquoi elle l'appelle mais elle insiste et, comme Frédéric est amoureux de Viviane, il va chez elle sans lui poser trop de questions.

4. Qu'est-ce que Frédéric découvre quand il arrive chez Viviane ? Comment est-ce qu'il réagit ? Qu'est-ce que Frédéric et Viviane décident de faire ? Qu'est-ce qui arrive à Frédéric ?
   Frédéric découvre qu'un homme est mort chez Viviane. Il pense que c'était un accident et il veut appeler la police. Viviane ne veut pas et ils décident de mettre Arpel dans le coffre de sa voiture et de la conduire dans un canal. Quand Frédéric part, il pleut et il a du mal à voir. Il a un accident et le coffre s'ouvre. La police arrive, trouve le corps d'Arpel dans le coffre et arrête Frédéric.

5. Pourquoi est-ce que Frédéric n'a pas encore vu le juge quand son avocat désigné (Maître Vouriot) arrive ? Qu'est-ce qu'il explique à Frédéric ?
   Frédéric ne l'a pas encore vu parce que « c'est une pagaille » (tout est en désordre à cause de la guerre). Vouriot explique qu'il a été mobilisé. Il part le lendemain mais il s'occupera quand même de Frédéric parce que tout sera fini dans trois semaines (la guerre sera finie) d'après Vouriot. Pendant sa visite, Vouriot accuse Frédéric d'être menteur bien qu'il réponde honnêtement à ses questions. Frédéric est surpris d'apprendre qu'Arpel a été tué d'un coup de révolver (Arpel n'est pas tombé ; Viviane lui a menti !).

6. Qu'est-ce qui se passe «quelques mois plus tard» ?

Rappeneau reprend l'action quelques mois plus tard. C'est la veille de l'entrée des Allemands dans Paris. Les gardes transfèrent les prisonniers dans des autobus pour les emmener dans le midi. Tout est chaotique et Raoul et Frédéric réussissent à s'évader.

7. Décrivez le 14 juin 1940 (le jour où les Allemands entrent dans Paris). Comment est Paris ? Pourquoi ? Qu'est-ce que Frédéric fait ? Qui est-ce qu'il retrouve ? Qui est-ce qu'il rencontre ?

Le jour après l'évasion de Frédéric, les rues de Paris sont désertes. Les Parisiens sont partis pour le sud. On voit pourtant quelques Allemands qui entrent dans Paris. Frédéric essaie de trouver Viviane et il apprend qu'elle est partie pour Bordeaux où le gouvernement français (et « le gratin ») s'installe. Frédéric rentre chez lui pour prendre son roman et sa machine à écrire et il prend le dernier train pour Bordeaux. Raoul le retrouve dans le train et il rencontre Camille, une jeune assistante en physique que Raoul drague.

8. Qu'est-ce qui se passe à Angoulême ?

Camille descend à Angoulême où elle retrouve le professeur Kopolski et Monsieur Girard. Comme il y a un bombardement, la circulation du train est interrompue et tous les passagers doivent descendre du train. Raoul et Frédéric retrouvent Camille et ils rencontrent le professeur et Monsieur Girard. Ils leur demandent de les emmener à Bordeaux.

9. Quelle est la mission de Camille, du professeur Kopolski et de Monsieur Girard ?

Le professeur, un juif apatride, va aller en Angleterre. Quand Camille, son assistante, descend à Angoulême avec tous ses papiers, elle apprend que le professeur a toujours l'eau lourde. Ils devront donc livrer l'eau lourde (le seul stock qui existe en Europe) aux Anglais afin d'empêcher les Allemands de pouvoir développer une bombe atomique. Il faut demander les papiers au gouvernement qui s'est installé à Bordeaux.

10. Décrivez Bordeaux et l'hôtel Splendid. Comment est-ce que Viviane réagit à ce qui se passe ?

La ville est chaotique. Les rues sont bondées de voitures (quelques-unes sont en panne) et il y a même des gens qui dorment dans leur voiture. L'hôtel est aussi chaotique puisque le « tout Paris » est là. Le gouvernement et la haute bourgeoisie se sont installés dans l'hôtel. La chambre/le bureau de Jean-Etienne est en désordre. Il y a beaucoup de bruit : les téléphones sonnent, le bruit de la rue est assourdissant, etc. On entend un mélange d'anglais et de français. Viviane se plaint du fait qu'elle n'a pas pu dormir. Elle n'a aucun souci pour ce qui se passe en France. C'est comme si rien n'avait changé.

11. De quoi est-ce que Jean-Etienne et son chef de cabinet, Brémond, parlent dans la voiture ?

Brémond pense qu'il faut installer le gouvernement ailleurs (dans les Colonies peut-être). Jean-Etienne n'est pas d'accord parce qu'il pense que la guerre est déjà perdue. Selon Jean-Etienne, il faut demander un armistice. Brémond dit que Reynaud n'acceptera jamais l'armistice. Jean-Etienne lui dit que le Maréchal (Pétain) est prêt à le remplacer et que tout le monde (à part deux hommes – Mandel et de Gaulle) votera pour l'armistice.

12. Comment est-ce que Viviane réagit quand elle voit Frédéric dans la rue ?
Pourquoi ? Comment est-ce que Frédéric réagit ? Pourquoi ?
Viviane demande que le chauffeur arrête la voiture parce qu'elle veut parler avec Frédéric. Elle entre dans une boutique où elle retrouve Frédéric qui en a assez des mensonges de Viviane. Elle lui dit qu'il faut qu'il se cache bien qu'il n'ait tué personne ! Elle a peur qu'il révèle la vérité. Il veut savoir pourquoi elle a menti mais elle ne répond pas parce que Jean-Etienne vient la chercher. Frédéric est déçu mais il sait qu'il peut la retrouver plus tard.

13. Frédéric trouve Viviane à l'hôtel Splendid. Qu'est-ce qui se passe quand il parle avec elle ?
Frédéric continue à essayer d'apprendre la vérité. Viviane explique qu'Arpel l'a agressée, qu'elle avait peur et qu'elle lui a tiré dessus. Elle ment à Frédéric qui la croit jusqu'au moment où elle lui dit qu'elle l'appellera quand elle le pourra (la vie est difficile pour elle !). Frédéric est furieux. Il descend les escaliers, Viviane le suit et ils se disputent. Alex Winckler est dans les escaliers et il entend par hasard leur dispute. Il est content ; il pourra manipuler Viviane avec ces nouvelles.

14. Qu'est-ce que Camille veut que Frédéric fasse ? Pourquoi ? Quel est le résultat ?
Camille veut que Frédéric organise un rendez-vous entre le professeur et Jean-Etienne parce qu'elle pense que Frédéric connaît tout le gouvernement. Le ministre dit au professeur que son chef de cabinet, Brémond, s'occupera de lui. Le professeur a de la chance parce que Brémond est aussi un résistant. Il essaiera d'obtenir les papiers nécessaires pour transporter l'eau lourde.

15. Est-ce que le professeur et Camille réussissent à avoir les papiers nécessaires pour transporter l'eau ? Quelle est la réaction de Brémond ? Qui entend la dispute entre Camille et Jean-Etienne ?
Jean-Etienne ne peut pas les leur donner parce que le gouvernement est en train de négocier un accord avec les Allemands et l'eau lourde peut être un atout pour les Français. Brémond est déçu mais il veut toujours les aider. Alex Winckler entend la dispute entre Jean-Etienne et Camille et il informe les Allemands. C'est une découverte importante pour eux parce qu'ils peuvent développer leur bombe atomique avec l'eau lourde.

16. Qui est Thierry ? Quel est son rôle dans le film ?
Thierry est le neveu d'André Arpel. Il voit Frédéric dans le restaurant de l'hôtel et il révèle que Frédéric est l'assassin. Frédéric devra se cacher parce que la police le recherchera. Thierry a le même caractère que son oncle et il agresse Viviane plus tard.

17. Quelle est l'importance de la scène où Frédéric va au bar ?
Quand Frédéric va au bar, il rencontre des marins anglais qui partiront de Soulac pour rentrer en Angleterre. Comme Camille et le professeur n'ont pas pu trouver de moyen pour livrer l'eau lourde, le retour des marins présente l'occasion idéale pour la transporter.

18. Jean-Etienne rompt avec Viviane, ses amis refusent de l'emmener à Nice et elle demande encore à Frédéric de l'aider. Pourquoi est-ce que la situation est chanceuse pour Alex qui emmène Viviane chez Frédéric ?
Alex emmène Viviane chez Frédéric et, quand il arrive, il apprend que le professeur et Camille vont à Soulac pour livrer l'eau lourde aux marins anglais. Il appelle ses collègues allemands pour qu'ils les interceptent. Il a aussi de la chance parce que Frédéric abandonne Viviane pour avertir ses amis. Viviane doit maintenant dépendre d'Alex qui réalise enfin son rêve d'être avec elle.

19. Est-ce que Camille et le professeur arrivent à Soulac sans problèmes ? Expliquez.
Après avoir arrêté Camille et le professeur, les Allemands essaient de s'enfuir avec l'eau lourde. Frédéric arrive avant qu'ils ne partent et il tue les Allemands avec l'aide de Raoul qui est blessé. Malgré un petit détour pour trouver des soins médicaux pour Raoul, Frédéric, Camille et le professeur arrivent à Soulac avant que les Anglais ne partent. Bien que le professeur et Frédéric partent pour l'Angleterre, Camille reste en France.

20. Décrivez la fin du film. Qu'est-ce qui se passe ?
C'est le 28 avril 1942. Un homme (Frédéric) se cache derrière un arbre et observe Camille qui sort du Collège de France. Elle ne s'inquiète pas parce qu'elle reconnaît tout de suite son ami qu'elle n'a pas vu depuis l'été 1940. Ils s'installent sur la terrasse d'un café où ils apprennent qu'ils sont tous les deux résistants. Des policiers allemands arrivent au café pour vérifier les papiers des citoyens et Camille et Frédéric s'enfuient. Ils entrent dans une salle de cinéma où ils voient Viviane sur l'écran. Camille comprend à ce moment-là que Frédéric a réussi à se libérer de Viviane. Frédéric et Camille s'embrassent.

B **Aller plus loin.** Écrivez un paragraphe pour répondre aux questions suivantes.

1. Pourquoi est-ce que le film commence et se termine dans une salle de cinéma ? Expliquez.
Le fait que la première scène a lieu dans une salle de cinéma est important. Elle établit la célébrité de Viviane, ce qui explique pourquoi les hommes sont facilement manipulés par elle. La scène établit aussi que Viviane a une bonne carrière. Elle fera donc tout pour la sauver. Cette scène montre que Viviane vit dans le monde du « grand écran » et qu'elle n'est pas consciente du monde qui l'entoure. Rappeneau met l'accent sur ce fait grâce aux couleurs et à la musique qui accompagnent ses mensonges.

Pendant les dernières scènes du film, Frédéric et Camille échappent aux policiers. Ils entrent dans une salle de cinéma où on regarde un nouveau film de Viviane. Le dialogue du film suit les aventures de Viviane et renforce le fait que Viviane ne vive pas dans le monde réel. Le film se termine dans la salle de cinéma pour montrer que tout finit où tout a commencé, que rien n'a changé pour Viviane (malgré l'Occupation, elle poursuit sa carrière) et que Frédéric ne l'aime plus.

2. Parlez de l'amour dans le film. Qui aime qui ?
Frédéric et Jean-Etienne aiment Viviane, il est possible qu'André l'ait aimée et Thierry veut l'avoir comme maîtresse. Alex est amoureux de Viviane et il la poursuit sans cesse. A la fin du film, ses efforts sont récompensés parce qu'elle a besoin de lui. Frédéric explique que Viviane n'aime personne, même pas elle-même, ce qui explique pourquoi elle peut partir avec Alex bien que ce soit l'ennemi. Raoul tombe amoureux de Camille (c'est le coup de foudre !) mais elle ne lui rend pas son amour parce qu'elle aime Frédéric. A la fin du film, Frédéric comprend que Viviane ne l'aime pas et il tourne la page. Il quitte la France et quand il rentre, il retrouve Camille, une femme qui mérite son amour. Rappeneau montre aussi l'amour des résistants pour leur pays à partir des personnages du film. Camille, le professeur, M. Girard, Brémond et Frédéric risquent leur vie pour sauver la France.

3. Comparez Viviane et Camille. Pourquoi est-ce que Frédéric aime ces deux femmes ?
   **Viviane est une grande vedette qui est belle et charmante mais égocentrique.
   C'est une femme sans conscience qui fera n'importe quoi pour protéger la
   vie qu'elle a créée. Elle ment et manipule tout le monde pour protéger sa
   carrière. Viviane n'a aucun souci pour le monde qui l'entoure. Comme Frédéric
   l'explique, elle n'aime personne. Camille est l'opposée de Viviane. Elle se
   soucie de tout sauf d'elle-même. Bien qu'elle soit tendue, elle est généreuse,
   courageuse et tenace. Elle fera n'importe quoi pour protéger la France. Il n'est
   pas clair pourquoi Frédéric aime Viviane, surtout après son arrestation. Il se
   rappelle peut-être leur jeunesse à Dijon et il voit en elle la fille qu'il aimait. Il
   aime Camille parce qu'ils partagent les mêmes valeurs et parce que Camille est
   quelqu'un de bien.**

4. Qui est Alex Winckler ? Quel rôle est-ce qu'il joue dans le film ?
   **Alex Winckler est un journaliste qui va à Bordeaux avec la haute bourgeoisie
   et le gouvernement. Il semble qu'il connaisse et qu'il aime Viviane depuis
   longtemps parce que son amie Jacqueline fait référence à son amour pour elle
   et elle note qu'il la poursuit même à Bordeaux. Vers la fin du film, on apprend
   qu'Alex est un espion allemand qui suit les mouvements du gouvernement et des
   résistants. Bien qu'il soit allemand, Viviane part pour Paris avec lui (elle n'a plus
   d'amis). Sait-elle qu'il est allemand ? A-t-elle peur de rentrer à Paris avec lui ?
   A-t-elle peur des conséquences de sa collaboration ? Elle réussit évidemment à
   Paris parce qu'elle continue à faire des films.**

5. Comment est-ce que Rappeneau souligne le chaos de cette époque en France ?
   **Au début du film, Rappeneau montre l'insécurité des Français à partir des unes
   de journaux que Viviane lit. Il montre le chaos dans la prison qui permet à
   Raoul et à Frédéric de s'évader. Ce chaos continue dans le dernier train pour
   Bordeaux qui est plein de Français qui s'enfuient. Les rues sont pleines de
   gens et il y a des bouchons partout. A l'hôtel Splendid, il n'y a pas assez de
   chambres pour ceux qui en cherchent. On dort où on peut (dans les écoles, dans
   les maisons particulières, dans les voitures, etc.) et même les Sénateurs devront
   prendre les chambres de service. Il y a beaucoup de bruit, tout le monde parle en
   même temps, on entend un mélange de français et d'anglais, etc. Les hommes
   politiques se réunissent toute la journée et toute la nuit pour se préparer pour les
   négociations avec les Allemands et pour l'armistice éventuel. Au cours du film,
   tout le monde bouge beaucoup et l'action ne s'arrête jamais.**

6. Comment est-ce que Rappeneau montre la Résistance à partir des personnages
   suivants : le professeur, Camille, Monsieur Girard, Frédéric, Raoul, Brémond et de
   Gaulle.
   **La contribution du professeur, de Camille et de Monsieur Girard est évidente.
   Ils transportent l'eau lourde. Frédéric devient résistant quand il participe à cette
   livraison et quand il est en Angleterre. Raoul est un résistant inattendu qui n'a
   aucune motivation politique. Il veut aider Camille parce qu'il l'aime et parce
   qu'il veut être avec elle. Brémond est un résistant important puisqu'il fait partie
   du gouvernement. Il peut obtenir des renseignements que les autres ont du mal
   à obtenir. La scène où il emmène Viviane à l'hôtel montre aussi son importance
   dans la Résistance. Il parle avec de Gaulle pour qui il organise le trajet en
   Angleterre. Rappeneau montre que les résistants font partie de classes sociales
   diverses et qu'il y a des hommes et des femmes, des jeunes et des vieux, des
   voyous, des hommes politiques, etc. Les résistants partagent un espoir : sauver
   la France.**

7. Raoul et ses amis volent du vin. Pourquoi est-ce qu'ils en volent et qu'est-ce qu'ils feront avec le vin ?

   Raoul et ses amis volent du vin parce que ce sont des voyous. La ville est chaotique et il y a très peu de risques. Ils ne vont pas le vendre parce qu'ils savent que s'il y a une guerre, ils pourront le vendre à des prix élevés parce que toute production non essentielle s'arrêtera. C'est une référence au marché noir qui va se développer à cause du rationnement.

8. Qui est le héros ou l'héroïne du film ? Expliquez.

   Il y a plusieurs héros et une héroïne dans le film. Les héros et l'héroïne contribuent à la livraison de l'eau lourde. Camille est tenace et elle aide le professeur à accomplir sa mission. Monsieur Girard est l'assistant intrépide qui les aide et qui se bat avec Alex Winckler pour sauver ses amis. Brémond essaie de se procurer les papiers nécessaires pour le transport de l'eau et quand il ne réussit pas à les avoir, il essaie de trouver d'autres moyens pour la livrer. Raoul aide le trio à la fin du film quand il emmène Camille et le professeur à Soulac. Il risque sa vie pour protéger ses amis. Il y a finalement Frédéric qui découvre que les Anglais partent de Soulac et qui suit ses amis pour les avertir de la poursuite des Allemands. Comme Camille, il devient résistant et contribue au combat contre les Allemands à partir des missions des résistants.

9. Est-ce qu'on peut dire que *Bon Voyage* un film de guerre bien que Rappeneau ne montre aucune bataille ?

   Bien que Rappeneau ne montre aucune bataille, il développe bien les événements du début de la guerre. Il fait allusion à la drôle de guerre et à la débâcle. Il montre l'entrée des Allemands dans la capitale et l'exode des populations. L'action du film suit le gouvernement à Bordeaux. Rappeneau montre l'insécurité des Français et l'instabilité du gouvernement qui ne sait pas s'il faut demander un armistice ou continuer la bataille. Il parle de la Résistance et de la présence des espions. Le film montre le chaos de cette époque, mais ce n'est pas un vrai film de guerre. C'est plutôt une comédie et un film d'aventure.

10. Est-ce que vous aimez le film ? Expliquez.

    Bien que *Bon Voyage* soit un film qui parle de la guerre, ce n'est pas un film déprimant. Il y a des éléments invraisemblables dans le film mais Rappeneau reste fidèle à l'histoire et il montre le début de la guerre au lieu de privilégier les combats ou les camps de concentration. Le film donne envie d'étudier davantage la guerre et de comprendre l'organisation du gouvernement français de cette époque ainsi que la Résistance.

A   **Synonymes.** Etudiez le vocabulaire ci-dessous et barrez le mot qui n'est pas logique.

1. **fuite :**	échappée	évasion	fugue	~~invasion~~
2. **bourrée :**	chargée	pleine	remplie	~~vide~~
3. **rescapés :**	échappés	~~morts~~	sauvés	survivants
4. **fuyard :**	~~captif~~	déserteur	évadé	fugitif
5. **sciés :**	atterrés	figés	~~libérés~~	muets
6. **glanés :**	collectés	~~déposés~~	ramassés	réunis
7. **dénuement :**	famine	misère	pauvreté	~~richesse~~
8. **caserne :**	bâtiment militaire	~~cabaret~~	campement	fort
9. **cuistot :**	chef	cordon-bleu	cuisinier	~~directeur~~
10. **bilan :**	~~bagage~~	examen	inventaire	liste

B   **Vrai ou faux ?** Déterminez si les phrases suivantes sont vraies ou fausses.

1. vrai **faux**   Bracq fuit parce qu'il a peur des Allemands. Les autres militaires l'accompagnent parce qu'ils ont peur aussi.
2. **vrai** faux   La fuite est précaire mais les hommes que Bracq conduit ont confiance en lui.
3. vrai **faux**   Au cours du trajet, Bracq et ses camarades rencontrent un passage à niveau fermé. Comme Bracq est militaire, le garde-barrière laisse passer son camion.
4. **vrai** faux   A Dijon, les Autorités militaires donnent des ordres aux chefs. Il faut aller à N… (vers le Nord).
5. vrai **faux**   A Autun, il y a un changement de directives et les militaires repartent vers Bordeaux.
6. vrai **faux**   A Clermont-Ferrand, ils apprennent que les Allemands arrivent. Il faut retourner à Paris.
7. **vrai** faux   Bracq et ses camarades attrapent le train de «la Dernière chance».
8. **vrai** faux   Le voyage en train est pénible parce qu'il s'arrête souvent.
9. vrai **faux**   Bracq se souvient très bien du voyage à Bordeaux bien qu'il ait été malade.
10. **vrai** faux   A la fin de l'histoire, Bracq est démobilisé parce qu'il a un contrat de travail. Il veut chercher sa femme.

C   **Trous.** Complétez les phrases suivantes avec les mots qui conviennent.

1. L'histoire de *La Fuite* commence en **été 40**.
2. Bracq est **brigadier** et, d'après les règlements en cours, il ne devrait pas conduire.
3. Bracq et ses camarades arrivent **à Dijon** sans aucun obstacle mais il faut retourner vers **le Nord**.
4. **A Autun**, il y a un autre changement de directives et ils repartent **vers le Sud (à Clermont-Ferrand)**.
5. A Clermont-Ferrand, ils apprennent qu'il faut attraper le dernier convoi, le train de la **Dernière Chance**.
6. A un arrêt, Bracq et ses camarades, trouvent **des boîtes de sardines** et **un tonneau de vin** dans un train abandonné.
7. Des femmes de la **Croix Rouge** offrent de la soupe épaisse et de la boisson à Bracq et à ses camarades.
8. A Sète, ils apprennent **l'armistice** de Pétain et ils abandonnent **leurs fusils** à l'endroit prescrit.

9. A Tarbes, Bracq est très malade mais il apprend que **(un certain) De Gaulle** continue la guerre à lui tout seul malgré l'armistice de Pétain.

10. Après avoir passé du temps dans les Hautes-Pyrénées, Bracq retourne **à Tarbes** parce qu'il espère être démobilisé.

D **En général.** Répondez aux questions suivantes. Ecrivez deux ou trois phrases.

1. Quand est-ce que l'histoire de la fuite commence ? Qu'est-ce que Bracq et ses camarades font ?
   L'histoire de la fuite commence pendant l'été 1940 quand Bracq et ses camarades fuient devant les Allemands. Bracq conduit le camion parce que Jérémie (le chauffeur) est malade depuis deux jours.

2. Qu'est-ce que Bracq a fait les deux nuits précédentes ?
   Bracq a passé la nuit d'avant à ramener un chargement (une cargaison) de Chamarande et la précédente à déménager une batterie en haut du Mont-Biron.

3. Pourquoi est-ce que Bracq pense que ses copains le considèrent comme une sorte de demi-dieu ?
   Il arrive à les sortir des situations dangereuses. Il a sauvé des réchappés qui ont embarqué dans son camion sous le tir des tanks. Il a pu les libérer du grand bouchon.

4. Comment est-ce que Bracq arrive à passer le passage à niveau fermé ?
   Un colonel arrive à la barrière. Le colonel lui dit qu'il va faire lever la barrière pour lui seul (pas pour Bracq) mais Bracq désobéit au colonel et il passe la barrière derrière lui.

5. Comment est la ville de Dijon quand Bracq y arrive avec ses camarades ?
   Les terrasses des cafés sont pleines, les femmes aux jolies jambes portent des bas en soie, les civils sont décontractés. La ville n'est guère touchée par la guerre jusqu'à l'arrivée des militaires.

6. Pourquoi est-ce que Bracq et ses camarades doivent changer de route plusieurs fois au cours de l'histoire ?
   Ils suivent les directives, les ordres, des Autorités Militaires qui leur donnent de nouveaux ordres à chaque arrêt. Ils n'ont aucun choix puisque les soldats obéissent à leurs gradés survivants et tout supérieur obtient une soumission totale de ses militaires.

7. Comment est le voyage en train ? Qu'est-ce que les militaires font ?
   Le train s'arrête souvent et longtemps. Ils ont très faim, ils cherchent et trouvent de la nourriture (des sardines, du vin) dans un train abandonné. Les femmes de la Croix-Rouge leur donnent aussi de la nourriture.

8. Qu'est-ce que Bracq apprend à Sète ? Qu'est-ce qu'il y fait ?
   Il apprend l'armistice de Pétain. Il abandonne son fusil et il appelle un ancien ami qui travaille aux P.T.T. (Postes Télégraphes Téléphones).

9. Pourquoi est-ce que Bracq ne se souvient pas du voyage à Bordeaux et à Tarbes ? Qu'est-ce qu'il a ?
   Il était malade et il a vomi pour la première fois de sa vie. Il a une dysenterie persistante (selon son diagnostic).

10. Qu'est-ce que son ami Yves fait dans les Hautes-Pyrénées ? Est-ce que Bracq l'accompagne ?
    Yves rencontre un curiste avec qui il explore la montagne. Comme Bracq est toujours trop malade pour l'accompagner, Yves lui raconte les beaux petits lacs pyrénéens.

11. Qu'est-ce que Bracq fait donc ?

Il est en train de retrouver sa santé (physique et morale). Il médite, il alterne bains de soleil chauds et bains froids dans le torrent.

12. Qu'est-ce que Bracq apprend quand les aliments arrivent ? Est-ce qu'il va réussir à être démobilisé ? Pourquoi ?

Il apprend qu'on démobilise tous les volontaires à Tarbes. Il réussit à être démobilisé parce qu'il a le contrat de travail qu'il faut. Il va traverser la France pour rejoindre sa femme dans le nord.

E **Aller plus loin.** Ecrivez un paragraphe pour répondre aux questions suivantes.

1. Quels éléments de l'histoire de Bracq correspondent aux éléments du film *Bon Voyage* ?

L'histoire de Bracq a lieu pendant l'exode au début de la guerre pendant l'été 1940. Alors que le film suit les mouvements des civils et du gouvernement français, *La Fuite* parle des mouvements des militaires. Les militaires suivent les ordres des autorités et ces ordres correspondent à la confusion du gouvernement que Rappeneau montre bien dans le film. Bracq et ses camarades vont vers le sud, ils retournent vers le nord, ils déposent leurs armes et ils prennent le train de la « dernière chance ». Comme Bracq et ses camarades, Frédéric et Raoul arrivent à prendre le dernier train de Paris et, comme l'histoire, le film montre que la vie est difficile à cette époque.

2. Quels dangers est-ce que Bracq rencontre au cours de sa fuite ? Pourquoi ? Est-ce que les personnages du film rencontrent les mêmes risques ?

Au début de l'histoire, Bracq ramène des réchappés sous le tir des tanks allemands. Il risque sa vie pour sauver celle des autres militaires. Au cours de sa fuite, il y a toujours le danger d'être capturé ou tué par les troupes allemandes. A part ces risques évidents, Bracq rencontre d'autres risques. Il tombe malade et il doit guérir. Les personnages du film rencontrent différents risques. Quand ils quittent Paris, la circulation est interrompue à cause des bombardements. Les personnages qui contribuent à la livraison de l'eau lourde sont poursuivis par les Allemands qui les tueraient afin de voler l'eau lourde. A la fin du film, Frédéric et Camille risquent leur vie parce qu'ils font partie de la Résistance. Malgré ces dangers, la vie semble moins dangereuse pour les personnages du film parce que le film est de la fiction alors que l'histoire de Bracq est autobiographique.

3. A la fin de l'histoire, Bracq dit qu'il doit traverser toute la France pour rejoindre sa femme dans le nord. Quels sont les dangers pour Bracq ? Est-ce qu'il sait où sa femme est allée ? Pourquoi pas ?

L'armistice du 22 juin 1940 divise la France en deux zones et la zone du nord est occupée par les Allemands. Bien que Bracq soit civil, le Nord est interdit d'accès à quiconque et il risque d'être capturé par les Allemands. Il peut être envoyé dans un camp de concentration ou fusillé sur le champ. Comme Bracq n'a aucun moyen de contacter sa femme, il ne sait pas où elle est. Il pense qu'elle est chez des amis bretons mais il n'est pas sûr parce qu'elle a dû évacuer comme les autres populations du nord.

4. Le récit de Bracq n'est pas littéraire. Citez des exemples qui montrent que Bracq écrit comme on parle.

Au lieu de présenter une introduction à son récit, Bracq commence son histoire « in médias res » (au milieu de l'histoire) comme s'il répondait à une question ou s'il parlait avec quelqu'un. (« En cet été 1940, nous fuyons devant les Allemands. ») Bracq décrit très peu la scène et il privilégie la narration des événements. (« La nuit dernière, je l'ai passée à ramener un chargement. ») Il y a quelquefois un manque de détails qui pourraient faciliter la compréhension de son histoire. («[...] nous fuyons devant les Allemands. » Avec qui est-il ? Où sont-ils ? Pourquoi fuient-ils ? Où vont-ils ?) Comme Bracq ne suit pas toujours les règles de grammaire du français (« [...] lui et moi savons seuls conduire » – « [...] seuls lui et moi savons conduire »), on peut imaginer qu'il raconte son histoire à un ami, à un membre de sa famille, etc.

5. Réfléchissez aux autres textes que vous avez lus. Comment est-ce que le récit de Bracq se distingue de ces autres textes ? Quel est l'effet ? Expliquez.

Le récit de Bracq est beaucoup moins « littéraire » que d'autres textes du manuel parce que l'auteur écrit comme il parle. Par exemple, il n'observe pas toujours les règles de grammaire et de ponctuation, il n'explique pas toujours la scène, il ne situe pas l'histoire dans son contexte historique, etc. Bracq ne parle que de ses expériences et il ne raconte pas toujours l'histoire chronologiquement, ce qui donne bien l'impression d'écouter un vieil homme qui raconte ses souvenirs. Bien qu'il soit quelquefois difficile de suivre le récit, le lecteur est « plongé » dans l'histoire et dans les souvenirs d'un simple soldat. Ce récit ressemble au film, *Bon Voyage*. Au début du film, le spectateur est plongé dans l'univers de Viviane, puis dans l'univers des autres personnages. Les personnages bougent beaucoup, ils parlent vite et la scène change souvent. Comme le film, le récit de Bracq souligne le chaos de cette époque.

6. Bien que le récit de Bracq n'ait pas de valeur littéraire, il a une valeur culturelle. Expliquez sa valeur culturelle.

Bien que Bracq ne soit pas écrivain, ce récit montre son état d'esprit pendant cette époque. Les phrases incomplètes, les erreurs de ponctuation et les fautes de grammaire font écho à l'instabilité, à la confusion et au chaos qu'il ressentait à cette époque. Les soldats, qui étaient souvent malades et désorientés, ne savaient pas ce qui se passait, où ils allaient et pourquoi on changeait toujours de directives. Bracq explique qu'il ne savait même pas où était sa femme. Le lecteur ressent aussi cette déstabilisation. Ce genre de récit peut être préférable à un texte historique (écrit par un historien) car on lit ici l'histoire d'un soldat qui raconte les souvenirs de « sa » guerre. Les témoignages « réels » sont aussi importants que les textes historiques puisqu'ils montrent un autre côté de la guerre et ils donnent la perspective d'un « commun des mortels ».

Culture

Les médias et la technologie

A **Médias.** Reliez le mot à droite avec sa définition à gauche.

D	1.	Une publication qui fait connaître les actualités.
B	2.	Une émission de radio ou de télé qui donne des nouvelles.
A	3.	Un programme transmis à la radio ou à la télé.
G	4.	L'ensemble des publications.
C	5.	Une publication qui paraît une fois par semaine.
J	6.	La transmission d'images et de sons.
E	7.	Une publication périodique avec des illustrations.
F	8.	Une publication qui paraît une fois par mois.
I	9.	La radiodiffusion de programmes sonores.
H	10.	Un journal qui paraît tous les jours.

a. une émission
b. les informations
c. un hebdomadaire
d. un journal
e. un magazine
f. un mensuel
g. la presse
h. un quotidien
i. la radio
j. la télévision

D **Kiosque.** Vous développez un site web sur la presse française. Utilisez le vocabulaire ci-dessous pour donner un titre à chaque groupe de publications.

vocabulaire

hebdomadaires et mensuels nationaux d'actualité	presse féminine	radios
hebdomadaires régionaux et départementaux	quotidiens gratuits	sports / loisirs
informatique	quotidiens nationaux	télévision / cinéma
maison / jardin	quotidiens régionaux et départementaux	télévisions

LE KIOSQUE

Quotidiens			Hebdomadaires et mensuels	
Quotidiens nationaux	**Quotidiens régionaux et départementaux**	**quotidiens gratuits**	**hebdomadaires et mensuels nationaux d'actualité**	**hebdomadaires régionaux et départementaux**
La Croix Les Echos L'Equipe Le Figaro France Soir L'Humanité Libération Le Monde La Tribune	Charente Libre Corse matin Le Courrier Picard L'Est Républicain L'Indépendant du Midi Midi Libre Nice Matin Le Parisien Var Matin La Voix du Nord	20 Minutes Métro	Courrier International L'Expansion L'Express Le Journal du Dimanche Marianne Le Monde Diplomatique Notre Temps Le Nouvel Observateur Paris Match Le Point	La Gazette du Midi L'Hebdo de Nantes L'Informateur Le Journal de Vitré Marseille l'Hebdo Le Patriote Beaujolais Le Réveil du Midi Le Tout Lyon Le Var Information Voix du Jura

LE KIOSQUE

Magazines

presse féminine	maison / jardin	sports / loisirs	télévision / cinéma	informatique
Avantages	Art et Décoration	L'Auto Journal	Avant-Scène Théâtre	01 Informatique
Cosmopolitan	Bricolage et Décoration	Bateaux	Les Cahiers du cinéma	100% Micro
Elle	Campagne Décoration	Le Chasseur Français	Les Inrockuptibles	Digital World
Femme	Elle Décoration	Le Cycle	La Revue du cinéma	Idéal PC
Femme actuelle	Maison Française	Le Foot Magazine	Studio Magazine	L'Informaticien
Madame Figaro	Maison Magazine	Foot Revue	Télé 7 Jours	Micro Revue
Marie-Claire	Maison & Travaux	Golf Magazine	Télé Loisirs	PC Expert
Maxi	Marie Claire Maison	Pêche Mouche	Télé Poche	PC Jeux
Top Santé	Mon Jardin & Ma Maison	Sport Auto	Télé Star	SVM
Vogue	Rustica	Sport et vie	Télérama	Univers MAC

Télévisions et Radios

	télévisions	radios	
	ARTE	Canal Sud	France Musique
	Canal Plus	Chérie FM	Fun Radio
	Euronews	Contact FM	Le Mouv'
	France 2	Déclic	NRJ
	France 3	Europe 1	Radio 16
	France 5	Europe 2	Radio France
	LCI (La Chaîne	France Bleu	RC2
	Information)	France Culture	RFI - Radio France
	M6	France Info	Internationale
	TF1	France Inter	RTL
	TV5		Skyrock

F **Coup d'œil.** Vous faites des recherches sur la Résistance et vous trouvez un bon site web qui en parle.   Lisez l'article sur la presse clandestine et barrez les mots qui ne sont pas logiques.

Coup d'œil sur l'histoire

La Seconde Guerre Mondiale 1939-1945

La Presse Clandestine

Dès le début de la guerre, la presse clandestine se développe parmi des groupes de *résistants* / ~~collaborateurs~~. Chaque personne qui contribue à la presse clandestine risque *la mort* / ~~l'amour~~. Les gens qui fournissent le papier, l'encre, etc., ceux qui écrivent les articles, ceux qui font la mise en page, ceux qui fabriquent le journal, ceux qui le distribuent, ceux qui le lisent, etc. savent que leur mission est ~~amusante~~ / *dangereuse* mais importante.

Les journaux clandestins ne sont pas *diffusés* / ~~déprimés~~ de manière régulière. Il faut se déplacer souvent pour se cacher des policiers, des espions, des dénonciateurs, etc. La distribution et la possession des journaux clandestins posent ~~aucun~~ / *autant de* risques que la production de ces journaux.

La qualité des journaux clandestins varie beaucoup. Comme les policiers, les espions et les dénonciateurs cherchent ceux qui participent à la presse clandestine, les journaux sont fabriqués *en vitesse* / ~~lentement~~. Le papier, l'encre, les stencils étant interdits, il est souvent difficile de lire les caractères imprimés. Les journaux sont souvent d'une seule page (recto verso). Malgré la *mauvaise* / ~~bonne~~ qualité des journaux, les Résistants les attendent avec ~~indifférence~~ / *impatience*. Les journaux fournissent les seules informations *fiables* / ~~faibles~~ et ils aident les Résistants à se soutenir, à suivre les mouvements des Allemands, à s'organiser et à planifier leurs mouvements.

Bien que toute participation à la presse clandestine soit dangereuse, tous les différents mouvements de Résistance produisent leur journal à eux. Le nombre des titres et des exemplaires diffusés est *impressionnant* / ~~ridicule~~. Il y a à peu près 1.200 *journaux* / ~~magazines~~ avec 100.000.000 d'exemplaires distribués aux Résistants. (http://www.coupdoeilsurlhistoire.fr) Parmi les journaux clandestins, on note : *Pantagruel, Libération-Nord, Défense de la France, Liberté / Vérité, Combat, Franc-Tireur, Libération.*

H **Médias pendant la guerre.** Déterminez si les phrases suivantes sont vraies ou fausses.

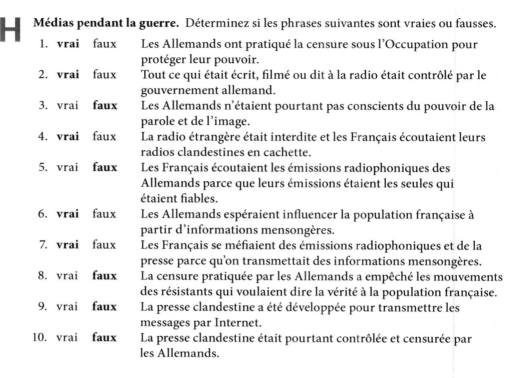

1. **vrai**   faux   Les Allemands ont pratiqué la censure sous l'Occupation pour protéger leur pouvoir.
2. **vrai**   faux   Tout ce qui était écrit, filmé ou dit à la radio était contrôlé par le gouvernement allemand.
3. vrai   **faux**   Les Allemands n'étaient pourtant pas conscients du pouvoir de la parole et de l'image.
4. **vrai**   faux   La radio étrangère était interdite et les Français écoutaient leurs radios clandestines en cachette.
5. vrai   **faux**   Les Français écoutaient les émissions radiophoniques des Allemands parce que leurs émissions étaient les seules qui étaient fiables.
6. **vrai**   faux   Les Allemands espéraient influencer la population française à partir d'informations mensongères.
7. **vrai**   faux   Les Français se méfiaient des émissions radiophoniques et de la presse parce qu'on transmettait des informations mensongères.
8. vrai   **faux**   La censure pratiquée par les Allemands a empêché les mouvements des résistants qui voulaient dire la vérité à la population française.
9. vrai   **faux**   La presse clandestine a été développée pour transmettre les messages par Internet.
10. vrai   **faux**   La presse clandestine était pourtant contrôlée et censurée par les Allemands.

M **Aller plus loin.** Ecrivez un paragraphe pour répondre aux questions suivantes.

1. Quels médias est-ce que Rappeneau présente dans le film *Bon Voyage* ?
Au début du film, Viviane lit trois journaux (des quotidiens : le Monde, l'Intransigeant, le Petit Parisien). Comme le film commence et se termine dans une salle de cinéma, on dirait qu'il y a des actualités filmées projetées avant le film. Il y a aussi la radio des espions allemands qui envoient des messages en code morse.

2. Comment étaient les médias pendant la Seconde Guerre mondiale ?
Les médias étaient contrôlés et censurés par les Allemands. Les informations qu'on entendait ou lisaient n'étaient pas fiables et étaient souvent de la propagande allemande. Certains Français écoutaient la radio étrangère en cachette et d'autres Français ont développé la presse clandestine. Le manque d'informations fiables a contribué à la confusion et au chaos de l'époque et il a provoqué de l'insécurité chez les Français.

3. Dans *La Fuite,* Bracq parle du fait qu'il ne sait pas où sa femme est allée après l'arrivée des Allemands. Pourquoi ? Comment est-ce que la technologie change la vie des militaires et de leur famille aujourd'hui ?

   Bracq n'a pas pu rester en contact avec sa femme parce qu'il n'y avait pas de moyens pour envoyer et pour recevoir de courrier à cette époque. Aujourd'hui, les militaires ont souvent accès à l'Internet et ils peuvent envoyer des emails à leur famille. S'il n'y a pas d'accès à l'Internet, il y a des téléphones très puissants qui peuvent être utilisés n'importe où dans le monde. Les membres de leur famille deviennent témoins de la guerre et ils peuvent leur offrir leur soutien constant. Cette technologie est aussi bénéfique à l'ennemi comme on a vu pendant les attentats du 11 septembre 2001.

4. Parlez des avancées de la technologie depuis la Seconde Guerre mondiale. Comment est-ce que ces avancées changent la perception d'une guerre ?

   Les progrès de la technologie sont nombreuses. La télévision et les reportages en direct permettent aux téléspectateurs de voir des images de la guerre et de se tenir au courant des événements actuels. La télévision par satellite et le câble leur donnent l'occasion de regarder les informations 24/24. L'Internet permet de comparer tous les renseignements disponibles sur une guerre, ce qui donne la possibilité d'avoir des informations objectives. Les gens sont plus proches de la guerre et ils peuvent étudier des opinions diverses pour les aider à mieux comprendre une guerre.

5. Comment est-ce que l'Internet aurait pu changer les efforts des Résistants ?

   Les résistants auraient pu bénéficier énormément de l'Internet. Au lieu de risquer leurs vies à produire et à distribuer des journaux clandestins, les résistants auraient pu communiquer à travers des sites web, par e-mail ou à partir des « chats ». Bien que ce soit toujours dangereux puisqu'on peut surveiller les communications sur Internet, qu'on peut effectivement espionner les gens qui communiquent sur Internet, il y aurait eu moins de risques pour les résistants. Ils auraient pu transmettre des messages plus rapidement et ils auraient eu un réseau beaucoup plus grand et efficace.